수용전념치료와 함께

역경 마주하기

Russ Harris 저 | **박경 · 김혜은** 공역

학지사

역자 서문

  우리나라에서 최근 십여 년 사이에 출간된 수용전념치료 관련 번역서가 상당한 수에 이르는 것으로 알고 있습니다. 개인적으로 이러한 흐름은 수용전념치료가 우리의 삶에서 주요한 영역인 삶의 가치와 이를 향해 가는 전념행동을 어떻게 확보할 것인가를 다루는 과정에서, 마음챙김과 수용이 왜 중요한가에 관한 근거 기반 치료로 자리매김했기 때문이라 생각합니다.

  『수용전념치료와 함께 역경 마주하기(The Reality Slap)』의 저자인 러스 해리스(Russ Harris)는 베스트셀러『행복의 함정(The Happiness Trap)』을 통해 우리에게 친숙한 호주의 의사입니다. 우리 모두는 원치 않는 고통 또는 현실의 균열들을 겪으며 살아왔고, 살아가고 있습니다. 이러한 우리에게 이 책은 어느 지점에서든 우리 각자에게 따뜻한 위로와 지혜를 줍니다. 그리고 용기를 가지고 작은 실천을 시작할 수 있도록 친절하게 안내하고 있습니다. 독자들께서는 이 책을 읽으시면서 많은 공감과 함께 구체적인 행동의 실천을 향해 한 걸음 한 걸음 다가가는 경험을 분명 하시게 될 것이라 믿어 의심치 않습니다. 때로는 머물고 싶지 않은 감정에 사로잡히는 순간이 있는가 하면, 한 걸음 뒤로 물러서서 자신을 바라보는 힘이 생겨 얽힌 실타래가 풀리는 후련함도 분명 경험하시게 되실 것입니다.

이 책은 저자가 자신의 역경을 진솔하게 고백하면서 저자가 말하고자 하는 주요 내용이 시작됩니다. 이 세상에서 가장 소중하고 사랑스러운 아들이 발달장애임을 받아들이기란 의사로서 쉽지 않았음을 고백하는 대목은 아픔을 함께 경험하는 듯 느껴졌습니다. 그는 역경이 이제는 먼 기억이 되었지만 현실의 균열은 여전히 남아 있다고 고백하면서 독자들과 함께 이 여행을 떠나고 싶다고 말합니다. 본인이 전달하고 싶은 책 속의 주요 원리들을 만나는 과정 가운데는 슬픔, 두려움, 분노도 있지만 기쁨과 사랑, 경이로움도 많았다고 고백하면서 독자 여러분의 여정도 그와 같기를 진심으로 기원하였습니다.

이 책은 우리가 역경과 맞서는 4단계를 제안하고 있습니다. 첫 번째 단계는 자신에게 친절하기, 두 번째 단계는 닻 내리기, 세 번째 단계는 태도 취하기, 네 번째 단계는 소중한 것 찾기입니다. 첫 번째 단계 '자신에게 친절하기'를 말하는 제2부에서는 고통받는 나 자신에게 마음챙김과 따뜻한 보살핌인 연민을 보냄으로써 내적 충만감을 확보하도록 안내하고 있습니다. 더불어 역경의 자욱한 안개 가운데서 우리에게 도움이 안 되는 융합된 사고로부터 어떻게 한 걸음 뒤로 물러나 탈융합할 수 있을지를 보여 주고 있습니다. 특히 다루기 어려운 현실의 균열에 직면할 때, 피할 수 없는 힘든 정서를 어떻게 알아차리고 허용하여 우리의 현존을 확장해 나아갈지를 저자 자신의 경험을 시작으로 진솔하게 언급합니다. 제3부에서는 깨져 버린 현실 속에서도 가치에 닻을 내리고, 삶에서 자신이 지지하는 바를 위한 행동 실천에 대해 이야기하고 있습니다. 제4부에서는 의미와 목적이 함께하는 삶 속에서 자신 그리고 세상과의 진정한 화해와 용서에 대해 말하고 있습니다. 마지막 제5부에서는 현존하는 인간 존재로서의 특권과 자신에게 진정으로 소중한 것이 무엇인지를 찾아가는 삶의 여정을 담고 있습니다. 특히 저자는 '삶에 대한 감사하기'가 이 책의 마지막 부분에 담긴 이유를 우리에게 가장 어려운 도전이기 때문이라고 말하고 있습니다.

이 책을 읽으면서 더러 충분히 이해가 안 되거나 지루해지실 수도 있습니다. 그럼에도 불구하고 계속 끝까지 읽으시고 살펴보시기를 권합니다. 역경에 맞서는 네 단계가 순차적이거나 꼭 단계대로 따라가야 하는 것은 아니며, 각자에게 도움이 되는 단계도 개인에 따라 다를 수 있기 때문입니다. 우리의 삶에서 계속 이어지는 고통과 함께 어떻게 살아갈 것인가에 대한 각자의 방식을 구축하는 데 이 책이 분명 여러분의 참다운 친구가 되어 줄 것이라 믿습니다.

로버트 루이스 스티븐슨(Robert Louis Steavenson)의 말대로 "여러분이 거둔 곡식을 매일매일 판단하지 말고, 그저 땅에 씨를 뿌리시기" 바랍니다(본문 중에서).

어려운 상황 가운데서도 『수용전념치료와 함께 역경 마주하기』

의 출간에 적극적인 지지와 도움을 주신 학지사 김진환 사장님께
진심으로 감사드리며, 친절한 안내를 해 주신 소민지 선생님과
편집을 위해 애쓰신 박선규 선생님께도 고마움을 전합니다.

박경, 김혜은

서문
역경과 균열

언제 마지막으로 역경을 겪으셨습니까? 우리 모두는 삶에서 많은 역경을 겪어 왔습니다. 삶이 갑자기 우리에게 고통스러운 타격을 가하는 그런 순간들을 말입니다. 그것은 충격이고, 아프고, 평정심을 잃게 합니다. 그래서 우리는 바로 서기 위해 고군분투하고, 때로는 넘어지기도 합니다.

역경은 다양한 형태를 지니고 있습니다. 때로는 너무나 폭력적이기도 한데 주먹으로 내리치는 것과 더 비슷합니다. 예를 들어, 사랑하는 사람의 죽음, 심각한 질병이나 부상, 이상한 사고, 폭력 범죄, 장애아동, 파산, 배신, 화재, 홍수 또는 재난 등이 있습니다. 그런가 하면 역경은 어떤 점에서는 심하지 않기도 합니다. 예를 들어, 우리가 원하는 바를 이루었을 때 타인이 갑자기 질투를 보이는 것, 우리가 다른 사람과 얼마나 단절되어 있었는지 깨달았을 때 오는 외로움으로 날카로운 아픔을 느끼는 것, 어떤 학대에 대한 분노 또는 분개를 느끼는 것, 우리 모습이 반영된 것을 보고 이를 보는 것이 마뜩지 않을 때의 짧고 날카로운 충격, 또는 실패, 실망, 거절의 고통스러운 상처 등에서 역경의 모습은 좀 다르게 나타납니다.

때로 역경은 빠르게 기억 속으로 사라지기도 합니다. 짧은 '예상하지 못한 깨달음'으로 일순간에 지나갑니다. 또 다른 경우는 우리를 무분별하게 두드려 며칠 또는 몇 주 동안 정신없이 방황하게 만듭니다. 그러나 어떠한 형태를 취한다 해도 한 가지 확실한 것은 역경이 상처를 준다는 사실입니다. 우리는 그것을 바라지도 않고, 좋아하지도 않으며, 확실히 원하지도 않습니다. 그리고 불행히도 역경은 시작에 불과합니다. 다음에 오는 것은 훨씬 더 어렵습니다. 한 번의 역경이 우리를 일깨우면, 그다음에 우리는 균열에 직면하게 됩니다.

우리가 이것을 '현실의 균열'이라 부르는 이유는 한쪽은 우리가 처한 현실이고 다른 쪽은 우리가 원하는 현실이기 때문입니다. 그리고 이 두 현실 사이의 차이가 클수록 부러움, 질투, 두려움, 실망, 충격, 슬픔, 불안, 분노, 공포, 죄책감, 분개, 심지어 증오, 절망, 혐오 등의 감정이 더 많이 발생합니다. 그리고 역경은 보통 빨리 끝나는 반면, 균열은 며칠, 몇 주, 몇 달, 몇 년, 심지어 수십 년 동안 지속될 수 있습니다.

우리 대다수는 현실의 균열을 처리할 수 있는 능력이 부족합니다. 우리 사회는 이를 다루는 법을 가르치지 않았으며, 더 정확히 말하면 우리가 번성하고 지속적으로 성취를 추구하는 방식으로 현실의 균열을 어떻게 효과적으로 다룰지 가르치지 않았습니다. 우리의 첫 번째 본성은 우리가 현실의 균열을 맞닥뜨릴 때마다 이에 대해 애쓰고 때로는 마음을 닫는 것입니다. 우리가 현실을 바꾸기 위해 행동을 취한다는 점에서 우리의 바람에 부합합니다. 성공을 하게 되면 균열은 줄어들고 기분이 좋아집니다. 우리는 성취감이나 안도감으로 행복하고 만족하며 차분함을 느낍니다. 모든 것이 잘되고 있고 좋습니다. 결국 우리가 원하는 것을 얻기 위해 할 수 있는 일이 있고 그것이 범죄 행동이 아니며, 핵심 가치에 어긋나지 않고 우리에게 더 큰 문제를 일으키지 않는다면 그다음 앞으로 나아가고 행동하는 것이 합리적입니다.

하지만 우리가 원하는 것을 얻지 못하면 어떻게 될까요? 현실의 균열을 좁힐 수 없을 때 우리는 무엇을 해야 하는 걸까요? 사랑하는 사람이 죽거나, 동반자가 떠나거나, 자녀가 해외로 이사를 가거나, 자녀를 가질 수 없거나, 자녀에게 심각한 장애가 있거나, 친구가 되고 싶은 사람이 우리를 좋아하지 않거나, 시력을 잃었거나, 치료가 불가능하거나, 만성적인 질병에 걸렸거나, 원하는 만큼 똑똑한 재능이 없거나, 잘생기지 않았다면요? 그리고 우리가 현실의 균열을 좁힐 수 있을 때 어떤 일이 벌어질까요? 하지만 그렇게 되는 데까지는 오랜 시간이 걸릴 것입니다. 그럴 때 우리는 어떻게 대처해야 하나요?

나는 모든 자기 조력서를 두 가지 범주로 나눌 수 있다고 주장하는 글들을 읽은 적이 있습니다. 하나는 마음만 먹으면 인생에서 모든 것을 가질 수 있다는 것이고, 다른 하나는 원하는 모든 것을 가질 수는 없지만 여전히 풍족하고 보람된 삶을 살 수 있다는 것입니다. 이 책은 확실히 두 번째 범주에 속합니다.

솔직히 말해, 나는 사람들이 첫 번째 범주에 속하는 책을 사는 것에 놀랐습니다. 빌 게이츠에서 브래드 피트, 부처에서 예수, 부유하고 유명하고 영향력 있는 사람에서부터 아름답고 강하고 똑똑한 사람들에 이르기까지 누구의 삶이든 면밀히 살펴보면 아무도 그들이 원하는 모든 것을 얻지 못했음을 알게 될 것입니다. 이는 불가능한 일입니다. 우리가 이 행성에서 사는 동안 우리 모두는 실망, 좌절, 실패, 상실, 거절, 질병, 부상, 노화, 죽음을 경험하게 될 것입니다.

만일 현실의 균열이 작거나 상대적으로 빨리 좁혀질 수 있을 것처럼 보인다면, 대부분의 사람은 합리적으로 이를 잘 해결합니다. 그렇지만 이것이 점점 더 커지고 오래 드러나 있는 채로 있게 되면, 우리는 더욱 힘들어합니다. 바로 이 점이 '내면의 만족감'이 중요한 이유입니다. 내면의 충만감이란 커다란 현실의 균열에 직면하더라도 우리가 느낄 수 있는 평화, 웰빙, 활력에 대한 깊은 감각입니다. 여러분의 꿈이 실현되지 못하고, 여러분의 목표를 달성하지 못하고, 여러분의 삶이 고단하고 거칠고 불공평하더라도 말입니다.

이는 '외부의 만족'과는 확연히 다릅니다. 외부의 만족은 우리가 소망을 실현하기 위해 노력할 때 가지게 되는 좋은 감정입니다. 균열을 제거하는 것, 목표를 달성하는 것, 삶에서 진정으로 원하는 것을 얻는 소망 말입니다. '외부의 만족'은 중요하고, 우리 모두는 목표를 달성하고 우리의 요구를 충족시키기를 좋아합니다. 그러나 항상 외부의 만족이 가능한 것은 아닙니다(만일 이것이 항상 가능하다고 생각한다면, 분명 잘못된 책을 읽고 있는 것입니다. 여러분은 그저 원하는 것을 추구하면 그것이 전해짐을 믿고 원하는 바를 이룰 수 있다고 이야기하는 책을 읽어야 합니다).

그다음, 이 책에서는 당신이 지금까지 읽어 온 바에 따라, 우리 내면의 만족에 초점을 맞출 것입니다. 우리 밖에서 찾지 않고 내면에서 배양한 깊은 평화와 웰빙의 감각입니다. 좋은 소식은 내적 충만감을 가능하게 하는 자원이 항상 우리에게 있다는 것입니다. 이는 목이 마를 때 떠올리는 바닥 없는 우물과 같다고 할 수 있습니다. 하지만 이러한 것에 초점을 맞췄다고 해서 세상의 모든 즐거움, 욕망, 욕구, 필요와 목표를 포기한다는 의미는 아닙니다. 우리는 현실의 균열을 차단할 수 있다면 확실하게 차단하는 방법을 살펴볼 것입니다. 이것은 우리가 활력과 웰빙을 위해 더 이상 우리의 외부에 의존하지 않음을 의미합니다. 커다란 고통, 두려움, 상실, 박탈 가운데서도 우리는 내면으로부터 평화와 위안을 찾을 수 있습니다.

▌스물두 명의 장님

아마 세 명의 장님과 코끼리의 오래된 이야기를 아실 것 같습니다. 여러분의 기억을 지금 다시 떠올려 보세요. 세 명의 장님이 서커스 무대감독에게 다가가서 "코끼리가 어떻게 생겼는지 알고 싶어요. 만져 봐도 될까요?"라고 말했습니다. 무대감독은 허락했고 운 좋게도 매우 친절하고 순종적이며 수상 경력이 있는 코끼리를 만질 수 있었습니다. 첫 번째 장님이 코끼리의 코를 잡고 이

곳저곳을 느껴 봅니다. 그는 "와우, 코끼리가 비단뱀 같네요."라고 말했습니다. 한편, 두 번째 장님은 코끼리 다리에 손을 가져갔습니다. "비단뱀 같지는 않아요." 그는 "나무기둥 같아요."라고 주장했습니다. 동시에 세 번째 장님은 코끼리 꼬리를 만지며 "두 사람이 무슨 말을 하는지 모르겠어요. 코끼리는 밧줄 같아요."라고 했습니다.

물론 세 사람 모두 정확하게 관찰했지요. 단지 각자가 퍼즐의 조각만 보았던 것입니다. 이 책도 어떤 점에서는 이와 유사하다고 할 수 있습니다. 나는 이를 코끼리를 탐험하는 스물두 명의 장님에 비유하고 싶습니다. 각 장은 당신을 코끼리의 한 측면(때로는 몸통과 같은 큰 부분, 때로는 눈꺼풀과 같은 작은 세부 사항)과 접하게 할 것입니다. 결국 책이 끝날 무렵 코끼리는 아름다운 모습을 드러낼 것입니다(나는 이 책을 '내면의 코끼리'라고 부를지 생각해 보았지만 소리를 가지고 있지 않더군요).

문제의 코끼리는 수용전념치료 또는 ACT(첫 글자로 부르지 않고 ACT라 불린다)로 불립니다. ACT는 미국의 심리학자 스티븐 헤이즈(Steven C. Hayes)가 가치와 마음챙김에 기초하여 인간의 삶을 풍요롭게 하고 향상시키고자 만든 과학적 기반의 모델입니다. 여러분이 이러한 개념을 처음 접했고 삶에서 어려움에 직면했다면, 이 책은 이를 어떻게 헤쳐 나가면 좋을지 친절하게 안내할 것입니다. 그러나 이러한 개념에 대해 이미 익숙하다면, 이 책은 새로운 통찰력을 얻고, 잊었던 일에 대해 떠올리거나, 오래된 장소를 다시 방문하여 이전에는 미처 알지 못했던 것을 발견하는 데 도움을 줄 것입니다.

이 책의 장들은 여러분의 마음을 열 뿐만 아니라 여러분의 가슴까지도 열도록 설계되었습니다. 어떤 사람은 장난스럽고 가벼운 마음으로 볼 수 있고, 어떤 사람은 심각해지기도 할 것이며, 어떤 사람에게는 눈물이 흐를 정도로 깊은 개인적인 이야기를 공유하게 될 것입니다. 나는 이를 웅장한 풍경을 향해 열리는 창문이라 생각하고 싶습니다. 여러분이 서 있는 위치에 감사하도록 해 줄 것입니다. 이는 여러분의 시야를 넓혀 더 멀리 그리고 더 명확히 볼 수 있도록 할 것이고 새로운 방향의 가능성을 열어 줄 것입니다.

그러니 시간을 내어 여행을 즐기세요. 서두를 필요가 없습니다. 코끼리를 만질 때마다 그 촉감을 느껴 보세요. 창을 열 때마다 그 경치를 감상하세요. 이렇게 단계별로, 순간순간, 현실이 아프게 느껴질 때 충족감을 찾는 방법을 배우게 될 것입니다.

차례

제1부 / 역경 이후

역경 이후

01
네 단계

나는 그것이 오는 것을 보지 못했습니다. 마흔 살이 되었을 무렵 현실은 잘 돌아가고 있었는데, '인생은 정말 마흔 살부터 시작될지도 모른다.'라고 생각했습니다. 모든 것이 내 방식대로 진행되는 것 같았습니다. 20년간의 집필과 5편의 미발표 소설 끝에 드디어 첫 번째 책이 출간되려고 했습니다. 나는 치료사이자 인생 코치로서 일을 사랑했고, 경력은 새롭고 흥미로운 방향으로 잘 흘러가고 있었습니다. 나는 매우 건강했고, 결혼 생활도 아주 만족스러웠으며, 멋진 친구들이 있었습니다. 그러나 그 모든 것은 내 인생에서 가장 큰 기쁨인 11개월 된 내 사랑스러운 아이에 비할 바가 아니었습니다. 나는 부모가 아이를 향해 느끼는 압도적인 사랑, 기쁨, 따스함 같은 느낌을 알지 못했습니다. 방금 부모가 된 대부분의 사람처럼 나 또한 우리 아들이 이 세상에서 가장 예쁘고 똑똑한 아이라고 생각했고 그러한 우리 아이의 미래를 꿈꿨습니다. 아들은 모든 면에서 나보다 훨씬 더 똑똑할 것이다. 그리고 나와는 달리 스포츠에도 탁월하고 학교에서 모든 친구들에게 인기가 많으며, 성장하면 소녀들에게 큰 인기를 얻을 것이다. 그런 다음 자연스럽게 대학에 진학하여 높은 경력을 쌓을 것이다. 아, 경이로운 '환상의 세계'여.

아들이 18개월이 되었을 무렵, 아내와 나는 우리 아이가 발달 단계에서 뒤처지고 있다는 사실을 염려했습니다. 그 가운데서도 걷지 못하고, 말을 거의 하지 못했습니다. 그래서 우리는 소아과에 아이를 데려가 진단을 받아 보았습니다. 소아과 의사는 빈틈없이 검사하고 나서 "남자아이의 경우 간혹 이런 경우가 있어요. 발달이 좀 '늦을' 뿐이에요."라고 확신했습니다. 그는 우리에게 걱정 말고 돌아가서 아무런 염려 말고 잘 돌보라고 했습니다.

그 후로 3개월이 지나고, 우리의 염려는 매우 심각해졌습니다. 아이는 아직도 말을 거의 하지 못했고, 여전히 걷지 못했으며, 우리가 하는 말을 거의 이해하지 못하는 것 같았습니다. 그래서 우리는 아이를 전문가에게 다시 데려갔습니다. 2시간에 걸쳐 여러 가지 주요 검사를 하게 되었습니다. 그리고 다시 전문가는 우리에게 문제가 없다고 말했습니다. 아이는 단지 발달 속도가 느릴 뿐이고, 곧 따라잡을 것이니 걱정할 것 없다는 것이었습니다.

다시 두 달이 지난 후, 우리의 걱정은 점점 더 커져 갔습니다. 우리 아들은 종종 자신만의 세계에서 '멍하게 있는 것' 같았습니다. 거의 두 살이 된 아들은 여전히 걷지 못했습니다. 자기 엉덩이를 질질 끌며 돌아다녔습니다. 귀엽고 재미있어 보였지만 우리는 괴로웠습니다. 눈알을 굴리는 행동을 시작으로, 이를 갈고 벽과 바닥의 구석을 응시하는 등 이상행동을 보이기 시작했습니다. 아이는 여전히 말을 거의 못 하였고 자신의 이름조차 모르는 것 같았습니다.

그래서 두 번째 선택을 하게 되었습니다. 새로 찾아간 소아과 의사는 매우 걱정하며, 즉시 심리학자, 언어치료사가 포함된 철저한 검사를 의뢰하였습니다. 나의 사랑스러운 아들은 두 살이 되기 5일 전에 자폐증 진단을 받았습니다.

나의 모든 것이 무너져 내렸습니다. 내 인생 전체에서 이 같은 고통을 느껴 본 적이 없었습니다. '자폐증'은 '암'이나 '에이즈'와 같은 단어들 중 하나입니다. 일상에서 들으면 여러분은 떨릴 수밖에 없습니다. 그리고 여러분의 아이가 자폐증이라는 진단을 들을 때의 기분은 마치 누군가가 여러분의 장기 속으로 칼을 집어넣고 비틀었다가 천천히 상처를 내며 내장을 꺼내는 것처럼 느껴졌습니다.

나는 울었고, 흐느꼈고, 울부짖었습니다. 그렇게 많이 아플 수 있다는 것을 알지 못했습니다. 뼈가 부러지고 심하게 아팠던 적도 있었고, 사랑하는 사람이 죽는 것을 목격하기도 했지만 그러한 고통은 이에 비하면 미미했습니다.

* * *

엘리자베스 퀴블러-로스(Elisabeth Kübler-Ross) 박사는 부인, 분노, 협상, 우울(슬픔), 수용을 '애도의 5단계'라 하였습니다. 엘리자베스 박사는 특별히 죽음이나 사망만 언급했지만 이는 모든 트라우마, 위기, 쇼크, 상실의 경우에도 적용됩니다. 하지만 이는 잘 정의된 별개의 단계가 아니며 대부분의 사람이 이 모두를 경험하는 것은 아닙니다. 또한 나타나는 단계가 고정적이지도 않습니다. 동시에 자주 나타나기도 하고 이것들은 변화하고 서로 뒤섞이는 경향이 있습니다. 그리고 때로는 '끝난' 것처럼 보이지만 '다시 시작'하기도 합니다.

덜 폭력적이거나 극적인 성향의 현실의 역경의 경우 슬픔을 경험하지 않을 수도 있겠지만 중대한 위기와 손실이 확실히 있으며, 적어도 여러분은 다섯 가지 단계 중 어딘가를 거치게 된다는 점에서 이에 대해 간단히 설명해 보겠습니다.

'부인'은 의식적 또는 무의식적으로 현실 상황을 인지할 능력이 없거나 거부하는 것입니다. 생각하고 말하는 것이 자신의 의지가 아닌 것처럼 나타날 수 있습니다. 또는 만연한 비현실감으로 마치 모두 나쁜 꿈인 것처럼 느껴 현실을 인정하지 못하거나 거부하고, 멍하니 걸어 다니는 것을 말합니다.

'분노' 단계에서는 자신이나 다른 사람, 삶 자체에 대해 화가 날 수 있습니다. 원망, 분개, 격분, 격노 또는 강렬한 불공평함, 불의나 배신감이 이와 비슷합니다.

'협상'은 현실을 바꿀 거래를 시도하는 것을 의미합니다. 여기에는 신께 유예를 요청하는 것에서 외과의에게 수술이 성공할 거라는 보장을 받고자 하는 것도 포함됩니다. 흔히 현실을 대체할 많은 소망적 사고와 환상을 포함합니다. 예를 들어, '이 일이 일어났다면' '그 일이 일어나지 않았다면'과 같은 생각을 하게 됩니다.

불행하게도, '우울' 단계는 이름이 잘못되었습니다. 이 단계는 일반적으로 임상적 장애인 '우울증'을 의미하지는 않습니다. 그보다는 외상과 상실에 대한 자연스러운 인간 반응인 슬픔, 비탄, 후회, 두려움, 공포, 불안 등의 정상적인 정서를 뜻합니다.

마지막 '수용' 단계는 피하거나 고군분투하는 대신 현실 균열과 화해하는 것을 말합니다.

아들의 진단을 들은 후 몇 달 동안 이 모든 '단계'를 여러 번 겪었습니다. 이 책을 쓰는 시점은, 그 현실의 역경을 접한 지 3년이 넘었고 그동안 많은 것을 배우며 성장했습니다. 역경이 이제는 먼 기억이 되었지만, 현실의 균열은 열려 있는 채로 여전히 남아 있습니다. 그리하여 이 책을 통해 여러분과 함께 여행을 떠나 많은 원리를 보여 드리고자 합니다. 쉽지 않은 이 여정이 길고 힘들고 고통스러웠지만, 또한 믿을 수 없을 만큼 보람이 있었다고 말할 수 있습니다. 그 과정에서 엄청난 슬픔과 두려움과 분노도 있었지만 기쁨과 사랑과 경이로움도 많았습니다. 여러분 자신의 여정도 이와 같기를 진심으로 기원합니다.

물론 여러분이 가진 현실의 균열이 나의 것과는 매우 다를 수 있습니다. 또한 여러분이 알고 있는 다른 사람들도 마찬가지입니다. 이혼, 사망 혹은 질병, 상해 등의 장애나 우울, 불안, 중독 등과 같은 질환은 모두 서로 다른 것처럼 보이지만 속을 들여다보면 비슷합니다. 이 경우 모두, 우리가 처한 현실과 우리가 원하는 현실 간의 큰 차이를 직면하게 됩니다. 그리고 균열이 크면 클수록 고통이 커지고, 고통이 크면 클수록 우리는 효과적으로 대처하지 못하게 됩니다. 그래서 이 책에서는 얼마나 크든 작든, 얼마나 영구적이든 일시적이든 관계없이 모든 종류의 현실 균열을 다루는 데 도움이 되는 전략을 설명해 보도록 하겠습니다. 이 전략은 균열을 좁힐 수 있는 경우, 좁힐 수 없는 경우에 내적인 충만감을 찾는 데 도움이 됩니다(일시적이든 영구적이든).

기본적으로, 이 전략에는 네 단계가 포함됩니다.

- 자신에게 친절하기
- 닻 내리기
- 태도 취하기
- 소중한 것 찾기

이에 대해 간단히 살펴보도록 하겠습니다.

▌첫 번째 단계: 자신에게 친절하기

우리가 아플 때, 우리 자신에게 친절하게 대하는 것이 필요합니다. 불행하게도 행동에 옮기는 것보다는 말하는 것이 쉽습니다. 우리 마음은 기본적으로 가혹하고 비판적이거나 돌보지 않거나 자기비난을 합니다(스스로 현실 균열을 만들었다고 믿는 경우에 특히 그렇습니다).

우리 모두는 자기비난이 우리에게 도움이 되지 않는 것을 알고 있지만, 이를 막지 못합니다. 부정적인 생각에 도전하거나 긍정적인 재진술, 자기최면을 연습하는 것과 같은 일반적인 자조적 접근은 오랫동안 우리에게 대부분 효과가 없었습니다. 우리 마음은 지속적으로 가혹하고 비판적이며 자기비난을 합니다. 그러므로 우리는 자기연민 기법을 배울 필요가 있습니다. 어떻게 우리 자신을 친절하고 온화하게 감쌀 것인지를 배울 필요가 있습니다. 우리 삶에 미치는 영향과 충격을 줄이도록 어떻게 우리 자신을 지지하고 편안하게 할 것인지, 고통스러운 생각과 감정을 어떻게 효과적으로 다룰 것인지 배울 필요가 있습니다.

▌두 번째 단계: 닻 내리기

현실의 균열이 클수록 내면의 감정적 폭풍이 더 커집니다. 고통스러운 감정의 파도가 우리 몸에 부딪히고 고통스러운 생각이 우리 머릿속에 거칠게 불어옵니다. 이 생각과 감정의 폭풍에 휩쓸리면 우리는 무력해집니다. 우리가 할 수 있는 일은 없지만 익사의 위기에서 자신을 구하기 위해 필사적으로 노력하게 됩니다. 그러니 폭풍이 덮쳤을 때는 닻을 내리고 몸을 바닥에 낮추어야 효과적인 조치를 취할 수 있습니다. 닻을 내린다 해도 폭풍을 없애지는 못하지만, 폭풍이 지나갈 때까지 안정을 취할 수 있습니다.

▌세 번째 단계: 태도 취하기

우리가 현실의 균열에 직면할 때마다, '나는 이 문제에 직면하여 어떤 태도를 취할 것인가?'라는 질문을 해 보면 도움이 됩니다. 우리는 삶을 포기할 수도 있고 훨씬 더 의미 있는 일을 할 수도 있습니다. 마음속 깊은 곳에서 우리의 고통을 품위 있게 하고 계속할 의지와 용기를 주는 중요한 무언가를 옹호할 수 있습니다.

우리는 명백하게 과거로 돌아갈 수 없습니다. 일어난 일을 되돌릴 수 없습니다. 그렇지만 그것에 대한 우리의 태도를 선택할 수 있습니다. 때로는 우리가 태도를 취할 때 그 균열을 줄일 수도 있고 어떤 경우에는 분명히 그럴 수 없습니다. 그러나 태도를 취하는 순간 우리는 활력을 경험합니다. 원하는 현실이 아닐 수 있지만 목적을 지닌 삶에 대한 만족감을 가지게 됩니다.

▌ 네 번째 단계: 소중한 것 찾기

앞의 세 단계를 실행하면 정신적으로 매우 다른 공간에 있게 됩니다. 그리고 그 공간에서 삶이 제공하는 많은 소중한 것을 찾고 감사할 수 있을 것입니다. 이 마지막 단계는 불가능한 것처럼 들립니다. 특히 큰 불안, 슬픔 또는 절망 가운데에 있는 경우에 말입니다. 그러나 그렇지 않습니다. 한 가지 극적인 사례가 있습니다. 몇 년 전 내 친구 중 한 사람이 상실로 고통을 받았습니다. 그녀의 세 살 난 딸이 패혈증으로 갑자기 사망했습니다. 내가 참석한 가장 가슴 아프고 끝없는 슬픔이 쏟아지는 장례식이었습니다.

그 후 몇 달 동안 나를 놀라게 하고 영감을 준 것은 내 친구가 계속해서 충만감을 발견하는 방식이었습니다. 상상할 수 없는 슬픔과 상실로 괴로워하고 엄청난 충격을 받은 와중에도 그녀는 자신의 삶에 남아 있는 모든 것과의 접촉을 잃지 않았습니다. 동시에 슬픔을 위한 공간을 마련하면서 가족과 친구, 일, 신앙과 자신의 독창성에 손을 뻗어 연결하였습니다. 그렇게 지내면서 그녀는 사랑과 즐거움, 평안함을 찾게 되었습니다. 그녀의 고통은 사라지지 않았습니다. 나는 그것이 가능할지 의심스러웠습니다. 그녀의 현실의 균열은 끝나지 않았습니다. 도대체 어떻게 할 수 있겠습니까? 하지만 그녀는 기꺼이 그 현실의 균열과 함께 여전히 감내해야 할 삶이 얼마나 많은지 인정할 수 있었습니다.

여러분에게 아이가 없다면 이것이 얼마나 놀라운 일인지 깨닫지 못할 수도 있을 것 같습니다. 개인적으로, 나는 아이를 잃어버리는 것보다 더 안 좋은 일을 생각할 수가 없습니다. 대부분의 부모는 이러한 상황에서는 몹시 우울해지고 죽고 싶어집니다. 하지만 그럴 필요는 없습니다. 우리의 마음이 그렇지 않다고 해도 우리는 선택을 할 수 있습니다.

이것이 우리의 마지막 여행 단계입니다. 우리는 모든 고통 속에 묻혀 있는 소중한 것을 찾아야 합니다. 이는 우리에게 고통이 있다는 사실을 부정한다는 것은 아닙니다. 오히려 고통의 존재를 인정하고 그리고 삶이 제공하는 모든 것에 감사하는 것을 의미합니다.

이 시점에서 여러분의 마음이 거부하는 것을 볼 수 있습니다. 여러분이 겪은 일이 다른 사람들과는 다르다고 할 수도 있습니다. 현실 균열이 끝나지 않으면 여러분의 삶은 무의미하고 공허하며 참을 수 없을 것입니다. 그렇다면 안심해도 됩니다. 이는 대부분의 사람이 이 접근 방식을 처음 접했을 때 갖는 아주 자연스러운 사고입니다. 그리고 그 코멘트가 틀렸다고 생각하는 여러분의 마음을 설득하려 해도, 나는 확실히 실패할 겁니다. 수용전념치료(ACT)에 관한 많은 연구의 예를 보면, 심리학 연구물들을 주도하는 많은 연구는 최종 암 진단을 받은 이들을 돕고, 일에 대한 스트레스를 줄이고, 우울증과 중독에 효과적임을 보여 주고 있습니다. 하지만 여러분의 마음은 하나의 코멘트로 이 모든 것을 무시할 수 있습니다. '그게 나에게도 효과가 있다는 것을 의미하는 것은 아니다'. 내가 이런 말에 대해 왈가왈부할 수는 없습니다. 이 접근 방식이 도움이 될 가능성은 높지만 **보장**할 수는 없습니다. 그러나 나는 단지 '그렇게 되지 않을 것'이라는 마음이 들기 때문에, 이 책을 읽는 것을 중단한다면 결코 이 책에서 어떤 이익도 얻지 못할 것이라 장담할 수 있습니다!

여러분의 생각에 대해 이와 같이 말하는 것을 어떻게 생각하나요? 원하는 것은 무엇이든 말해 주되 여러분을 멈추게 하지는 마세요. 계속 이 책을 읽어 가는 동안 배경에서 재생되는 라디오처럼 수다를 떨게 하고, 이것이 여러분을 어디로 이끄는지에 대해 궁금해지는지 살펴보세요. 왜냐하면 우리의 마음은 미래를 예측할 수 있다고 생각하기를 좋아하지만 실제로…… 무슨 일이 일어날지 누가 알겠습니까?

02
현존, 목적, 특권

벌허스 프레드릭 스키너(Burrhus Frederic Skinner)는 인류 역사상 가장 영향력 있는 심리학자 중 한 사람으로, 임종을 맞이하면서 입이 말라 버렸습니다. 간병인이 그에게 물을 갖다 주었을 때 그는 고맙게 한 모금 마시고 마지막으로 "놀랍다."라고 말하였습니다.

깊은 인상을 주지 않습니까? 장기와 폐가 망가지고 백혈병이 온몸 전체에 퍼져 죽음을 눈앞에 둔 순간 스키너는 인생의 단순한 즐거움 중 하나를 누릴 수 있었습니다. 이 일화는 내면의 성취를 추구하는 모든 인간과 관련한 세 가지 중요한 주제를 포함하고 있습니다. 이에 서양과학은 ACT 같은 접근을 하거나 불교, 도교 또는 요가와 같은 고대 동양의 영적 접근을 통해 세 가지 P로 부르는 핵심 주제 현존(presence), 목적(purpose), 특권(privilege)과 만나게 될 것입니다.

▌현존

만일 지속적인 성취를 얻고자 한다면 현재를 온전히 살 수 있는 능력을 계발해야 합니다. 그러나 충분히 지금 그리고 현재의 경험에 온전히 참여하고 열린 마음을 유지하는 것은 결코 쉽지 않습니다. 왜일까요? 우리는 그 놀라운 선물인 마음을 가지고 태어났음을 감사해야 합니다. 마음은 대단한 것입니다. 우리는 마음이 없다면 어려움에 봉착할 수 있고, 마음을 가지고 있어도 결코 생각을 멈출 수 없다는 점에 주목하게 될 것입니다. 마음은 하루 종일 생각을 떨쳐 냅니다. 그리고 종종 그 생각에 '이끌려' 삶에서 빠져나오게 됩니다. 우리는 하루 대부분을 돌아다니며 생각에 빠져 이 순간의 경험을 놓치고 있습니다. 우리 중 많은 사람이 이를 알아채지 못합니다.

예를 들어, 이런 것을 해 본 적이 있나요? 샤워를 시작하면 따뜻한 물이 몸에 닿으면서 잠시 동안 온전히 **현존**하게 됩니다. 샤워의 풍부한 감각적 경험에 온전히 접촉하게 됩니다. 물이 여러분의 등에 흘러내리고, 따뜻한 물이 근육을 부드럽게 하면서 몸은 즐거움으로 콧노래를 부릅니다. 그런 다음 몇 초 내에 생각에 빠져듭니다. '오늘 해야 할 일이 뭐가 있지?' '아, 그 연구과제를 끝내야 해.' '수잔에게 오늘 밤 일정을 말한다는 것을 잊었네.' '오늘 점심으로 티미한테 무얼 만들어 줄까?' '연휴까지 사흘 남았네, 야호!' '허리에 살이 쪄서 다시 운동을 시작해야겠는걸.'

그러다 보면 샤워는 점차 배경으로 물러나고, 여러분은 점점 더 생각 속에 빠져들게 됩니다. 샤워는 아직도 계속되고 있지만, 당신은 더 이상 그것에 온전히 참여하지는 않고 있지요. 여러분이 머릿속으로 멋진 대화를 나누는 동안, 여러분의 몸은 저쪽에 있고, 샤워는 자동조절 장치 상태로 계속하고 있는 셈이지요. 그리고 여러분이 이를 알아채기도 전에 샤워는 끝이 납니다.

우리가 정직하다면, 우리 중 대부분은 생각으로 인해 잃어버린 하루의 많은 부분을 '심리적 스모그'의 베일에서 방황하며 결과적으로 삶의 풍요로움을 놓치게 됩니다. 커다란 현실의 균열에 직면했을 때 그럴 가능성이 높습니다. 우리의 마음은 끊임없이 고통스러운 생각을 쏟아내고 우리는 이에 쉽게 '끌어 잡아당김'에 빠지게 되지요. 예를 들어, 갑작스러운 죽음, 이혼 또는 재난과 같은 극적이고 예상치 못한 일들이 우리 문 앞에 닥칠 때, 우리는 멍한 채로 놀라고, 논리적으로 생각할 수 없게 되고, 혹은 정확하게 기억하거나, 심지어는 일상적인 일을 별 무리 없이 수행하기도 합니다.

뿐만 아니라, 우리가 하는 일에 온전히 참여하고 집중할 수 있는 능력은 이를 다루는 기술과 행동을 습득하는 데 필수적이며, 효과적인 행동의 원동력이 됩니다. 그러므로 고통스러운 충격이 무엇이든 효과적으로 대응하고 싶다면 우리는 '현존'해야 합니다 (참고: '현존'은 '마음챙김'으로 좀 더 일반적으로 알려져 있고 이 책에서는 두 용어를 같은 의미로 사용할 것입니다. 마음챙김은 서양 심리학에서 최근 매우 인기 있는 주제이며, 관련 교재와 자기계발서 등을 통해 불교에 근원을 두고 있음을 알고 있을 것입니다. 그러나 이는 중대한 오류입니다. 불교의 역사는 단지 2,600년이고, 마음챙김의 역사는 이보다 더 앞섭니다. 우리는 4,000년 전 유대교, 도교, 요가로부터 온 것을 확인할 수 있습니다. 사실 불교 경전에 부처님이 원래 요가로부터 마음챙김을 배웠다고 확실히 기록되어 있습니다. 이 책에서는, 이러한 고대 접근방식과 많은 유사점을 가지고 있지만 많은 차이점도 있는 서양과학의 전통인 ACT를 통해, 현존과 마음챙김에 대해 접근해 보고자 합니다).

▮ 목적

사람들은 때때로 "모든 것이 아주 잘되고 있고 현존하고 있지만, 나는 내 삶에서 무엇을 해야 하나요?"라고 말합니다. 이것은 매우 중요한 질문입니다. 꽃이 햇빛을 필요로 하는 것처럼 존재는 목적을 필요로 합니다. 그렇지 않으면 완전히 우리는 의미가 없는 삶에서 존재하는 위험에 처하게 됩니다.

우리가 직면해야 하는 가장 큰 도전 중 하나는 우리가 원하는 삶이 무엇인지를 발견하는 것입니다. 어떠한 인간이고 싶으신가요? 이 별에서 짧은 시간 동안 무엇을 이루고 싶으신가요? 어떠한 목적을 위해 시간과 에너지를 투자하고 싶으신가요?

물론 어떤 사람들은 자신의 종교나 가족 또는 문화가 부여한 목적을 기꺼이 따라갑니다. 하지만 대부분의 우리는 행동보다 말이 쉽긴 하지만, 자신을 위해 목적의식을 세워 나가야 합니다. 우리는 현재와 미래에 우리 행동을 이끄는 목적과 더 많이 연결되도록 할 수 있고, 이에 따라 더 많은 충만감을 경험하게 될 것이며, 이 지구에서 시간을 최대한 잘 활용하고 있다고 느끼게 될 것입니다.

우리 중 일부에게는 엄청난 현실의 균열이 실제로 삶의 목적을 명확히 하는 데 도움이 됩니다. 이때 우리는 '큰 그림'과 접촉하여, 삶의 전반에 대해 성찰하고, 핵심 가치와 연결하며 성장하고 발전해 가게 됩니다. 원인이 무엇인지 발견하게 되고 사명을 새로 세워 열정에 불타고 활력을 불어넣을 수도 있습니다. 그러나 다른 사람들에게는 정반대의 효과가 나타나기도 합니다. 마음이 균열에 대해 강하게 반응하며 삶이 무의미하고 절망적이거나 견디기 어렵다고 항변할 수 있습니다. 그리고 이러한 생각에 끌려가면 모든 목적을 잃어버릴 수도 있습니다. 이는 의미가 없기 때문에 우리가 이 균열에 맞서고자 한다면 자신에게 정말 중요한 것에 접촉해야 합니다. 우리의 가치가 무엇인지 알아야 목적의식을 세워 실천해 나갈 수 있게 되기 때문입니다.

▌특권

난로에서 나무와 불이 만날 때 우리에게 따뜻한 온기를 선사합니다. 그리고 목적과 현존이 우리 마음속에서 만날 때 우리에게 놀라운 특권의 경험을 줍니다. 특권은 특별한 혜택 또는 소수에게만 부여되는 혜택을 의미합니다. 우리가 삶을 특권으로 경험할 때, 그것을 당연한 것으로 받아들이거나 해결해야 할 문제로 취급하는 것보다 감사하고 즐길 수 있는 것이라면 자연스럽게 훨씬 더 만족스러워집니다. 우리는 모든 인생은 '짧다.' '소중하다.'

또는 '선물이다.'라는 말로 겉으로만 그럴싸하게 말하면서 생각에 너무 빠진 채 목적에서 벗어나 지금 이 순간 자신이 가진 것을 진정으로 깨닫지 못하고 있습니다.

특히 큰 고통의 시기에 그럴 가능성이 높습니다. 우리의 마음은 이의를 제기합니다. '불공평해!' '왜 나야?' '이건 참을 수 없어.' '인생이 왜 이렇게 힘들어?' '이렇게 해서는 안 된다." 더 이상 짊어질 수 없어.' 심한 경우 '죽고 싶다.'고 합니다. 그러나 믿거나 말거나 큰 역경 속에서도 삶을 특권으로 대하고 그것을 최대한 활용할 수 있습니다(그리고 이전 장에서 말했듯이 당신의 마음이 이것은 불가능하다고 항변한다면 등 뒤에서 나오는 라디오처럼 수다를 떨게 하시고 계속 읽으세요).

▌ 스키너의 임종

스키너의 마지막 말은 세 가지 P를 깔끔하게 보여 줍니다. 심지어 죽음 직전까지―현실의 균열은 이보다는 훨씬 더 크지는 않았습니다―그는 완전히 존재했고 그 마지막 한 모금의 차가운 물을 맛볼 수 있었습니다. 목적에 대해 말하자면 스키너의 전 생애는 인간이 더 나은 삶을 영위할 수 있도록 돕는 데 전념하였습니다(이것은 그가 풍성하게 성취한 것입니다. 그의 이론과 연구는 서양 심리학에 혁명을 일으켰으며 수많은 현대치료 모델, 코칭 및 자기계발에 큰 영향을 미쳤습니다).

그의 임종 때도 이 같은 목적의식이 있었을까요? 음, 우리는 추측만 할 뿐입니다. 그러나 똑같은 목적(다른 사람을 돕는 것)이 그의 마지막 말에까지 확장된 것 같습니다. 결국, 큰 고통의 시기에 사랑하는 사람에게 영감을 주고 위로하지 않는다면 "놀랍다."라는 말의 요점은 무엇일까요?

그리고 세 가지 P 가운데 특권에 대해 말하자면, 그는 이 삶을 특권으로 대하고 우리에게 주어진 기회를 최대한 활용하는 것이 의미하는 바를 아름답게 보여 주지 않나요?

이 이야기는 우리 모두와 관련이 있습니다. 우리는 가진 것을 얼마나 자주 인정하지 못합니까? 얼마나 자주 삶을 당연하게 여기는지요? 인간 존재의 경이와 기적을 얼마나 자주 놓치고 있습니까? 우리 행동은 명확한 목적의식 없이 얼마나 자주 자동 조정 장치에 이끌려 살아가고 있을까요? 우리는 얼마나 자주 우리의 문제, 두려움, 손해와 후회에 사로잡혀 삶의 좋은 것들을 잊은 채 살고 있는지요? 우리가 충분히 오래 산다면 아무리 좋다하여도 엄청난 현실의 균열에 직면하게 될 것입니다. 그럼에도 고통과 고난뿐 아니라 커다란 슬픔이나 엄청난 두려움에 시달리더라도 음미하고 감사하고 축하해야 할 것이 많습니다. 그러나 현존과 목적의 원칙을 먼저 적용하지 않고서는 그렇게 하기란 쉽지 않습니다.

강제수용소에서 살거나, 고문을 당하거나, 에티오피아 광야에서 굶주리는 등 누군가가 정말 끔찍한 상황에 처해 있다면, 음미하고 감사할 일은 거의 없을 것입니다. 하지만 당신이 이 책을 읽고 있다면, 분명 여러분의 상황은 아닐 것입니다. 일부 독자는 자신의 상황이 언급된 것만큼 나쁘거나 그보다 더 나쁘다고 여길 수도 있을 것 같습니다. 마지막으로 내가 하고 싶은 일은 여러분과 토론을 해 보는 것입니다. 이 세 가지 P의 일부 또는 모두가 가능하다고 믿지는 마세요. 책을 읽고 무엇이 일어나는지를 궁금해 하세요.

지금 내 목표는 오로지 여러분의 인식을 높이는 데 있습니다. 이에 내가 권하는 것은 이것입니다. 하루가 지나면서 세 개의 P가 언제 어디서 발생하는지 주목하세요. 예를 들어, 사랑하는 사람이 죽으면 우리 중 많은 사람이 장례식에서 세 가지 P를 모두 경험하게 됩니다. 때로, 우리는 의식에 전적으로 참여하는데, 이때 우리의 말과 행동은 목적으로 가득 차기도 하고, 다른 사람의 친절과 사랑(특권)에 감사하게 됩니다. 그러므로 여러분의 삶에서 무엇과 씨름하고 있든 이러한 순간이 언제 일어나는지 주목하도록 하세요.

여러분은 언제 어디서 여러분이 하고 있는 일에 온전히 참여하고 있나요? 언제 어디서 목적에 부합하고 진정으로 중요한 일을 하고 있나요? 언제 어디서 특권을 느끼며 이 순간 있는 그대로의 삶을 받아들이고 감사하고 있나요?

또한 이러한 순간을 만들어 가는 것이 어떤 도움이 되는지, 여러분의 삶에 어떻게 기여할 것인지 주목해 보세요. 단순히 주목하는 그 행동이 엄청난 차이를 가져올 수 있습니다. 그런 정도까지는 아니라고 할지도 모르지만, 앞으로 보게 되듯이, 내적인 충족감의 기반이 될 것입니다.

03
다정한 손길

현실이 여러분을 힘들게 하고 비틀거리게 할 때, 여러분은 사랑하는 사람들로부터 무엇을 원하나요? 대부분의 사람이 거의 같은 것을 원합니다. 나를 위해 누군가가 있다는 것을 알고 싶어 하지요. 나를 진심으로 걱정해 주는 사람, 나를 이해하기 위해 시간을 들이는 사람, 나의 고통을 알아주고 얼마나 고통스러워하는지 인정해 주는 사람, 나와 함께 있는 시간을 만들고, 힘을 내라고 하거나 모든 것이 괜찮을 거란 말을 하지 않고 나의 진솔한 감정들을 공유할 수 있도록 해 주는 사람, 나를 지지해 주는 사람, 나를 친절하게 대하고 도움을 주려는 사람, 내가 혼자가 아니라는 걸 행동으로 보여 주는 사람 말입니다.

우리가 큰 현실의 균열에 직면하게 될 때 흔히 느끼는 것은 어떤 사람들은 우리의 고통에 대해 친절히 반응하지만, 안타깝게도 그렇지 않은 사람들이 많다는 것입니다. 인생의 마지막 순간에 엄청나게 고통스럽고, 괴롭고, 스트레스를 받는 일이 생겼다고 가정해 봅시다. 여러분을 진심으로 걱정하고, 지원해 주고, 받아들여 주고, 이해받는 반응을 받아 보셨나요? 다음은 대부분의 사람에게 이러한 면들을 충족시킬 수 있는 몇 가지 반응들입니다 (모든 사람이 똑같은 방식으로 대접받길 원하는 것은 아니므로 모든 상황에 적합한 단 하나의 반응은 없다는 것을 명심하세요).

- 여러분을 안아 주는 것
- 여러분의 손을 잡아 주는 것
- 여러분 주위에 팔을 두르는 것
- 여러분의 고통을 이해해 주는 것. "이건 당신에게 무척 힘드실 거예요." 또는 "당신이 무슨 일을 겪으셨는지 상상조차 하기 힘듭니다." 혹은 "나는 당신이 끔찍한 고통을 겪고 있다는 것을 알 것 같아요."
- 아무 말도 하지 않고 그냥 옆에 앉아 있어 주는 것
- 여러분이 울고 있는 동안 당신을 위해 눈물을 흘리며 안아 주는 것
- 지원해 주는 것. "제가 도울 수 있는 일이 있나요?"
- 여러분의 기분을 묻는 것
- 반응을 공유하는 것. "너무 유감이네요." "너무 화가 나네요." "무기력해지네요. 내가 당신을 위해 할 수 있는 일이 있었으면 좋겠습니다." "내가 뭐라고 얘기해 줘야 될지 모르겠네요."
- 여러분의 고통을 위한 공간을 만드는 것. "그것에 대해 이야기하고 싶은가요?" "울어도 괜찮습니다." 혹은 "굳이 이야기

하실 필요는 없습니다. 당신과 함께 앉아 있는 것만으로도 기쁩니다."

- 여러분을 위해 저녁 식사를 같이 한다거나, 여러분의 자녀를 돌봐 주거나, 여러분의 일상적인 업무를 도와주는 것과 같이 무조건적인 지지를 제공하는 것
- 직접 찾아와서 여러분과 함께 시간을 보내는 노력을 하는 것
- 여러분이 겪고 있는 일에 대해 이야기할 때마다 귀 기울여 들어주는 것
- "나는 당신을 위해 여기 있습니다."와 같은 의미 있는 말을 하는 것

이러한 반응들은 모두 같은 메시지를 보냅니다. "당신을 위해 여기 온 거예요. 당신을 걱정하고 있어요. 당신을 이해합니다. 당신이 고통스러워한다는 것을 알고 있습니다. 그리고 당신을 돕고 싶습니다." 이러한 메시지를 전달하는 데는 많은 방법이 있으며, 이는 다른 말보다도 더욱 효과적입니다. 예를 들어, 나의 아들이 처음 자폐 진단을 받았을 때, 그 고통은 정말 견딜 수 없었습니다. 그때 내가 들었던 가장 멋진 반응 중 하나는 가장 친한 친구 조니가 해 준 것이었습니다. 조니는 아주 솔직한 남자라서, 아들이 자폐 진단을 받은 지 며칠 후에 나를 아주 세게 끌어안으며, "이 불쌍한 놈! 네 기분은 정말 지옥 같을 거야." 하고 말했습니다. 이는 아주 은유적인 말이지만, 그 속에 따뜻함과 친절함을 가지고 있었습니다. 나에게 이 말은 이제껏 어떤 감동적인 시보다 훨씬 더 깊은 감동을 주었습니다.

그렇지만 진정한 연민의 반응은 쉽지 않다고 생각합니다. 사회가 우리에게 어떻게 해야 할지 가르쳐 주지 않았기 때문에 어떻게 반응해야 하는지 모르는 것입니다. 여러분은 다음 중 무언가를 반응하는 사람과 꽤 마주치게 될 것입니다(그리고 우리가 솔직히 말한다면, 거의 모든 사람이 이런 식으로 하고 있음을 인정하고, 받아들일 것입니다!).

- 속담으로 예를 드는 것. "좋은 기회는 한 번만 있는 것이 아니다." "시간이 약이다." "아무리 안 좋은 상황에서도 한 가지 긍정적인 측면은 있다."
- "긍정적으로 생각하라."라고 말하는 것
- 상황에 대해 질문하고 나서 그 주제를 빠르게 바꾸는 것
- 조언하려 드는 것. "당신은 이 일을 어떻게 하실 건가요?" "그렇게 하는 것에 대해 생각해 본 적이 있나요?"
- 고통을 이기고자 하는 것. "아 맞아요. 나는 그런 경험을 아주 많이 겪어 왔어요. 그럴 때 내게 통했던 방법이 있습니다."
- 극복하라고 말하는 것. "다리를 놓으세요." "움직이세요." "그대로 두세요." "이것을 극복할 수 있는 시간이 되지 않았나요?"
- 감정을 깎아내리는 것. "고작 우유 엎지른 일로 울지 마세요." "꼭 나쁜 것만은 아니에요." "기운 내세요!" "참고 견디세요."
- 생각이 비논리적이거나 너무 부정적이라고 말하는 것
- 고통을 하찮고 가볍게 여기는 것. "아프리카에서 굶어 죽는

아이들도 있습니다."라는 관점을 주입시키는 것

- 고통으로부터 멀어지도록 시도하는 것. "술이나 마시자." "자, 이제 나가서 신나게 놀자." "초콜릿 좀 먹자." "영화 보자."

- 만나러 오지 않거나 함께 시간을 보내지 않는 것 혹은 피하는 것

- '해결사'처럼 행동하는 것. 문제에 대한 온갖 종류의 해결책들을 고안해 내는 것

- 돕고 싶다고 말은 하지만 실제로 돕지는 않는 것

- 조바심 내며 듣는 것

- 고통을 불평 없이 받아들이지만 진심으로 수용하지 않는 것.

- 안심시키려는 것. "다 괜찮을 거예요." "당신이 생각한 것만큼 나쁘진 않을 거예요." "당신은 이겨 낼 수 있을 거예요."(많은 사람이 안심시키려는 것을 동정으로 여긴다. 그러나 마치 부모가 어린아이를 안심시키듯이 한발 앞서서 쉽게 안심시키려는 것이 문제이다.)

- 문제나 전략과 관련된 사실 정보를 제공하지만, 어떻게 느끼는지 먼저 물어보지 않는 것

- 고통을 최소화하려고 노력하는 것. "당신은 지금을 되돌아보면서 웃게 될 거예요." 혹은 "지금으로부터 1년 지나면 추억이 될 거예요."

- 여러분을 나무라는 것. "별것도 아닌 일로 큰 문제를 만드네." "남자답게 굴어라." "성숙하게 행동해라."

- 여러분을 탓하는 것. "네가 자초한 일이잖아." "네가 이 일을

하지 않았더라면, 이 일은 절대 일어나지 않았을 거야." "나는 이런 일이 일어날 것이라고 경고했다."

• 여러분을 무시하는 것

두 번째 리스트에 올라 있는 몇몇 반응들은 무례하거나 불쾌한 것이지만, 대부분은 진심으로 도움을 주려 했던 시도였을 것입니다. 하지만 그러한 반응을 접할 때, 우리는 상처받고, 짜증나고, 거부당하고, 무시당하고, 인정받지 못하고, 오해받고, 기분 나빠할 것입니다. 예를 들어, 내 아들이 자폐 진단을 받았을 때, 누군가가 나에게 "신은 특별한 부모들에게 특별한 아이들을 주는 것 같아요."라고 말했습니다. 그녀는 진심으로 도움이 되는 무언가를 말하려고 했지만, 너무 성급하게 얘기해서 나의 아픔을 인정하거나 공감하지 못했습니다. 때문에 나는 내가 겪고 있는 일에 대해 그녀에게 이해받거나, 지지나 걱정을 해 주는 것으로 느끼지 못했습니다. 나는 그녀의 말을 이해할 수 없었습니다. 이해하거나 공감하지 못하고 깊은 슬픔의 저변에 큰 상처를 남기는 듯한 말이었습니다. 나는 그 말에 진정 상처받았고 너무나도 슬펐습니다.

명확하고 건설적인 문제해결과 현실적인 조언과 같은 두 번째 리스트의 반응들은 실제적으로 도움이 될 수 있습니다. 만약 적절한 시기에 관심을 가지고 공감하기 시작한다면 말입니다. 예를 들어, 내 모든 책은 유명한 인용문들로 가득 차 있고, 적절한 때에 대부분 기분을 좋게 해 주고 영감을 줍니다. 하지만 만약 현실의 역경에 처한 누군가에게 그렇게 말한다면, 여러분은 부주의하거나 불쾌하다고 받아들이게 될 것입니다. 여러분이 정말로 사랑하

제2부 자신에게 친절하기

는 사람이 방금 죽었다고 했을 때, 누군가가 여러분에게 "음, 당신이 죽지 않고 잘 살도록 당신을 더 강하게 만들어 줄 것입니다!" 또는 "고통스럽겠지만 당신에게 교훈이 될 거예요!"라고 말한다면, 당신의 기분은 어떨 것 같습니까?

일반적인 규칙으로서, 첫 번째 목록에 있는 사람들과 같은 연민은 다른 어떤 것보다 우선해야만 합니다. 만약 누군가가 자신의 연민을 먼저 보여 주지 않고 충고나 속담, 긍정적 사고 혹은 행동을 보여 준다면, 우리는 종종 왜 그런지 깨닫지 못한 채 화가 나고, 분노하고, 짜증나고, 상처받을 것입니다.

대부분의 사람은 고통스러울 때, 해결책이나 전략을 찾기 시작할 준비를 하기 전에 먼저 이해받고 수용되고 배려받기를 원합니다. 그 이후에 두 번째 리스트에 있는 몇몇 반응들에 대해 감사할 수 있습니다. 하지만 분명히 우리는 공격적인 것들에 대해서는 고마워하지 않을 것입니다. 누군가가 우리를 비난하거나, 우리의 문제를 최소화하거나, 우리더러 더 강해질 것이라고 말할 때, 우리는 더 기분이 나빠질 것입니다.

자, 여기 몇 가지 질문이 있습니다.

- 어떤 일이 일어나든, 어느 순간이든 여러분 곁에 있을 수 있는 사람은 누가 될까요?
- 지구상 어느 누구보다도 여러분의 고통을 이해하고, 알아주고, 공감할 수 있는 사람은 누구인가요?
- 여러분이 얼마나 고통받고 있는지 진정으로 알 수 있는 사람은 누구인가요?

그래서 여러분은 특별한 입장에 놓여 있습니다. 여러분의 삶에서 아무리 힘든 일이 일어날지라도, 여러분은 항상 그 자리에 있습니다. 다른 사람의 도움을 받지 못하더라도, 심지어 여러분의 마음은 할 수 없을지라도 여러분은 항상 스스로를 도와줄 수 있습니다.

자신과의 좋은 관계를 형성하는 것은 내적 충만감을 위해 필수적입니다. 우리가 커다란 현실에 뛰어들었을 때 특히 그렇습니다. 불행하게도, 이는 자연스럽게 이루어지지 않습니다. 우리 대부분은 자신에 대해 너그럽게 수용하고, 양육하고, 격려하고, 연민을 베푸는 것을 잘하지 못합니다. 일반적으로 훨씬 더, 스스로를 이기려 하고, 가혹하게 판단하고, 포기합니다. 애석하게도, 우리는 그 큰 현실적인 차이들을 접하게 되면, 첫 번째 목록에서 연민을 선택하는 것보다는 두 번째 목록의 전략으로 곧장 넘어가는 경향이 있습니다. 두 리스트를 다시 한번 읽고 두 번째 목록에 비해 얼마나 자주 첫 번째 목록에서 당신에 대해 반응하는지 확인해 보세요.

* * *

자, 이제 자신과의 관계를 스스로 가장 친한 친구관계처럼 바꿀 수 있다고 가정해 봅시다. 진부하거나 불가능하게 들릴지도 모르지만, 만약 여러분이 믿음을 가지고 있다면, 결국 그렇지 않다는 것을 알게 될 것입니다. 일단 여러분이 그 방법을 배우고, 어떻게 하는지 알게 되면, 여러분은 멋진 위치에 있는 것입니다. 왜냐하면 여러분이 어디에 가든, 무엇을 하든, 여러분이 직면한

현실의 균열이 얼마나 크든 상관없이 여러분의 '가장 친한 친구'
는 여러분을 지지하기 위해 그 자리에 있기 때문입니다. 고통받
을 때 동정해 주고, 오해를 받을 때 그리고 아주 힘들 때 당신을
격려해 줄 것입니다.

▌자기연민 발견하기

영화 〈카사블랑카〉의 마지막에서 험프리 보가트(Humphrey
Bogart)는 고전적인 대사를 중얼거립니다. "루이, 나는 이것이 아
름다운 우정의 시작이라고 생각해." 우리가 처음으로 자기자비에
대해 배우기 시작한 것은 우리 자신과의 아름다운 관계의 시작이
었습니다. '연민(compassion)'이라는 단어는 2개의 고대 라틴어 단
어인 'com(함께)' 'pati(고통)'에서 유래되었습니다. 따라서 '연민'
은 문자 그대로 '함께 고통을 겪는 것'이라는 뜻입니다. 그러나 요
즘은 그 의미가 더욱 복잡해졌습니다. 연민은 친절함으로 타인의
고통을 알아차리는 것, 혹은 도움과 지지를 바라는 진정한 욕구
를 알아차리는 것을 의미합니다.

자신에 대한 연민은 내적 충만감을 위해 필수적입니다. 현실의
균열이 주변에 있을 때는 우리가 확보할 수 있는 모든 친절함이
요구됩니다. 하지만 대부분의 경우, 연민은 행동하는 것보다 말
로 하는 것이 더 쉽습니다. 우리가 실패하거나 거부당하거나 실
수를 저지를 때, 우리가 받아들이기 어려운 방식으로 행동하는
것을 포착할 때, 우리가 현실의 균열에 기여했다고 믿을 때, 마음

의 자연스러운 경향은 자신을 때리는 것입니다. 우리가 이미 쓰러졌는데 우리를 걷어차려고 큰 막대기를 들고 숨어 있게 하는 것을 좋아합니다. 이러는 것이 충분히 강하지 못하다거나, 일을 더 잘 처리해야 한다거나, 다른 사람들이 우리보다 훨씬 더 나쁘다는 것을 말해 줄 수도 있습니다. 그러니 우리가 불평할 것이라고는 정말 없습니다. 우리 자신에게 주도권을 주거나 스스로 문제를 해결하라고 말하는 것일 수도 있습니다. 심지어 우리가 한심하다거나 일어난 일에 대해 우리 자신을 스스로 비난할 뿐이라고 말하는 것일 수도 있습니다.

예를 들어, 사랑하는 사람이 죽었을 때, 그 사람을 진정 사랑하지 않았거나, 얼마나 사랑하는지 표현하지 않았다고 우리의 마음이 스스로를 비난할지도 모릅니다. 내담자 중 한 사람은 심지어 비행기 추락 사고에서 자신이 살아남았다는 것을 비난했습니다. 다른 20명의 승객이 죽었을 때 그의 마음은 자신이 살아 있다는 것이 공평치 않다고 말했습니다. 이는 '생존자의 죄책감'의 전형적인 사례입니다. 나의 아들이 자폐 진단을 받았을 때, 나의 마음은 내가 잘못된 유전자를 물려줬기 때문이라고 비난했습니다.

비록 개인적인 공격을 하지 않더라도, 마음은 종종 냉담하고 차갑고 느긋하고 우리의 마음을 아프게 하기보다는, 우리의 정신을 꺾어 버립니다. 우리가 살아갈 수 없음을 알려 줄 수도 있고, 삶은 살 가치도 없다고 말할 수도 있습니다. 이는 우리로 하여금 불공평한 삶이 어떻게 우리를 불공평하게 대우했는지, 또는 무엇이 다가올지에 대한 무서운 두려움을 떠올리게 할지도 모릅니다. 그러므로 어떻게 자신에게 친절하게 대할 수 있는지를 배울 수 있다면, 훨씬 더 나아질 것입니다. 우리는 지지, 편안함, 격려에 대한 감각을 갖게 될 것이고, 이는 역경을 다룰 수 있는 준비를 훨씬 더 잘하도록 도울 것입니다.

나는 지금 바로 당신에게 자기연민을 알려 주고 싶습니다. 몇몇 남성들은 초기에는 자기연민이 '여성스럽다'거나 '약하다'고 생각해서 행동에 옮기기를 주저하기도 합니다. 하지만 한번 시작하기로 판단을 내리고 나면, 그들은 이 자기연민이 틀림없이 도움이 된다는 것을 알아차릴 것입니다.

🌿 연민 어린 손길

여러분이 집중할 수 있는 편안한 자세를 찾을 수 있도록 지금 여러분을 초대합니다. 예를 들어, 만약 여러분이 의자에 앉아 있다면, 허리를 약간 앞으로 구부리고, 어깨를 낮추고, 발을 바닥 위로 부드럽게 놓을 수 있습니다.

이제 여러분이 겪고 있는 현실의 균열을 떠올려 보세요. 그 차이의 본질을 곰곰이 생각해 보세요. 무슨 일이 일어났는지 기억하고, 그것이 어떻게 여러분에게 영향을 미치는지 곰곰이 생각해 보세요. 그리고 여러분의 미래에 어떤 영향을 미칠지 생각해 보고, 어떤 힘든 생각과 감정이 일어나는지 알아차려 보세요.

여러분의 손을 잡아 보세요. 그리고 매우 친절하고 배려 있는 사람의 손이라고 상상해 보세요.

여러분의 몸 중 가장 아픈 부위에 천천히 손을 올려놓으세요. 아마 가슴, 머리, 목 또는 배에서 더 고통이 느껴지지 않나요? 가장 강하게 느껴지는 곳이 있다면, 그곳에 손을 얹으세요(만약 고통도 감각도 느낄 수 없다면, 그저 가슴 중앙에 손을 얹으세요).

여러분의 손을 편안히 쉬게 하고, 여러분의 피부를 부드럽게 하고, 여러분의 몸에 닿는 것을 부드럽게 느끼도록 하고, 여러분의 손바닥에서 여러분의 몸으로 흐르는 따뜻함을 느껴 보세요. 자, 이제 여러분의 몸이 이 고통을 완화하는 것을 상상해 보세요. 몸을 풀고, 유연해지면서, 공간을 만드세요. 감각이 둔하다면 둔한 곳 주위를 느슨하게 풀어 주세요. 그리고 만약 여러분이 상처받지 않았거나 무감각하다면, 어떤 식으로든 그것을 상상해 보세요. 예를 들어, 어떤 마술적인 감각이 여러분의 마음을 열어 준다고 상상할 수도 있습니다.

통증이나 감각을 매우 부드럽게 유지하세요. 그것을 마치 우는 아기를 키우는 것처럼, 또는 엄청난 예술 작품을 만드는 것처럼 잡아 보세요.

아끼는 누군가에게 손을 뻗는 것처럼 배려와 따뜻함으로 이 부드러운 행동을 펼치세요.

여러분의 손가락에서 몸으로 친절함을 흘려보내세요.

이제 두 손을 하나의 친절한 제스처로 사용하세요. 한 손은 가슴 위에, 다른 한 손은 배 위에 올려놓으세요. 두 손이 편히 쉬도록 하고, 친절하게 대해 주세요. 이런 식으로 앉아서 자신과 연결하고, 돌보고, 위로와 지지를 보내고 싶은 만큼 하세요.

여러분이 원하는 만큼 계속하세요. 5초를 하든 5분 동안 지속하든 시간은 중요하지 않습니다. 이런 행동을 지속하는 것보다, 이런 행동에서 친절함이 느껴지는 것이 중요합니다.

* * *

대부분의 사람은 이 연습이 매우 부드럽다고 말합니다. 이 연습은 중심을 잡게 하고 편안함을 가져다주는 경향이 있습니다. 그래서 하루 종일 계속해서 반복하는 것을 권합니다(분명, 이 연습은 비즈니스 회의 도중에는 잘되지 않을 것입니다. 개인적으로 하는 것이 가장 좋은 방법입니다!). 그리고 만약 이 연습에서 별로 얻은 바가 없다면, 적어도 몇 번만이라도 다시 시도해 보세요. 반복적으로 해 보았을 때, 매우 도움이 된다는 것을 알 수 있을 것입니다.

또한 이 연습을 자유롭게 조정해서 하거나 수정할 수도 있습니다. 예를 들어, 만약 제안한 대로 손을 얹는 것을 좋아하지 않는다면, 여러분이 선호하는 친절한 동작으로 바꿀 수 있습니다. 목이나 어깨를 마사지하거나 관자놀이나 눈꺼풀을 쓰다듬는 것입니다.

이러한 간단한 자기연민 연습은 가끔 이를 실천할 때 강하게 영향을 미칠 수 있습니다. 이를 여러분이 고통스러울 때 첫발을 내딛는 '정서적인 첫 번째 조치'로 떠올리도록 하세요.

▌자기연민의 두 가지 요소

자기연민은 두 가지 주요 요소로 이루어져 있고, 지금까지는 첫 번째 요소인 자신에게 친절해지는 법을 살펴보았습니다. 뒤의 장에서 좀 더 깊이 탐구하게 되겠지만, 이제 우리는 두 번째 요소에 초점을 맞출 것입니다. 그것은 우리의 고통과 함께 존재하는 것입니다.

자, 이제 이전의 문장에 대한 여러분 마음의 반응에 주목하세요. 여러분의 마음은 "하지만 나는 나의 고통과 함께 존재하고 싶지 않다. 나는 그것으로부터 벗어나고 싶다."라고 말하고 있습니까? 만약 여러분의 마음이 이런 식으로 반응한다면, 이는 예상 가능한 것입니다. 이는 결국 현존에 대한 오해를 반영하니까요. 여러분도 알다시피, 현존(마음챙김을 기억할 것입니다)은 우리가 느끼는 고통에 대한 새로운 반응을 포함하고 있습니다. 고통스러운 감정의 영향을 극적으로 줄여 주고 고통스러운 생각으로부터 해방시켜 줍니다. 무슨 뜻인지 모르겠다면, 바라건대 조금만 참고, 다음 몇 장의 글을 읽어 보기 바랍니다.

04
현재로 되돌아오기

알리(Ali)는 사담 후세인(Saddam Hussein) 정권하에서 끔찍하게 고문당했습니다. 그는 정부를 공개적으로 비난했고, 몇 달 동안 감옥에 갇혀 있었으며, 그 당시 간수는 그의 몸에 가장 끔찍한 일을 저질렀습니다. 2년 후, 그는 내 사무실 반대편에 앉아, 그 일들에 대해 플래시백을 경험했습니다. 플래시백은 매우 생생하고 실감나게 떠오르는 기억입니다. 마치 여기서 실제로 일어나고 있는 것처럼 말입니다. 만약 한 번도 이것을 해보지 않았다면, 이것이 얼마나 무서운지 상상조차 할 수 없을 것입니다. 알리가 감옥 이야기를 내게 하려고 할 때마다 플래시백이 그를 낚아채곤 했습니다. 몸은 경직되고, 눈은 흐려졌고, 얼굴은 창백하고 땀이 났습니다. 과거로 되돌아간 그는 또 다시 한번 괴롭힘을 당하면서 고문을 다시 체험하곤 했습니다. 나의 첫 번째 과제는 그의 다른 심각한 문제들을 다루기 전에, 그에게 어떻게 현재로 다시 돌아올 것인지를 가르쳐 주는 것이었습니다.

자, 비록 알리의 사례가 극적이긴 하지만, 그것은 우리 모두가 크나큰 현실에 처할 때마다 직면하게 되는 도전과 유사합니다.

마음은 우리의 관심을 사로잡는 다양한 방법을 가지고 있습니다. 알리와 마찬가지로, 우리를 과거로 이끌었던 고통스러운 사건들을 재현하거나 미래로 밀어 넣을 수도 있습니다. 고통과 스트레스 그리고 역경 속에서 우리를 괴롭히는 우리의 현재 문제들의 늪 깊숙한 곳까지 파고들 수 있을지도 모릅니다. 예를 들어, 나는 아들이 자폐 진단을 받은 첫째 주에는 분노, 절망, 두려움과 '이건 불공평해.' '왜 하필 나에게 이런 일이.' '이랬다면 좋았을 텐데.'와 같은 생각에 사로잡혀 있었습니다. 현실이 절망적이었습니다. 어떻게 나를 치료할 수 있을 것인가? 나는 삶의 불평등에 대해 불평했고 열변을 토했습니다. 어떻게 이런 일이 생길 수 있는가? 부모의 역할에 전적으로 부적합한 부모들에게서 어떻게 건강하고 평범한 아이들이 나올 수 있겠는가?

우리의 마음이 이런 식으로 반응하는 것은 지극히 정상적이지만, 특별히 도움은 되지 않습니다. 우리는 고통스러운 생각의 스모그 속에서 사실상 현실의 균열에 효과적으로 대처할 수 없습니다. 그래서 가장 먼저 해야 할 일은 어떻게 우리 스스로를 현재로 되돌릴 수 있는가를 배우는 것입니다. 그리고 우리는 '연결'이라 일컫는 기법을 사용할 수 있습니다.

▌연결

 '연결'은 세 가지 핵심 기법 중 하나입니다(나머지 두 가지는 '융합'과 '확장'으로 불리며, 뒤에서 다루게 될 것입니다). 연결은 경험에 전적으로 관여하는 것을 의미합니다. 개방성과 호기심을 가지고 지금 여기에서 벌어지고 있는 상황에 전적으로 관심을 기울여 보세요.

 삶을 변화무쌍한 무대로 생각해 보기 바랍니다. 그 무대에는 여러분의 생각과 감정이 모두 담겨 있고, 여러분이 볼 수 있는 모든 것과 청각, 촉각, 미각 그리고 후각이 있습니다. 연결은 무대에서 조명을 켜기 위해 조명을 불러오는 것과 비슷합니다. 때로 특정한 연주자에게 스포트라이트를 비추는가 하면, 다른 시간에는 무대 전체에 조명을 비추기도 합니다.

 연결은 효과적인 행동을 위해 필수적입니다. 만약 춤을 추고, 스키를 타고, 사랑하는 사람과 대화를 나누고, 설거지와 카드놀이를 하는 것을 원한다면, 당면한 과제에 주의를 기울일 필요가 있습니다. 우리는 생각에 얽매일수록 일에는 관심을 덜 기울이게 되고 더 비효율적으로 행동하게 됩니다. 우리는 기능이 저하되고, 실수를 저지르고, 일을 못하게 됩니다. 우리는 수없이 많은 다양한 활동을 해 오면서 수없이 많은 경험을 쌓아 왔습니다.

 여기서 우리에게 어떤 종류의 현실의 균열(불치병, 불륜, 비만, 사별, 사회적 고립, 실업)에 직면하더라도 우리는 이에 대해 어떤 행동을 요구받게 됩니다. 어떤 종류의 행동이건 간에 우리가 효과적으로 행동하고 싶다면, 생각을 떨쳐 버리고 주변 세계와 연결될 필요가 있다는 것입니다. 다음의 내용이 이것을 어떻게 하는지 보여 줄 것입니다. 나는 이것을 '나무처럼 되어 보기'라고 부릅니다. 하루에 적어도 2~3번 하는 것을 좋아하지만, 스트레스를 많이 받을 때는 훨씬 더 자주 합니다.

🌿 나무처럼 되어 보기

커다란 나무 한 그루를 생각해 보세요. 땅 밑으로 긴 뿌리가 깊게 늘어지고, 튼튼한 줄기가 위로 뻗어 올라가고, 나뭇가지들이 하늘 위로 솟는 모습을요. 이 이미지를 사용하여 다음 단계를 따라해 보세요.

⊙ 1단계: 뿌리

서 있든 앉든 몸을 바닥에 단단하게 지탱하세요. 밑에 있는 땅에 대한 감각을 갖고 부드럽게 발밑을 누르세요. 바닥에 있는 바닥과 다리의 부드러운 긴장감에 대해 알려 주세요. 척추를 똑바로 세우고 어깨를 등 쪽으로 밀어 주세요. 척추 아래쪽으로 흐르는 중력을 다리와 발밑으로, 그리고 아래로 향하게 하세요. 마치 땅에 뿌리를 내리고 스스로를 단단히 심고 있는 것처럼 해 보세요.

⊙ 2단계: 줄기

천천히 주의를 뿌리에서 줄기(복부와 가슴을 몸의 '몸통'이라 부르는 것은 우연이 아닙니다)로 향하세요. 발에 대한 자각을 유지하고, 주로 몸통에 초점을 맞추세요. 의자에 앉거나 똑바로 서서 자세의 변화를 알아차리세요. 천천히 깊게 숨을 쉬고, 갈비뼈의 부풀어 오르고 내림을 알아차립니다. 부드러운 어깨의 움직임에 주목하고 복부의

움직임과 리듬을 알아차리세요. 폐를 완전히 비운 다음, 저절로 채워
지도록 허용합니다. 이제 여러분의 의식을 확장하세요. 동시에 폐, 가
슴, 어깨, 복부 등 몸통 전체를 인식합니다. 적어도 10회, 시간이 더
있다면 15~20회 호흡을 합니다.

◉ 3단계: 나뭇가지

  나뭇가지가 하늘에 닿는 대로, 여러분은 이제 여러분 주위에 있는
세상으로 뻗어 나갑니다. 다섯 가지 감각을 모두 활성화하여, 모든
방향으로 확장하고 호기심을 가지고, 보고, 듣고, 맡고, 맛보고, 접촉
하는 것들을 알아차리세요. 뿌리와 줄기에 대한 약간의 자각을 유지
하고, 호흡의 리듬을 배경으로 하되, 주로 환경에 집중하세요. 당신이
어디에 있는지 그리고 당신이 무엇을 하고 있는지에 대한 감각을 느
끼세요. 숨을 들이마시면서 공기의 냄새를 맡고 맛보세요. 얼굴에 닿
는 공기처럼, 등의 셔츠나 손목의 시계처럼 피부가 느낄 수 있는 다
섯 가지를 알아차리세요. 여러분이 볼 수 있는 다섯 가지를 보고, 그
것의 크기, 모양, 색깔, 밝기, 질감 등에 주목하세요. 여러분이 들을
수 있는 자연이나 문명의 다양한 다섯 가지에 주목하세요. 자, 이제
무슨 일이든 여러분의 관심을 끄는 모든 일에 몰두하세요.

* * *

  '나무처럼 되기' 연습은 2단계에서 얼마나 많은 호흡을 하느냐
에 따라 3~6분 정도 걸립니다. 일반적인 경험으로 보건대, 정서
적인 고통이 클수록 여러분은 더 오래해야 합니다. 만약 마음에
든다면, 이전 장에서 설명한 '연민 어린 손길' 연습을 할 수 있습
니다. 만일 이같이 하기를 원한다면, 앞의 연습 2단계에서 한 대
로 몸에 손을 부드럽게 얹고 친절함과 따뜻함을 '자신에게' 보내

세요. 이것은 스스로 자기연민을 불어넣는 데 도움이 됩니다.

　여러분은 아마도 최선을 다해 주의를 집중했음에도 불구하고 그것을 감지하기도 전에 당신의 마음이 반복해서 운동 밖으로 주의를 끄집어냈다는 걸 발견했을 것입니다. 만약 그렇지 않았다면, 여러분은 운이 좋았거나 이미 이 기법을 잘 연습해 왔을 겁니다. 다음 장에서는 마음이 어떻게 왜 이처럼 작용하는지, 우리는 무엇을 할 수 있을지 살펴보려 합니다.

　그러는 동안, 매일 두 번 이상의 연습을 해 보세요. 처음엔 별 차이가 없는 것처럼 보이지만 시간이 지나면서 많은 변화가 생길 것입니다. 그리고 만약 여러분의 마음이 결과를 애타게 기다린다면, 위대한 스코틀랜드 작가 로버트 루이스 스티븐슨(Robert Louis Steavenson)의 말을 기억하세요.

너희가 거둔 곡식을 매일매일 판단하지 말고
그저 땅에 씨를 뿌려라.

05
주인의 목소리

　여러분은 들으셨나요? 그 목소리는 여러분의 목소리인가요? 그 소리가 절대 멈추지 않습니까? 목소리를 듣는다는 것은 어떤 면에서는 비정상적이라는 일반적인 오해가 있긴 하지만, 우리 모두는 머릿속에 적어도 한 가지의 목소리를 가지고 있으며, 대부분은 아주 많은 목소리를 가지고 있기도 합니다! 예를 들어, 때때로 '이성과 논리의 목소리'와 '비관과 우울의 목소리', 혹은 '복수의 목소리'와 '용서의 목소리' 등이 있습니다. 그리고 우리는 흔히 "내면의 비난"이라 불리는 비판적인 목소리를 가지고 있습니다 (나는 내담자에게 "내면의 비난이라는 말을 들어 본 적이 있나요?"라고 물어본 적이 있습니다. 그녀는 그렇다고 말하면서 "내 안에 그 위원회가 있는 걸요!"라고 했습니다).
　분명히, 생각할 수 있는 능력은 믿기 어려울 정도로 가치가 있고 이는 우리 삶의 질에 크나큰 기여를 합니다. 생각할 수 있는 능력이 없다면 책, 영화, 음악, 미술, 혹은 예술 창작이나 미래를 위한 행복한 공상을 즐길 수도 없고, 사랑하는 사람들과 감정을 공유할 수도 없습니다. 그러나 우리의 많은 생각은 특별히 유용하지는 않습니다. 여러분의 마음속에 플러그를 꽂고, 24시간 동안 생각을 기록하고, 그 내용을 종이에 옮겨 보세요. 내가 이 글을 읽어 보라고 부탁한 것을 떠올려 보고, 실제적으로 현실의 균열에 효과적으로 대응하는 데 진정으로 도움이 되는 생각들에 강조 표시를 해 보세요. 그 글에 대한 몇 퍼센트의 생각들에 표시할 것 같습니까?

우리 중 대부분은 그 확률이 꽤 작을 것입니다. 마치 마음이 자신의 마음을 가지고 있는 것처럼 말입니다. 우리에게 도움이 되는지 아닌지 거의 신경 쓰지 않은 채, 하루 종일 원하는 대로 이야기를 하는 것 같습니다. 특히, 과거의 고통을 걱정하거나, 미래의 현실에 대해 집착하거나, 현재의 현실의 균열에 대해 집착하는 것을 매우 좋아하는 것 같습니다. 하지만 비록 그것이 종종 도움이 될지라도, 어떻게든 거의 항상 이야기에 우리를 흡수하곤 합니다.

자, 이제 글을 이어 가기에 앞서 말하고자 하는 바는, 때때로 내 담자와 함께 '이야기(stroy)'라는 단어를 사용할 때, 누군가는 기분이 상한다는 것입니다. "그건 이야기가 아닙니다."라고 이 사람은 항의할 것 같습니다. "그건 사실입니다!"라고 말입니다. 그러면 나는 반복해서 말합니다. "당신이 기분 나빴다면 미안합니다. 그러나 내가 말하는 '이야기'는 정보를 전달하는 일련의 단어나 그림을 말합니다. 좀 더 일반적인 용어인 '사고' 또는 기술적인 용어인 '인지'를 사용할 수 있지만, '이야기'라 부르면 보다 효과적으로 처리하는 데 도움이 됩니다. 보다시피, 우리 마음은 하루 종일 여러 종류의 이야기를 합니다. '실화'라고 하면 우리는 '사실'이라고 부르지만 사실은 우리 생각에서 극히 일부만 차지합니다. 우리 생각에는 아이디어, 의견, 판단, 이론, 목표, 가정, 백일몽, 환상, 예측 등 거의 '사실'이라 부르지 않는 믿음이 포함되어 있습니다. 따라서 '이야기'라는 단어는 사고가 거짓이거나 타당하지 않거나 부정확하다는 것을 의미하지 않습니다. 단지 사고가 무엇인지를 설명하는 방법으로서 정보를 전달하는 단어나 그림들입니다."

이 책에서는 '이야기'라는 용어를 자주 사용할 것입니다. 만약 여러분의 마음에 들지 않는다면 마음속으로 '인지' 또는 '사고'로 용어를 대체하길 바랍니다.

생각해 보세요. 여러분의 마음이 죄책감, 두려움, 불안, 슬픔, 실망 또는 절망 등을 떠올리는 이야기들을 하는 바람에 당신은 하루의 많은 부분을 얼마나 자주 소비하거나 밤에 깨어 있게 되나요? 그 마음은 얼마나 자주 여러분을 비난, 분개, 근심 혹은 후회에 대한 이야기로 이끄나요? 이로 인해 당신은 얼마나 자주 스트레스를 받고, 화를 내고, 상황을 더욱 더 어렵게 만드나요?

이 세 가지 질문에 대한 답이 만일 '매우 자주'라면, 여러분은 평범한 사람의 마음을 가지고 있음을 보여 주는 겁니다. 네, '정상'이라고 말했습니다. 정상적인 사람의 마음은 자연스럽게 그렇다고 말합니다. 동양 철학에서는 이에 대해 수천 년간 알고 있었지만, 어쨌든 서양에서는 마음이 이런 식으로 작동할 때 비정상이라고 생각했습니다. 이는 매우 불행한 일입니다. 왜냐하면 이는 우리 마음(이것은 무의미)과 싸우거나 우리가 생각(이것 또한 무의미)하는 방식으로 자신을 가혹하게 판단하도록 설정했기 때문입니다. 그래서 나는 다른 관점을 취할 것을 권합니다. 마음의 이야기가 도움이 되는지 아닌지 신경 쓰지 않는 스토리텔러 주인으로서 우리의 마음을 생각해 봅시다. 마음의 주요 목표는 우리의 관심을 사로잡는 것입니다.

여러분은 유명 음반사를 상징하는 '그 주인의 목소리(His Master's Voice)' 로고를 본 적이 있습니까? 그 이미지는 죽은 주인의 목소리가 녹음된 소리를 듣고 낡은 태엽 축음기에 매료되어 듣고 있는 작은 흰 개(개 이름은 리퍼입니다)를 보여 줍니다. 리퍼는 그 목소리에 매우 관심을 보이며 실제로 축음기 깔대기 아래에서 머리를 내밀고 있습니다. 우리는 그 개와 조금 닮았습니다. 우리의 마음은 말하고, 우리는 그 모든 것에 붙들립니다. 우리와 그 개의 차이점은 개는 곧 그 목소리에 대한 관심이 없어지게 될 것이라는 점입니다. 그 개는 자기에게 아무것도 제공할 것이 없다는 것을 깨닫고, 밖으로 나가서 더 흥미로운 일을 할 테지만, 우리는 마음에 관해서라면 일반적으로 관심을 잃지 않습니다. 비록 우리가 이 녹음을 만 번이나 듣고 마음으로 인한 모든 일이 우리를 비참하게 만들어도 우리는 여전히 거기에 집착하게 됩니다.

▌ 자욱한 안개

우리는 생각에 '빠져들고' '몰입하는' 경향이 있는 인간의 성향에 대해 이야기하는 많은 방법을 지니고 있습니다. '그는 백만 마일 떨어진 곳에 있다.' 혹은 '구름 속에 떠 있는 그녀의 머리' '그는 생각에 빠져 있다.'와 같은 은유를 사용하거나 걱정, 반추, 과거의 재해, 스트레스 등에 대해 말하기도 합니다. 또는 이를 계속 반복하거나 집착하기도 합니다.

기본적으로, 이 엄청나게 가치 있고 독특한 인간의 능력은 어지럽고 자욱한 안개 속에서 이리저리 헤매다가 생각에 빠져 삶의 방향을 잃게 합니다.

물론, 자욱한 안개 속에 있는 것은 반드시 나쁜 것만은 아닙니다. 향스틱이 만드는 자욱한 안개로 기분이 부드럽고 편안해질 수 있습니다. 모닥불이 만드는 자욱한 안개로는 신나고 재미있을 수도 있습니다. 하지만 연기가 너무 두터워지면 어떻게 될까요? 기침을 하기 시작하고 코가 맵고 눈에서는 눈물이 나겠지요. 그리고 시간이 흐르면서, 연기 속에서 계속해서 숨을 쉰다면, 결국 폐가 손상될 것입니다.

이와 비슷하게, 우리의 생각에 몰입하는 시간과 장소가 있습니다. 해변에서 백일몽에 빠지는가 하면, 중요한 연설을 연습하고, 프로젝트를 위해 새로운 아이디어를 만들기도 합니다. 하지만 대부분의 사람이 마음속에서 균형을 못 잡은 채로 너무 많은 시간을 보냅니다. 그러면서 정신적인 안개 속에서 나날을 보내기도 합니다.

그리고 이 거대한 현실의 균열처럼 자욱한 안개를 심화시키는 것은 아무것도 없습니다. 우리가 가지고 있는 것과 우리가 원하는 것 사이의 차이가 더 클수록, 우리의 마음은 더 많은 이의를 제기할 것입니다. 마음은 끊임없이 도움이 되지 않는 생각들을 늘어놓습니다. '이런 일은 절대로 일어나서는 안 돼!'라고 부정하고, '이러지 말았어야 했는데!'라고 화를 내고, '나는 대처할 수 없어. 도저히 극복할 수 없어.'라고 절망에 빠지고, 모든 불공평함에 대해 고민하거나, 우리의 삶을 다른 사람들과 비교해 보고 원하는 것을 찾아내거나, 가능한 최악의 시나리오를 떠올립니다. 그러나 전에도 언급했듯이, 이러한 생각들은 모두 매우 정상적이지만 그다지 도움이 되지 않습니다.

한 가지 분명한 것은 **우리의 사고가 문제는 아니**라는 점입니다. 우리의 사고는 심리적 안개를 일으키지 않습니다. 그것은 스모그를 일으키는 우리의 생각에 **반응하는 방식**입니다.

우리의 사고는 단지 우리 머릿속에 있는 사진과 단어들입니다. 그 말을 액면 그대로 받아들이지 마세요. 스스로 확인해 보세요. 책을 읽지 말고, 잠시 눈을 감고 여러분의 사고에 주목하세요. 그것이 어디에 있든, 그것이 움직이는지, 그것이 사진, 단어, 소리와 같은지, 여러분이 이것을 시도하고 싶어 하는지 그리고 여러분의 생각이 사라지길 거부하는지 주목해 보세요. 만약 이런 일이 일어난다면, 여러분의 머릿속에 빈 공간과 고요함을 인식하고 참을성 있게 기다리세요. 조만간 여러분의 마음은 다시 떠오를 것입니다. 비록 "나는 아무 생각이 없다."라고 말할지라도 말입니다.

* * *

무엇을 알아채셨나요? 만약 여러분의 마음이 공허해진다면, 여러분은 빈 공간과 침묵을 눈치챘을 것입니다. 하지만 결국 어떤 생각들이 떠올랐고, 아마도 그것은 단어 혹은 사진이거나 둘 다였을 것입니다(만약 몸으로 감각이나 느낌을 알아차렸다면 그것은 바로 '감각' 혹은 '느낌'입니다. 이런 것을 '사고'로 혼동하지는 마세요).

우리가 이런 단어들과 사진들을 자유롭게 오갈 수 있게 한다면 하늘의 새들처럼 우리의 인식을 통해 가볍게 스쳐 지나가는 것은 아무 문제가 없습니다. 하지만 우리가 그것을 단단히 가두고 놔주기를 거부하면 그것은 안개로 변하여, 이때 우리를 삶에서 끌어낼 것입니다.

자욱한 안개 속에서 길을 잃으면 모든 세부 사항이 흐려지고, 모든 풍요로움이 사라집니다. 우리는 안개에 대한 달콤함을 맛볼 수 없습니다. 안개의 반대편에 우리 삶의 사랑이 있을 수도 있고, 지상에서 가장 위대한 쇼가 있을 수도 있지만, 우리는 그것을 알지 못할 것입니다.

만일 여러분이 심각한 우울증을 앓고 있는 사람과 시간을 보낸 적이 있다면(아마도 여러분 자신이나 여러분의 삶의 어떤 지점에서), 아마도 자욱한 안개가 얼마나 어려울 수 있는지 알 수 있을 겁니다. 우리 사회에서, 우울증을 앓는 사람들은 그들의 삶을 향상시키고 풍요롭게 할 수 있는 온갖 기회가 우리를 둘러싸고 있지만, 이를 제대로 볼 수도 없고 절망의 소용돌이 속에서 숨이 막힙니다(이것은 항상 진실이 아니지만, 종종 그렇습니다).

개인적인 예를 들어 보겠습니다. 아들이 처음 자폐 진단을 받은 지 약 2주쯤 지난 어느 날 저녁이었습니다. 머리를 식히기 위해 해변으로 차를 몰았습니다. 해변으로 운전하는 동안 나는 내 어린 아들의 미래를 상상하기 시작했습니다. 정신 지체, 거부, 놀림, 괴롭힘, 욕설, 따돌림, 사회에서 잊혀진 사람들 중 하나가 되어 버리는 온갖 종류의 끔찍한 시나리오들을 생각했습니다. 그러면서 모래 위에 발을 내디딜 때, 나는 악몽 속에 있었습니다. 해변을 따라 걸으면서 악몽은 점점 더 심해졌습니다. 30분간의 악몽 끝에 갑자기 숨이 찼습니다. 나는 발길을 멈추고 침묵했고, 내가 여태까지 보았던 일몰 중 가장 장엄한 광경을 보고 경외심을 느꼈습니다. 태양은 지평선 너머로 사라졌고, 하늘에는 마치 화산처럼 붉은색, 진홍색, 금색 그리고 오렌지색의 구름들이 폭발하는 광경이 펼쳐졌습니다. 나는 그냥 몇 분 동안 아무 말도 하지 않은 채로 가만히 서 있었습니다. 이러한 변화를 놓쳐 왔다는 것이 믿기지 않았습니다.

많은 종류의 자욱한 안개가 있는데 가장 두터운 안개 속에 있을 때, 우리는 길을 잃어버릴 뿐만 아니라 더듬거리기도 합니다. 짙은 안개가 낄수록, 우리의 갈 방향을 탐색하고, 장애물을 극복하고, 도전해 나가기란 더 어렵습니다. ACT 기법에서 이런 상태를 융합이라고 부릅니다. 마치 녹아내린 정신이 융합되는 것처럼 우리는 우리의 사고에 융합됩니다. 이 융합 상태에서 우리 생각은 우리에게 엄청난 영향을 미칩니다. 그 생각들은 절대적인 진리, 우리가 따라야 할 명령, 제거해야 할 위협 또는 모든 주의를 기울여야 하는 무언가로 보일 수 있습니다.

하지만 사고로부터 탈융합되었을 때, 그 생각들은 우리에 대한 모든 힘을 잃습니다. 탈융합은 사고로부터의 분리를 의미합니다. 단어와 사진에 불과합니다. 탈융합 상태에서 우리의 사고는 사실일 수도 있고 사실이 아닐 수도 있습니다. 그러나 그것이 사실이든 아니든 우리가 거기에 따라야 할 필요는 없습니다. 모든 주의를 기울일 필요도 없으며 그것들을 위협으로 대하세요. 탈융합 상태에서 우리는 사고로부터 '뒤로 물러나고' 사고에서 우리 자신을 '풀어 주면' 됩니다. 우리는 그 단어와 사진이 무엇인지 보고 그것을 그대로 두면 됩니다. 우리는 그것을 잡았던 손을 느슨하게 하고 그것이 와서 머무르고 자기들끼리 시간을 보내도록 허용합니다.

물론 우리의 사고가 도움이 된다면, 즉 우리의 사고가 우리를 도와 우리 자신에게 친절히 대하고 연민을 갖게 하거나 우리 가치를 명료화하게 하고 효과적인 계획을 세워 삶을 풍요롭게 할 수 있도록 한다면, 우리는 우리의 사고를 잘 사용하는 것입니다. 우리는 우리의 사고가 우리를 통제하도록 내버려 두지 않겠지만, 확실히 그것이 우리를 인도하도록 허용할 것입니다. 우리는 이 접근법을 택할 때, 우리의 사고가 사실인지 아닌지에 대한 염려는 덜하게 되고 사고가 우리에게 도움이 되는지에 보다 더 관심을 갖게 될 것입니다. 우리가 이러한 사고를 꽉 붙들고 모두가 그 사고에 사로잡히고, 그것이 우리를 밀어붙이면서 우리가 하는 일을 지시한다면, 상황에 적응하고 그것을 최대한 사용하는 데 도움이 되기는 할 것입니다만, 우리는 우리가 되고 싶은 사람처럼 행동하게 될까요? 우리의 사고가 도움이 된다면 그렇게 사용하지만, 도움이 되지 않는다면 탈융합하도록 하세요.

▎알아차리기의 기술

융합에 있어 가장 첫 번째 단계는 여러분이 이미 연습한 '알아차리기' 입니다. 우리는 우리가 자욱한 안개 속에 있다는 것을 알아차리는 순간 확실해지기 시작합니다. 우리가 생각하기에, 우리는 사고와 완전히 융합될 때, 우리가 생각하고 있다는 것조차 모릅니다. 진짜 안개와 심리적 안개 사이의 차이는 진짜 물건에 걸려 넘어질 때, 알게 됩니다. 숨 쉬기가 힘들어지고, 앞을 보기 어렵고, 걷기 어렵기 때문입니다. 하지만 심리적 안개로 인해 길을 잃었을 때는 종종 그것을 깨닫지 못합니다. 예를 들어, 때때로 우리는 걱정, 분노 혹은 우리의 문제들을 몇 시간 동안 계속해서 분석할 수 있습니다(여러분은 드라이브를 떠났던 적이 있습니까? 사실상 여행에 대해 거의 아무것도 기억하지 못하고 있다는 생각에 사로잡혀 있습니까? 아니면 마지막 페이지에 도달했지만 읽은 것을 기억할 수 없습니까?).

따라서 융합의 첫 번째 단계는 우리가 융합되어 있음(즉, 우리의 생각에 빠져 있거나 집착되어 있음)을 그저 알아차리는 것입니다. 이것은 마치 갑자기 거울에 비친 모습을 보고, 그 모습에 놀란 느낌 또는 여행할 때처럼 스스로를 다잡는 것과 같은 것입니다. 혹은 대화 도중 상대방의 말을 듣지 않다가 그제야 상대방이 무슨 말을 했는지 모르겠다는 것을 불쑥 깨닫게 되었을 때입니다. 이것이 '아하!'의 순간입니다. 부드러운 충격의 순간이나 갑자기 잠에서 깨어났을 때처럼 말입니다.

융합된 것을 알아챈 순간, 우리는 현재의 상태를 바로잡고 무아지경에서 벗어날 필요가 있습니다. 이것보다 더 많은 융합이 더 있습니다(이에 대해서는 책 후반에서 다룰 것입니다). 하지만 여러분의 융합을 알아차리는 것이 항상 첫 번째 단계입니다. 그래서 하루 종일 연습해 보고 얼마나 자주 자신을 붙들 수 있는지를 살펴보세요. 여러분이 안개 속에서 길을 잃을 가능성이 언제 어디서 생기는지 확인하세요. 차 안에서, 자전거를 타면서, 침대에 누워서, 저녁 식사 후에, 아이들과 놀면서, 샤워를 하면서, 친구와 대화를 할 수 있는지 알아차려 보세요. 걱정, 후회, 백일몽, 비난, 자기비판, 소망적 사고, 문제에 집착, 과거의 공포 되살리기, 최악을 예견하기, 여러분의 인생이 끝났다고 생각하기 가운데 어떤 종류의 안개가 여러분의 길을 잃게 만들었나요?

또한, 어떤 종류의 사건이 안개를 유발하는지 주목해 보세요. 논쟁, 태워 주지 않는 운전자, 거절, 실패, 불공평하고 멸시하는 행동, 마감시간에 임박함, 아주 좋은 기회, 누군가의 얼굴에 관한 말, 사소한 나쁜 소식, 사소한 좋은 소식, 노래, 영화, 사진, 사랑했던 사람이 했던 말 등.

마지막으로, 연기 자욱한 안개 속에서, 여러분이 어디에 있고 무엇을 하고 있는지를 알아채 보세요. 그리고 당신이 놓치고 있는 것을 인정하세요.

우리 대부분은 안개로 인해 얼마나 많은 시간을 허비하고 있는지 알았을 때 깜짝 놀라게 됩니다. 그리고 불행하게도, 우리는 종종 이런 식으로 우리의 마음을 힘들게 합니다. '나는 그걸 믿지 않아요. 다시 해 보겠습니다. 뭐가 잘못된 것일까요? 왜 나는 이걸 지속해야 하지요? 왜 그냥 빠져나갈 수는 없나요?' 그리고 만약 우리가 조심하지 않는다면, 어떻게 융합되어서는 안 되는지에 대한 많은 생각과 융합될 수 있을 것입니다. 여기서 유머를 발견할 수 있을까요? 작은 개가 주인의 목소리를 듣는 것과 유사하다는 것을 떠올리면서 조용히 웃음 지을 수 있을까요?

06
영화를 멈추다

윌리엄 셰익스피어는 종종 이런 말을 인용했습니다. **좋은 것도 나쁜 것도 없다. 다만 생각이 그렇게 만든다.** 이는 여러 형태의 대중적 심리학에서 말하는 일반적인 믿음이라 볼 수 있습니다. 우리의 생각은 일을 좋게든, 나쁘게든 만들 수 있습니다. 그렇기 때문에 많은 접근법이 여러분의 머릿속에 있는 그 목소리와 싸우도록 용기를 불어넣는 것입니다. 그 접근법들은 여러분에게 부정적인 사고가 틀렸음을 입증하거나, 도전하거나 반박하고, 이를 긍정적으로 바꾸라고 제안합니다. 확실히 유혹적인 제안이지요. 이는 '부정적' 사고를 없애 버리고 대신 '긍정적인' 것으로 대체하면 된다고 우리의 상식에 호소합니다. 하지만 문제는, 만약 우리의 사고로 전쟁을 시작한다면 우리는 결코 이기지 못한다는 것입니다. 소위 말하는 부정적인 사고들이 무수히 많기 때문에 어느 누구도 그것을 없애는 방법을 찾을 수는 없습니다.

선사들은 마음의 훈련에 있어 올림픽 운동선수와 같습니다. 선사에게 "어떻게 하면 땅에서 가장 위대한 선사를 찾을 수 있겠습니까?"라는 질문을 던지는 한 스님에 대한 고전적인 이야기가 있습니다. 선사는 이 질문에 대해 "모든 부정적인 사고를 없앴다고 주장하는 사람을 찾으셨다면…… 그 사람은 아니라는 걸 여러분은 알 것입니다!"라고 말했습니다.

그렇습니다. 우리는 모두 더 긍정적으로 사고하는 법을 배울 수 있습니다. 하지만 그것은 우리의 마음이 아프고 도움이 되지 않는 이야기를 만들어 내는 것을 막지는 못할 것입니다. 더 긍정적으로 사고하는 것은 새로운 언어로 말하는 법을 배우는 것과 같기 때문입니다. 즉, 스와힐리어를 배운다고 해서 갑자기 영어로 말하는 법을 잊지 않는 것과 같습니다.

그래서 우리의 '부정적인' 이야기를 다루는 유일한 방법이 부정적인 사고와 싸우는 것이라면 우리는 불필요하게 고통을 받을 것입니다. 그것이 진실인지 거짓인지에 대한 관점에서 도전하고, 반박하려고 시도해 보세요. 부정적인 사고를 밀어내거나 억누르거나, 그것으로부터 주의를 분산시키려고 하거나 아니면 좀 더 좀 더 긍정적인 사고로 빠뜨리려고 한다면 말이지요. 왜냐하면 매우 대중적인 모든 '상식' 전략은 엄청난 시간과 노력과 에너지를 필요로 하고, 대부분의 경우, 장기적으로는 작동이 잘되지 않기 때문입니다. 그런 사고는 잠시 사라진다 해도 공포영화의 좀비처럼 곧 돌아옵니다.

그러나 대체적으로 훨씬 더 도움이 되는 대안적인 접근법이 있습니다. 우리의 사고로부터 우리 자신을 '분리'하거나 '떼어 내는'

법을 배울 수 있습니다. 우리는 마치 우리 집을 지나가는 자동차처럼 그것이 오는 것을 허용하는 것을 배울 수 있습니다. 만약 여러분이 지금 길가에 있다면, 귀를 열고 차량들의 소리를 들을 수 있는지 알아차려 보세요. 가끔은 교통량이 많고 가끔은 교통량이 아주 적습니다. 우리가 교통을 차단하려고 한다면 어떻게 될까요? 우리가 할 수 있을까요? 우리가 저리 가라고 마법을 부릴 수 있을까요? 만약 우리가 교통 상황에 화가 나면 어떻게 될까요? 만약 우리가 집에서 나가서 고함치고 악을 쓰게 될까요? 이것이 우리가 차량들과 함께 살아가는 데 도움이 될까요? 그냥 자동차들이 오가게 하고 우리 에너지에 투자하는 것이 더 이롭지 않을까요?

이제, 시끄러운 자동차가 여러분의 집을 천천히 지나가고, 엔진 소리가 요란하고, 내뿜는 소리가 나고, 시끄러운 음악 소리가 들려왔다고 가정해 보세요. 창문 밖으로 차가 녹이 슬고 낙서로 뒤덮여 있는 것을 볼 수 있겠지요. 10대 아이들이 안에 있고, 노래를 부르고 소리를 지릅니다. 가장 먼저 해야 할 일이 무엇일까요? 집 밖에 나가서 "저리 가라. 이곳에 너희가 올 권리가 없잖아."라고 소리를 지를 건가요? 밤새도록 거리를 순찰해서 그 차가 다시는 오지 못하도록 할 건가요? 앞으로는 이런 차들을 멀리하기 위해, 집 밖에 아름다운 차만 다니도록 우주에 요청할 건가요?

가장 쉽고 간단한 접근법은 차가 오고 가도록 허용하는 것입니다. 저런 차도 있다는 것을 인정하고 편히 지나갈 수 있도록 허용해 주는 것입니다. 똑같은 전략이 우리의 사고에도 적용됩니다. 약간의 연습을 통해, 우리는 존재하는 사고를 인정하고 그것에 사로잡히지 않으면서, 도전할 필요 없이 적절한 시간에 전달하는 방법을 배울 수 있습니다.

우리에게 있어 사고를 분리할 수 있는 능력은 전적으로 현재에 존재하는 데 있습니다. 나는 지난 장에서 ACT의 과정으로 이를 '탈융합'이라 언급했습니다. 그 첫 번째 단계는 우리가 사고에 몰두하고 있음을 알아차리는 것입니다. 이제 우연히 이것을 시도해 보았다면 듣는 것보다 쉽지 않다는 것을 발견했을 것입니다. 문제는 우리의 마음이 우리를 그들의 이야기로 끌어들이는 데 능숙하다는 것입니다. 마음은 자신의 이야기로 끌어들이는 데 능숙합니다. 멋진 영화를 보는 동안 중간쯤에 '일시정지'를 누르는 것이 얼마나 어려운지 우리는 압니다. 그리고 마음의 이야기는 매우 설득력이 있습니다. 나는 종종 마음을 우리를 무아지경에 빠뜨리는 최면술사에 비유합니다. 그리고 최면을 깬다는 것은 엄청나게 어려울 수 있습니다. 그렇지만, 모든 새로운 기법이 그러하듯 연습하면 향상됩니다. 시간이 지남에 따라 특히 이 장의 조언을 활용하면 더욱 쉬워집니다.

자, 이제 첫 번째 단계인 알아차리기를 살펴보겠습니다. 이를 통해 다음과 같은 두 가지 사항을 동시에 파악할 수 있습니다.

(1) 우리의 마음이 무엇을 하고 있는가?
(2) 우리는 어떻게 대응하고 있는가?

달리 말하자면, 우리는 우리가 지니고 있는 사고를 알아차리고 이를 확장하여 어느 정도 융합되고 탈융합되었는지를 알아차릴 수 있습니다. 이는 두 가지 별개의 상태가 함께 존재하는 것과는 다릅니다. 흑백보다는 회색의 음영이 많습니다. 우리는 극도로 탈융합되었거나 약간 탈융합되었다고 할 수 있습니다. 일반적으로 말해 사고가 우리에게 미치는 영향이 적을수록 '탈융합'이라고 봅니다. 반대로 더 많은 영향을 받을수록 더 자주 '융합'되었다고 봅니다.

여러분의 마음이 무엇을 하고 있는지를 깨닫는 순간, 여러분은 DVD 플레이어에서 영화를 잠깐 멈추는 것처럼 잠시 멈추고, 자신이 필요로 하는 것을 할 수 있습니다. 잠시 동안 이야기를 중단하면 주변을 살펴볼 수 있고 필요한 모든 작업을 수행할 수 있습니다. 안타깝게도 이 비유는 너무 자세히 보면 맞지 않습니다. 영화를 멈출 때, 화면은 우리가 바라는 한 정적인 상태를 유지하지만, 우리가 우리 마음을 알아차리기 위해 멈출 때, 사고는 잠깐만 가만히 있다가 단어와 사진의 흐름이 다시 시작됩니다. 그래도 요점은 확실합니다. 영화를 일시 정지하면 더 이상 '이야기 속'은 아닙니다. 우리는 거기서 물러나야 그것이 무엇인지 볼 수 있습니다. 화면의 소리와 이미지에 지나지 않기 때문입니다. 마음을 알아차리기 위해 멈출 때도 같은 일이 일어납니다.

자, 이제 책을 내려놓고, 30초 동안 멈추고, 당신의 마음이 무엇을 하고 싶어 하는지 호기심을 가지고 알아차려 보세요. 내키는 대로 하세요. 아무 말도 안 들리나요? 새로운 단어나 사진이 떠오르나요? '이건 어리석은 짓이야.' 또는 '아무것도 일어나지 않는다!'라는 항의가 들려오나요?

* * *

그래서 여러분의 마음은 무언가 할 말이 있었나요, 아니면 조용했나요? 만약 여러분의 사고가 멈춘다면, 행운입니다. 사고로부터 자유로운 순간은 흔치 않으니 즐겨 보세요! 보다 더 일반적으로, 우리가 마음을 알아차리기 위해 멈출 때, 우리는 마음이 활동적이라는 것을 알게 됩니다. 일단 우리가 이 활동을 발견하면 융합 내 다음 단계로 '이름'을 붙이는 것입니다. 예를 들어, 우리는 '생각 중'이라고 조용히 말할 수 있습니다. '사고하기'라는 과정으로 명명하는 것은 모든 단어를 조금씩 분리시키는 데 도움이 됩니다. 뒤로 물러서서 약간 거리를 두세요.

'사고하기'는 마음이 하는 모든 행동을 포괄하는 용어입니다. 하지만 때로는 좀 더 구체적으로 말하는 것이 도움이 됩니다. 예를 들어, 우리 모두가 잘못된 일에 대한 생각이나 불만에 사로잡혀 있다는 것을 알게 되면 그 행동은 '걱정하기'라고 할 수 있습니다. 의외로 스스로에 대해 오래된 불만을 보게 되거나 검토하거나 타인이 우리에 대해 잘못하고 있다는 방향으로 생각하고 있다면 그 행동은 '비난하기' 또는 '분개하기'라고 할 수 있습니다. 환상에 빠져 있다면 '백일몽하기'라고 합니다. 유용한 결과에 도달하지 못하고 거듭 검토한다면 '반추하기' 또는 '스튜잉(뭉근히 끓이기)'이라고 할 수 있습니다. 고통스러운 기억을 떠올린다면 '회상하기'라고 부릅니다.

이렇게 이름을 짓는 것은 일반적으로 사고로부터 더 많은 거리를 만들어 냅니다. 악몽에서 깨어나 깜짝 놀랐다고 가정해 봅시다. 제일 먼저 하는 일은 여러분이 깨어 있고 자신의 침실에 있다는 것을 알아차리는 일입니다. 여러분이 가장 먼저 하는 일은 경

제2부 자신에게 친절하기

험에 이름을 붙이는 것입니다. '꿈을 꾼 것뿐이야'라고 말입니다. 이렇게 함으로써 꿈은 더 멀어지고 침실에 더 존재하게 됩니다.

그리고 우리가 이에 대해 아주 진지할 필요는 없다는 것을 잊지 마세요. 우리는 이 과정을 재미있는 방식으로 명명할 수 있습니다. '이런, 안개 속에서 또다시 길을 잃었다.'라는 유머로 자신에게 말하거나, '마음아! 고마워. 재미있는 이야기였어.' 혹은 '그 옛날 영화 다시 보기' 또는 '스토리텔링' 또는 '이야기 시간' '와! 나이 이야기를 전에 들어 본 적이 있어.'라고 할 수도 있습니다.

이런 식으로 사고에 반응할 때, 우리는 이것이 진실인지 거짓인지에 대해 염려하지 않습니다. 그 대신에, 우리는 스스로에게 '이 생각이 도움이 될까요? 만일 내가 이 이야기를 꽉 붙잡는다면, 모든 이야기에 얽매여 나를 밀어내거나 내 일을 지시하도록 허용한다면, 내가 되고 싶은 사람이 되고, 하고 싶은 일을 하는 데 도움이 될까요? 내 상황에 적응하거나 개선하는 데 도움이 될까요?

만약 답이 '아니요.'라면, 한 걸음 뒤로 물러서서 이야기에서 벗어나는 것이 좋습니다. 잠시 멈추고, 알아차리고, 이름을 지어 봅니다. 주의를 기울여 지나쳐 간 일련의 단어와 사진이 무엇인지 살펴보세요.

여러분은 심지어 그 이야기가 한 단계 더 나아지도록 할 수도 있습니다. 자신의 고통스러운 생각, 감정 그리고 기억을 전부 집어넣어 현실의 균열에 대해 책을 쓰거나 다큐멘터리를 만든다고 상상해 보세요. 그라는 단어로 시작해서 이야기라는 단어로 끝나도록 제목을 지어 봅시다. 나의 지나간 삶에 대한 이야기 또는 그 오래되고 외로운 이야기라고 할 수 있습니다. 이는 다음과 같은 제목을 필요로 합니다.

(1) 해당 주제를 요약한다.
(2) 이 주제는 당신의 삶에서 엄청난 고통의 근원이었음을 인정한다.

여기에서 하찮게 여기거나 농담식의 주제를 제목으로 하지 않도록 합니다. 원한다면 유머러스한 제목이 될 수는 있지만 조롱하거나 비하하거나 사소한 제목은 피하세요(따라서 이 기법을 시도해 보고 결과적으로 비하, 조롱, 확인되지 않은 느낌이 드는 경우에는 변경해야 합니다). 현실 균열과 연관된 생각, 느낌 또는 기억이 떠오를 때마다 이를 알아차리고 이름을 지어 보세요. 예를 들어, **낙오자 이야기, 아 또 시작이네.**

몇 년 전에 중년의 심리학자인, 나오미라는 여성이 내 워크숍에 참석했습니다. 오전 중간 휴식 시간에 차를 마시면서 자신이 악성 뇌종양이 있다고 털어놓았습니다. 그녀는 모든 치료를 받고 대체의학 치료법도 시도해 보았지만(명상, 기도, 신앙치유, 창의적 심상법, 동종 요법, 각종 보조식품, 약초, 긍정적 사고, 자기 최면 요법 등) 슬프게도 종양은 치료할 수 없었습니다. 그녀는 자신이 오래 살지 못할 거라고 말했습니다. 그녀는 두려움에 대처하고 자신에게 남은 삶을 최대한 활용하기 위해 워크숍에 참석했다고 합니다. 나오미는 내게 워크숍에 집중하기가 어렵다고 말했습니다. 죽음에 대한 생각에 계속 사로잡혀 있고, 사랑하는 사람들과 그들이 어떻게 반응하는지 계속 생각하게 된다고 합니다. 그녀는

제2부 자신에게 친절하기

계속 MRI 검사를 '지켜보면서' 마비에서 혼수상태, 사망으로 질병이 진행될 가능성 가운데 살고 있었습니다.

말기질환이 있는 경우, 초래될 수 있는 일들을 생각하는 것이 분명히 도움이 됩니다. 유언장에 넣을 내용, 원하는 장례식, 사랑하는 사람에게 하고 싶은 말, 받고 싶은 의료서비스의 종류 등을 고려해 보는 것입니다. 그렇지만 만일에 개인적 성장을 위해 워크숍에 갔다면 워크숍에서 그러한 생각들과 융합이 되는 것은 도움이 되지 않습니다. 워크숍을 놓칠 것입니다. 그래서 나는 나오미의 말을 연민의 마음으로 들었고, 그녀가 얼마나 고통스러운지 먼저 인정하고 그녀의 두려움에 공감하고 얼마나 힘든지 확인한 후 이야기 이름을 짓는 것에 대해 대화를 나누었습니다(내가 바로 융합에 빠졌다면 그녀는 화가 나거나 이해받지 못했다고 느꼈을 것입니다. 내가 그녀를 진정으로 이해하지 않거나 얼마나 많은 고통과 어려움이 있는지 돌보지는 않고 '해결하고' '구하고' '치료하려고' 했다면 말입니다). 나오미는 "**그 무서운 죽음 이야기**"라고 하였습니다.

그다음으로, 나는 그녀에게 그 이야기가 자신에게 다가오거나 자신을 사로잡는 것을 의식할 때마다 그 이야기에 이름을 짓는 연습을 해 보자고 권했습니다. 그녀는 열정적으로 이에 임했고 워크숍 둘째 날 점심에는 여러 병적인 사고로 꽤 혼란스러워했습니다. 그 사고는 믿기 어렵게 바뀌지 않았습니다. 그녀는 여전히 그 모두가 사실이라고 인정했습니다. 그렇지만 그녀는 그 생각들을 지나가는 차들처럼 오가게 하고 계속 워크숍에 참여할 수 있었습니다.

우리의 생각을 알아차리고 이름을 짓는 것은 일반적으로 이해를 깨뜨리기에 충분하지만, 항상 그런 것은 아닙니다. 때로 우리는 '중립화'라 부르는 탈융합의 세 번째 단계를 추가해야 합니다. 이는 기본적으로 사고의 힘을 '중화'시키기 위해 우리의 사고에 무언가를 하는 것을 포함합니다. 즉, 사고의 진정한 본질을 살펴보고 정말로 단어와 사진에 불과하다는 것을 인식하도록 도와주는 것입니다. 중립화 기법에서는 여러분의 생각을 대중음악에 맞추어 조용히 노래하고 다른 이의 목소리로 자신에게 말하고, 생각 거품에 그림 그리기, 컴퓨터 화면에 상상화 그리기, 만화 캐릭터나 역사적 인물들의 심상 떠올리기 등이 포함됩니다. 부록 1에 이러한 여러 가지 연습이 나와 있으므로, 우울증에 대해 도움이 더 필요하다고 생각되면 그 내용을 먼저 읽어 보세요.

우리 머릿속의 목소리가 이야기하는 것을 막을 수는 없지만 행동에서 잡는 법을 배울 수 있습니다. 그리고 우리가 반응하는 방법을 선택하는 법을 배울 수 있습니다. 도움이 되는 이야기가 우리를 안내하도록 하고, 도움이 되지 않는 이야기는 산들바람에 나뭇잎처럼 왔다 갔다 하도록 놔두세요.

07
살고 내려놓기

역사를 통해, 인간은 호흡과 영성을 강하게 연결지어 왔습니다. 예를 들어, '영혼(spirit)'과 '영감(inspire)'이라는 단어는 영혼(soul)과 숨(breath)이라는 두 가지 뜻을 가진 라틴어 '스피리투스(spiritus)'로부터 파생된 것입니다. 마찬가지로, 히브리어에서 '루아(ruah)'라는 단어는 '호흡'이나 '바람'을 의미하지만 '혼'이라는 뜻이기도 합니다. '심리학(psychology)'이나 '정신 의학(psychiatry)' 같은 용어를 닮은 그리스 단어 'psyche'도 '영혼', '정신', 혹은 '호흡'을 의미합니다.

구약 성경은 신이 지상의 흙으로 인간을 만들어 그의 코에 생명을 불어넣었다고 전하고 있습니다. 고대 그리스 신화는 인간이 프로메테우스 신에 의해 진흙으로 만들어진 다음 아테나 여신이 숨을 불어넣어 생명으로 탄생되었다고 합니다. 그리고 '사색적' '신비적'이고 영적인 면에서 세계에서 가장 인기 있는 종교들인 기독교, 이슬람교 불교, 힌두교, 시크교, 유대교, 도교에서는 더 높은 자각 상태나 신에 대한 직접적인 경험에 접근하도록 돕기 위한 호흡운동이 있습니다.

그렇다면, 우리는 어떻게 호흡과 영적인 관계 사이의 밀접한 연관성을 설명할 수 있을까요? 이에 기여하는 많은 요인이 있습니다. 첫째, 호흡과 생명 사이에는 분명한 연관성이 있습니다. 숨을 쉬는 한, 살아 있다는 것을 의미합니다. 이는 항상 할 수 있는 무언가가 있다는 것입니다. 둘째, 연습은 때때로 충분히 우리를 부드럽게 해 주고 이완시켜 줍니다. 호흡은 정서적인 폭풍 가운데서 안전하고 고요한 장소를 찾도록 하여 내면의 평온함을 느끼게 해 줍니다. 셋째, 호흡을 사용하여 현재에 닻을 내릴 수 있습니다. 감정과 사고에 사로잡혀 있을 때, 호흡에 집중하게 되면 우리 자신을 기반으로 하여 '지금-여기'의 경험과 다시 연결할 수 있습니다. 넷째, 하지만 호흡하기는 '놓아주기'를 위한 은유로 사용될 수 있습니다. 우리의 호흡은 하루 종일 계속되고, 대부분의 시간을 통제하려 하지 않습니다. 만약, 호흡을 참으려고 한다면, 우리는 매우 오랫동안 그렇게 할 수는 없습니다. 왜냐하면 긴장감이 급격히 쌓여서 체내의 압력이 증가하고 불쾌한 감정이 우리 몸속에서 일어나기 때문입니다. 그리고 우리가 이를 다시 놓아줄 때, 해방감은 즉각적이고 심오합니다.

다음에 나오는 장에서, 이 요인들에 대해 좀 더 살펴볼 것이지만, 지금은 숨을 쉬고 놓아주는 데 초점을 둘 것입니다. 나는 여러분을 초대해서 약간의 연습을 해 보려고 합니다. 여러분은 읽으면서 연습해 볼 수도 있고, 또 먼저 지시문을 읽은 다음에 책을 내려놓고 연습을 할 필요가 있습니다.

 숨을 들이쉬고, 참고, 놓아주세요

천천히 호흡하고, 폐로 공기가 가득 차면 호흡을 참으세요.

가능한 한 오랫동안 숨을 참으세요.

몸 안에 호흡이 가득 차 있을 때 압력이 꾸준히 증가하는 것에 주목하세요.

가슴, 목, 복부에서 무슨 일이 일어나는지 느끼세요.

긴장이 상승하고 압력이 올라가는 것을 느끼세요.

머리, 목, 어깨, 가슴, 복부의 느낌의 변화를 느끼세요.

그리고 숨을 참으세요.

계속 참으세요.

여러분의 감각이 어떻게 더 강하고 불쾌하게 느껴지는지 그리고 여러분의 몸이 어떻게 더 힘차게 숨을 내쉬도록 하는지 알아차리세요.

이와 같은 경험을 해 보지 못한 호기심 어린 아이처럼, 몸의 감각을 관찰하세요.

잠시 숨을 참을 수 없을 때, 천천히 아주 부드럽게 숨을 놓아주세요.

여러분이 이를 허용할 때, 경험을 음미하세요.

숨 쉴 수 있는 간단한 즐거움을 음미해 보세요.

놓아주는 것을 알아차리세요.

긴장의 이완을 알아차리세요.

폐의 움직임과 어깨가 내려가는 것을 알아차리세요.

숨을 내쉬는 간단한 즐거움에 감사하세요.

* * *

어떻게 저 경험을 얻었나요? 당신은 그것을 감상할 수 있었습니까? 자신을 중심으로 하거나 중심을 맞추는 감각을 느꼈나요? 어쩌면 평온이나 고요함의 느낌일까요?

매일매일 우리는 일상생활에 얼마나 자주 매달리고, 얼마나 자주 우리의 일상적인 삶을 방치하나요? 우리는 오래된 고통, 원한 그리고 불만을 고수합니다. 우리는 도움이 되지 않는 태도와 편견을 고수합니다. 우리는 책임감과 불공정한 편견에 대해 고수합니다. 우리는 자기 자신의 제한적인 믿음, 오래된 실패 그리고 고통스러운 기억들을 고수합니다. 우리는 우리 자신, 세상 혹은 다른 사람들에 대한 비현실적인 기대를 고수합니다. 우리는 현실과 성과없는 투쟁으로 이어지는 옳고 공정하고, 공정하지 못함에 관한 이야기를 고수하고 있습니다.

그럼, 우리가 보내 줄 수 있다면 어떨까요? 우리가 그렇게 꽉 붙잡는 걸 멈출 수 있다면요? 우리가 불안감, 좌절감, 비판, 원망, 비난을 참을 수 있고, 숨을 돌리기 위해 숨을 쉴 수 있다면요? 우리의 인간관계, 건강 그리고 우리의 활력에 어떤 차이가 있을까요?

저는 이제 여러분에게 다른 연습을 해 보라고 권합니다. 마지막 것보다 조금 더 쉬운 일입니다.

✿ 숨을 들이쉬고 내쉬면서, 1~3까지 세어 보세요

심호흡을 하고 숫자를 1~3까지 세어 보세요.

호흡이 가능한 한 천천히 폐를 떠나도록 하세요.

숨을 내쉴 때 어깨가 내려가고 어깨가 등을 감싸는 것을 느껴
보세요.

다시 한번 놓아주는 느낌을 알아차려 보세요.

날숨의 즐거움을 그저 음미해 보세요.

놓아주는 것이 어떤 것인지 느껴 보세요.

하루 종일 이 연습을 꾸준히 해 보고 어떤 차이가 있는지 살펴
보기 바랍니다. 여러분의 활력을 흡수하는 것이 어떤 상처, 분노,
혹은 비난을 견딜 수 있는 무언가를 꽉 붙잡고 있을 때 시도해 보
세요. 숨을 들이쉬고, 참고, 내쉬세요. 많은 사람이 '놓아주기'와
같은 말을 조용히 하는 것이 도움이 된다고 생각합니다.

동료들과 했던 싸움에 대해 이야기하고, 아이들에게 화를 내
고, 부당한 삶을 사는 방법에 대해 죄책감을 느낀다고 가정해 봅
시다. 이것들은 모두 '단단하게 고정되어 있는' 모습입니다. 여러
분은 내게 도움이 되지 않는다고 말할 필요는 없습니다. 단지 스
트레스를 증가시키고 여러분의 생명력을 고갈시킬 뿐입니다. 자,
일단 여러분이 잡고 있는 것을 잡았다면, 다음 단계는 매우 간단
합니다. 깊은 숨을 들이쉬고, 셋까지 참고, 아주 천천히 놓……
아……주세요.

08
세 번째 방법

　내가 이 글을 쓰고 있을 때는 우연히 비행기를 타고 여행을 떠나는 중이었습니다. 비행 중에 기이한 일이 벌어졌습니다. 내 뒤에 앉아 있는 남자가 나한테 의자를 앞으로 숙여 달라고 요청했습니다. 왜냐하면 자기가 노트북으로 글을 쓰려 하는데 나 때문에 공간이 좁아 불편했기 때문입니다. 불편을 끼친 점은 미안하지만, 나도 컴퓨터를 사용하기 위해 의자를 뒤로 젖힌 것이라고 말하며 그에게도 나처럼 하도록 정중히 제안했습니다. 그는 내 말을 마음에 들어 하지 않았고 나에게 다시 자리를 옮겨 달라고 부탁했습니다. 나는 그의 옆자리가 비어 있는 것을 보고 그에게 옆자리에 앉는 것이 어떠냐고 제안했습니다. 그는 "아니요."라고 하며 "저는 창가에 앉는 것이 좋습니다."라고 그 말을 이었습니다. 나는 "음, 죄송하지만 저는 의자를 뒤로 젖히고 싶고 저에게는 그렇게 할 권리가 있습니다."라고 대답했습니다. "그래요.

그럼 저는 그냥 편하게 앉아 있어야겠어요." 그는 무릎으로 나의 등받이를 강하게 쳤습니다. 나는 어떻게 해야 할지 고민했습니다. 그는 나보다 더 크고 젊고 힘이 셌으며, 나는 그 상황을 악화시키고 싶지는 않았습니다. 다른 한편으로는, 그가 내 등받이에 다리를 올리도록 두는 것도 원하지 않았습니다. 그래서 혼자 생각했습니다. '비행기를 탄 지 얼마 지나지 않았고 무릎을 구부리고 의자에 앉아 있는 것은 나보다 그가 더 불편할 거야. 만약 그가 다리를 내리지 않는다면 승무원을 불러야겠어.' 그러면서 원래 하던 일로 돌아와 그가 불러온 작은 효과를 알아채며 다시 타자를 치기 시작했습니다.

처음에는 그의 쿵쾅거리는 소리가 꽤나 짜증났지만, 글쓰기에 몰입해 있다 보니 예상했던 대로 그는 몇 분 동안 자리를 비운 채로 사라졌습니다. 그래도 5분마다, 여전히 화가 났다는 것을 알려주기 위해 몇 번이나 내 자리를 박차고 지나갔습니다. 그리고 그의 옆에 있는 의자는 여전히 텅 비어 있었고 그는 움직일 때마다 관심받길 원하였지만 승무원들과 다른 승객들은 알아차리지 못했습니다.

시간이 지남에 따라, 나는 이 감정들을 꽤 재미있게 보기 시작했습니다. 처음에 나의 놀이는 '고고한 척'을 하는 태도에서 비롯되었습니다. 마치 내가 우월한 것처럼 그를 내려다보고 있었습니다. 나는 그를 버릇없는 아이로 생각했습니다. 왜냐하면 그는 자신만의 방식으로 움직일 수 없었기 때문입니다. 하지만 얼마 지나지 않아 나도 종종 화를 내고 있음을 알아차리게 되었고 나는 뻔뻔함을 내려 놓았습니다. 비록 신체적 공격을 가하지는 않았지만, 사랑하는 사람들에게 소리를 지르거나 짜증을 내는 경우도 많았습니다. 나만의 방식이 통하지 않을 때는 뾰로통하고 안달했습니다. 나는 내 아들이 자폐증 진단을 받았을 때 그 현실에 얼마나 화가 났는지를 기억합니다. 그리고 더 이상 참을 수 없을 때, 내 아내를 비판하고, 심판하고, 비난했습니다. 마치 아내는 나만큼 아프지 않은 것처럼 말입니다.

우리 모두는 때때로 짜증나는 성격을 가지고 있지 않나요? 다른 사람들을 지나치게 공격하거나 어린아이 같다고 판단하기는 쉽습니다. 그러나 솔직하게 말하자면, 우리는 모두 원하는 것을 갖지 못했을 때 짜증내는 어린아이의 모습을 가지고 있다고 할 수 있습니다.

이러한 통찰 후에 나는 분노나 좌절에 휩싸이는 것이 얼마나 불쾌한지 그리고 얼마나 나쁘게 행동했는지를 깨달았고 나중에 종종 자신에 대해 죄책감, 당황스러움 심지어 화가 났던 것도 알게 되었습니다. 이런 점에서 나는 이 남자에게 연민을 느끼기 시작했습니다. 그는 분명히 고통스러웠고, 상황은 나보다 훨씬 더 많이 그를 아프게 했습니다.

간헐적으로 발생하는 무릎 충돌은 약 20분간 계속되다가 마침내 멈추었습니다. 그리고 약 10분 후에, 놀라운 일이 벌어졌습니다. 내 뒤에 있던 남자는 내 의자 뒤에 머리를 묻고, 정말 미안하다고 말했습니다. "내가 뭘 하고 있었는지 모르겠네요." 그의 노여움은 완전히 녹아 버렸습니다. 표정은 굉장히 따뜻하고 부드러웠습니다. "정말 당황스럽네요. 오늘 하루를 망쳐 버렸는데 당신에게 분풀이를 한 것 같습니다. 정말 죄송합니다."라고 그가 말했습니다. 그는 좌석 사이의 틈을 뚫고 악수를 청했습니다.

"별말씀을요." 나는 그의 손을 따뜻하게 잡으며 "당신에게 정말 고마워요."라고 말했습니다. "무슨 말씀이세요?" 그가 물었습니다.

"글을 쓰고 있었는데 덕분에 이제야 몇 달 만에 그 이야기를 끝낼 수 있었어요."

그가 활짝 웃으며 말했습니다. "그거 잘됐군요. 나도 기분이 좋네요."

이런 종류의 사건들이 항상 좋은 결과를 낳는다면 좋지 않습니까? 분명히, 이 남자는 그의 안개 속에서 완전히 길을 잃었고 그의 말도 '내가 뭘 하고 있었는지 모르겠네요.'였습니다. 하지만 그는 현재로 다시 돌아왔고, 충분히 자신의 실수를 인정하고 속죄했습니다. 불행하게도, 일상생활에서는 종종 이처럼 긍정적으로 바뀌지는 않습니다. 이는 강한 정서를 효과적으로 다루는 방법을 가르쳐 주지 않는 사회에서 우리가 자랐기 때문입니다. 성인이 될 때쯤이면, 우리는 고통스러운 감정을 다루는 두 가지 방법을 배우게 됩니다. 바로 통제하는 것과 통제받는 것입니다.

▎통제하는 것과 통제받는 것

영·유아와 어린아이 시절, 우리는 주로 우리의 감정에 의해 통제됩니다. 공포, 분노, 슬픔, 죄책감, 좌절감, 불안감은 아이들을 원격 조종 로봇처럼 몰아붙입니다. 화가 나면, 아이들은 소리를 지르거나 발을 구릅니다. 만일 두려움이 생기면, 숨거나 울거나 달아납니다. 슬픔이나 실망감이 들면, 굴복하거나 울거나 고함을 지르게 됩니다.

다행스럽게도, 어른인 우리는 감정에 의해 훨씬 덜 지배 당합니다. 이는 좋은 일이지요. 만약 감정이 우리를 지배한다면 모두 큰 곤경에 처하게 될 것입니다. 두려움, 분노, 슬픔, 죄책감을 다행스러운 일이라 상상해 보세요. 여러분이 어렸을 때와 똑같이 밀어 붙였다면 어땠을까요. 인생이 얼마나 힘들어질까요?

물론, 비행기에 탔던 사람처럼 우리 모두는 가끔 우리의 감정을 통제할 수 있습니다. 우리는 화를 내고, 두려움에 사로잡히고, 슬픔에 사로잡히고, 죄의식에 사로잡히거나, 맹목적인 분노에 휩싸일 수도 있습니다. 다행스럽게도, 이러한 면들은 어렸을 때보다 훨씬 덜 일어납니다. 이러한 변화는 우리가 나이를 먹으면서 우리의 감정을 조절하는 여러 방법을 배웠기 때문입니다.

예를 들어, 우리는 음식, 음악, TV, 책, 게임을 통해 불쾌한 정서로부터 우리 자신을 어떻게 떼어 놓을지를 배웠습니다. 하지만 나이가 들면서 가능한 영역들도 산재하게 되었습니다. 운동, 일, 공부, 취미, 종교, 컴퓨터 게임, 이메일 도박, 섹스, 스포츠, 마약, 개, 요리, 춤, 산책, 춤, 술, 정원 가꾸기, 산책 등 입니다.

또한 불쾌한 정서가 일어날 가능성이 있는 상황을 피함으로써 불쾌한 정서로부터 도망치는 방법을 배웠습니다. 즉, 우리가 힘들어하는 사람, 장소, 일이나 활동들을 멀리하는 것을 배웠습니다.

여기에서 만난 모든 사고 전략들이 때때로 우리에게 정서적인 고통으로부터 약간의 안도감을 줄 수 있습니다. 이에 대해 다음과 같은 여러 가지 전략을 사용할 수 있습니다.

- 건설적인 문제해결
- 리스트를 써 보는 것
- 상황을 다른 관점에서 바라보는 것
- 다른 사람을 비난하거나 비판하는 것
- 자신의 입장을 고수하는 것
- 긍정적인 확언을 하는 것
- "이것은 지나갈 일이다." 혹은 "이것은 나에게 해가 되지 않으며 나를 더 강하게 만든다."라고 말하는 것
- 문제를 하찮게 여기거나 중요하지 않은 척하는 것
- 다른 사람의 불행과 자신의 불행을 비교해 보는 것

마지막으로, 우리는 일시적으로 고통스러운 정서를 덜기 위해 초콜릿, 아이스크림, 피자, 토스트, 차, 커피, 담배, 술, 약물, 약초 또는 처방약 등 많은 물질을 우리 몸에 섭취하게 됩니다.

하지만 감정을 통제하기 위한 이 기발한 방법들에도 불구하고, 우리는 계속해서 심리적으로 고통받고 있습니다. 우리는 오랫동안 감정적 고통으로부터 해방되지 못했습니다. 인생의 가장 행복한 날을 생각해 보세요. 불안, 좌절, 실망, 혹은 짜증나는 일들이 일어나기 전 마지막으로 행복했던 날이 언제인가요?

사실, 인간의 감정을 최대한 활용하는 것은 기분이 좋아지는 것이 아니라 좋은 기분을 느끼는 것입니다. 기분은 가끔 아주 좋

다가도 때때로 아주 나쁘게 변하기도 합니다. 만일 우리가 매일 날씨가 좋아야 한다고 믿는다면 무슨 일이 일어날까요? 추운 날씨에 밖에 있다면 뭔가 심각한 문제가 생기나요? 만약 이것이 우리의 태도라면, 우리는 현실과 얼마나 많이 싸워야 할까요? 만약 우리가 '나에게 정말 중요한 일이 아니라면, 날씨가 좋지 않다면, 내가 되고 싶지 않은 사람이 될 수 없다면 나는 그 일을 할 수 없다.'라고 믿는다면 우리의 인생은 얼마나 움츠러들게 될까요?

날씨에 대해 이야기할 때, 우스꽝스럽게 보일 수 있습니다. 날씨를 통제할 수 없다는 것을 알고 있기 때문에 우리는 시도조차 하지 않습니다. 날씨는 그대로 내버려 두고 적응하기 위해 옷을 갈아입습니다. 하지만 정서에 관해서라면, 대부분의 사람이 반대로 행동을 합니다. 우리는 정서를 통제하기 위해 최대한 열심히 노력합니다. 이것은 이해할 만하지요. 결국, 누구나 기분이 좋아지고 싶지, 기분 나빠지고 싶지 않기 때문에 원치 않는 감정들을 없애려고 노력합니다. 이러한 노력은 우리를 도와줄 수 있다고 주장하는 사람들에 의해 강화되곤 합니다. 예를 들어, '새로운 자동차를 사세요!' '휴가를 떠나 보세요!' '보톡스 주사를 맞으세요!' '우리의 멋진 술을 마셔 보세요!' '새로 나온 맛있는 아이스크림을 드세요! 저희 제품을 사시면 이 광고에 나오는 사람처럼 젊고 날씬하고 건강하고 아름답고 날씬하고 웃고 행복해질 수도 있어요.' 와 같은 말들이 물론 우리에게 즐거운 감정을 가져다주기도 하지만, 얼마나 오래 지속될 수 있을까요? 몇 분 정도? 아마도 몇 시간쯤?

인생을 살아가면서, 우리 모두는 강하고 불편한 감정을 경험하고 있습니다. 간단히 스위치를 끌 수는 없습니다. 그리고 여러분은 감정을 통제하기 위해 우리가 사용하는 전략들이 장기적으로는 삶의 질을 감소시킨다는 사실을 발견했습니다. 마약, 술, 담배, 초콜릿 그리고 도박과 같은 것들을 만약 열린 마음으로 가까이 한다면, 여러분은 **과도하게** 또는 **엄격하게** 사용하는 통제 전략을 적용하게 될 것입니다.

운동과 같은 건강한 전략조차도 정서를 조절하기 위해 과도하게 또는 엄격하게 사용하면 문제가 됩니다. 예를 들어, 일부 사람들은 매일 심한 거식증을 앓고 있는데, 단기적으로는 뚱뚱해지는 것에 대한 모든 두려움을 없애고 불안감을 줄이는 데 도움이 되기도 합니다. 하지만 장기적으로는 몸이 극도로 건강에 해로운 상태에 있게 됩니다. 이는 유연하게 운동하여 건강과 웰빙을 돌보는 식으로 핵심 가치를 추구하는 것과는 명백히 다릅니다.

종종, 정서를 통제하려고 할 때 직면하는 실망과 좌절은 정서를 조절하기 위한 더욱 현명한 방법을 찾기 위해 더 열심히 노력하도록 자극합니다. 언젠가 우리의 감정을 훌륭하게 통제할 수 있는 궁극적인 전략을 찾기를 희망합니다. 그러나 머지않아, 우리는 이것이 잃어버린 원인이라는 것을 깨닫게 됩니다. 이 점을 강조하기 위해, 나는 직장에서나 강의를 할 때마다 손을 드는 부모들에게 물어봅니다. 일반적으로, 이분들은 청중의 3분의 1 이상을 차지합니다. 나는 "아이를 갖게 된 것은 삶을 풍요롭게 하고, 결코 상상할 수 없었던 가장 멋진 감정 중 하나를 여러분에게 선사합니다. 그러나 좋은 감정만 들게 하나요?"라고 질문합니다. 부모들은

제2부 자신에게 친절하기

고개를 저으며 "아니요!"라고 말합니다. "아이들이 어떤 다른 느낌을 줄까요?"라고 묻자, 부모들은 공포, 분노, 피로, 근심, 죄책감, 슬픔, 짜증, 통증, 좌절, 거부, 지루함 등이 있다고 대답했습니다.

여기서 알 수 있는 것은 삶을 풍요롭게 하고 풍성하고 의미 있는 것은 '좋은'것만이 아닌 다양한 감정을 불러일으킨다는 것입니다(물론, 이는 우리의 자녀들에게만이 아니라, 모든 애정 관계에서 진실된 관계를 유지할 수 있게 합니다. 철학자 장 폴 사르트르는 "타인은 지옥이다."라고 말했습니다).

안타깝게도, 이것을 실현하는 데는 오랜 시간이 걸릴 수 있습니다. 우리는 100권의 자기계발서, 20년간의 치료, 5가지 처방약, 12개의 자기-권한 부여 과정, 수십 년의 침묵 투쟁, 다양한 '전문가'의 조언을 구하는 일련의 시간들이 필요했습니다. 우리는 진정으로 단순한 진리를 깨닫기 전에 고통스러운 정서에 관해서는 교육을 받지 못했습니다. 우리는 반응하기에 있어 통제하거나 통제받는 두 가지 방법에 대해 배우게 될 것입니다. 그리고 만약 이것이 유일한 두 가지 선택이라면, 우리는 내적 충만감을 발견하게 되겠지요?

나의 내담자들 중 몇몇은 이 주장에 대해 꽤 부정적으로 반응했습니다. 그들은 충만감을 느낀다는 것이 더 이상 고통스러운 정서가 없다는 것을 의미한다는 생각에 매달려 있었습니다. 만약 **그렇다면!** 충만감은 힘든 감정이 사라진다는 것을 의미하지는 않습니다. 그것은 고통스러운 정서와의 관계를 바꾼다는 것을 의미합니다. 우리는 그것에 대응하는 새로운 방법을 찾습니다. 그래서 그 정서가 일어난다고 해도 그것이 우리가 존재하고, 목적 있는 삶을 살고, 삶을 특권으로 경험하는 것을 막을 수 없습니다. 우리는 고통 가운데에 있으면서 평화롭고 고요한 상태로 다가가는 방법을 배울 것입니다. 감정은 우리를 밀어내지도, 돌아다니지도 않고도 자신 안에 '공간을 만들어서' 자유롭게 흐를 수 있도록 합니다. 나는 이러한 능력을 '확장'이라고 부릅니다. 이는 현존 안에 포함된 세 가지 핵심 기술 중 하나입니다.

이야기를 더 이어 가기 전에, 고백할 것이 있습니다. 나는 처음에 아들이 끔찍한 '자폐증'이라는 말을 들었을 때, 이 장에서 말하는 모든 내용을 잊어버렸습니다. 나는 필사적으로 나의 고통으로부터 벗어나려고 노력했습니다. 책, 음악, DVD, TV 그리고 인터넷에 빠지려고 안간힘을 썼습니다. 하지만 마음대로 잘되지 않았습니다. 아들에 대한 생각이 자꾸 떠올라 나를 끌어당기기도 했습니다. 그 생각 속에는 나의 어린 아들이 망가지고, 장애가 있고, 거부당하는 것처럼 사회로부터 버림받은 사람들의 황량하고 암울한 모습들로 가득한 어두운 이야기들이 들어 있었습니다.

나는 또한 가장 좋아하는 편안한 음식을 먹으려고 노력했습니다. 이중 코팅된 초콜릿을 먹었지만 그것 역시 효과가 없었습니다. 음식이 입 안에 있는 동안에는 약간의 안도감을 느꼈지만, 그것이 사라지자마자 복수로 고통이 다시 돌아왔습니다(그리고 그 과정에서 몇 킬로그램의 몸무게를 더 얻게 되었습니다!).

나는 적극적으로 행동하는 것을 통해 탈출하려고 노력했습니다. 인터넷을 통해 자폐증과 그 치료법에 대해 알아낼 수 있는 모든 것을 읽었고, 말도 안 되는 소리에서 과학을 분류해 내려고 했습니다. 하지만 그것 역시 도움이 되지 않았습니다. 친구들과 수

다를 떨거나 술을 마시고, 눈을 감고, 긴 산책을 하고, 마사지를
받고, 긍정적인 생각을 하거나, 영감을 주는 것도 마찬가지였습
니다.

이러한 상황에서, 현실의 균열이 엄청날 때, 우리의 고통을 통
제할 수 있는 방법은 없습니다. 그렇다고 마약이나 술을 과도하
게 사용한다면, 장기적으로 심각한 일을 저지르게 되고 많은 현
실적인 공백을 초래할 수도 있습니다. 만일 우리가 스스로 고통
을 통제하도록 허용한다면, 모든 것을 훨씬 더 어렵게 만들 수도
있습니다. 그러므로 유일하게 할 수 있는 현명한 선택은 확장을
실천하는 것입니다.

▌확장

'확장'은 통제하고 통제받는 처음의 두 가지 접근법과는 근본적
으로 다릅니다. 하지만 너무나 근본적으로 다르기 때문에 그것을
이해하는 데 종종 시간이 걸립니다. 자, 이 세 번째 방법을 이해
하기 위해서 다음의 실험을 수행하세요.

🌾 실험의 네 가지 단계

이 실험에는 네 가지 단계가 있습니다. 단순히 읽지만 말고 실제로 해 본다면 훨씬 더 많은 것을 얻을 수 있을 것입니다.

⊙ 1단계

여러분의 손에 있는 책이 여러분이 가장 다루기 힘든 모든 감정으로 이루어져 있다고 상상해 보세요(잠시 후에 이름을 말씀해 주세요).

⊙ 2단계

이 단락의 마지막에 이르면 이 책의 양쪽 가장자리를 꽉 잡고, 펼치도록 하세요. 가장자리를 단단히 잡고 펼친 책을 얼굴 앞쪽으로 들어 올린 다음 코에 거의 닿을 정도로 가까이 가져옵니다. 책이 얼굴 주위를 거의 감싸서 주변의 시야를 완전히 가려야 합니다. 20초 동안 유지한 뒤 이 경험이 어떤지를 알아차려 보세요.

무엇을 발견했나요? 여러분의 감정에 완전히 몰입한 느낌이 들었나요? 여러분의 감정을 완전히 잃어버린 것 같나요? 여러분의 감정이 모든 것을 지배했나요? 여러분의 감정이 사라졌나요?

이것은 우리가 감정에 의해 통제될 때의 모습과 같습니다. 우리는 감정에 사로잡혀서 길을 잃고, 압도당합니다. 감정은 우리의 경험을 지배합니다. 우리는 감정에 빠져 있고, '제지'당하거나, 감정이 우리를 밀어붙이게 둡니다. 우리가 이런 식으로 감정에 반응할 때, 삶의 많은 어려운 도전에 현존하기란 어렵습니다.

◉ 3단계

다시 한번 이 책이 여러분의 가장 어려운 감정을 담고 있다고 상상해 보세요. 이 단락의 끝부분에 다다르면, 가장자리를 양쪽 손으로 꽉 잡고 최대한 멀리 떨어져 있을 수 있는 만큼 팔을 쭉 뻗으세요. 팔을 가능한 한 멀리 밀어내고(실제로 어깨를 탈구하지는 마시고) 팔꿈치를 완전히 펴고 책을 팔로 잘 잡으세요. 약 1분 정도 기다렸다가 그 경험이 어떤지 알아차려 보세요.

여러분은 이것이 불편하거나 피곤하다는 것을 아시나요? 이를 하루 종일 하는 게 얼마나 힘들지 상상해 보세요. 그리고 여러분이 좋아하는 영화나 TV쇼를 보거나, 대화를 나누거나, 혹은 식사를 하거나, 이런 연습을 하면서 사랑을 나누는 것을 상상해 보세요. 이런 상상이 여러분을 산만하게 하거나 여러분의 즐거움을 방해할 수 있을까요? 이것은 우리가 감정을 통제하려고 하는 것과 같습니다. 우리는 엄청나게 많은 에너지를 밀어냅니다. 이것은 산만하고 소모적인 일일 뿐 아니라 또한 우리를 지금-여기에서 벗어나 내적인 투쟁으로 이끌고 갑니다. 우리가 감정을 통제하기 위해 열심히 노력할 때, 삶의 도전에 효과적으로 대응하거나 온 정신을 쏟기란 매우 어렵습니다.

◉ 4단계

이 단락의 마지막에 이르면(이 책이 여러분의 가장 고통스러운 감정을 고스란히 간직하고 있다는 것을 다시 한번 보여 드리겠습니다) 책을 무릎 위에 가만히 올려놓고 20초간 그대로 두세요. 그리고 거기에 앉아서 팔을 뻗고, 깊게 숨을 쉬시고, 어린아이가 호기심가지듯이 여러분이 볼 수 있는 것을 보고, 듣고, 냄새를 맡아 보세요.

이것이 고통스러운 감정에 대응하는 세 번째 방법입니다. 그 감정들을 위한 방을 만들거나 확장하는 것입니다(참고: ACT의 공식 용어는 '확장'이 아니라 '수용'이지만, 대부분의 사람이 오해하기 때문에 '수용'이라는 단어를 피하는 경향이 있습니다. 그들은 그것이 자신의 감정을 좋아하거나, 원하는 것을 말하거나, 혹은 자신의 감정을 상하게 하거나, 참거나, 그만두는 것을 의미한다고 생각합니다). '확장'이란 감정을 위한 공간을 만들고 개방하는 것을 의미합니다. 감정과 싸우거나 숨는데 어떤 에너지도 들이지 않으면서 감정이 선택할 때는 자신이 즐거운 시간에 와서 머물고 가도록 내버려 두는 것입니다.

여러분은 책을 무릎 위에 올려놓는 것이 책을 따라잡거나 팔을 뻗으면 닿는 곳에 두거나 하는 것보다, 덜 산만하고 덜 수고롭다는 것을 알아차렸나요? 그로부터 스스로를 떼어 낼 때, 싸움을 멈추고 그것을 위한 공간을 만들어 낼 때 여러분의 주위 세계와 온전히 존재할 수 있다는 것을 알아차렸나요?

이 연습에서 나는 가끔 내담자에게, "네. 그렇지만 이 책에서 그렇다는 거지요. 실제 정서는 그렇게 단순하지는 않아요."라는 말을 듣습니다.

그때 나는 "당신이 전적으로 옳아요. 이건 단지 연습일 뿐이에요."라고 대답합니다.

그리고 이 연습의 요점은 우리가 다음 단계로 나아가기 위해 준비하는 것입니다. 다음 단계는 실제로 확장을 하기입니다.

09
호기심 가득한 표정으로

  메스꺼움의 파도가 여러분을 덮치고 있습니다. 시력이 흐려지고 안개가 끼고 몇 초 만에 아무것도 보이지 않습니다. 여러분의 목은 거의 즉각적으로 마비되어 말하거나 삼키지 못하게 됩니다. 그리고 다음 2~3분 동안 이 마비는 여러분이 숨을 쉴 수 없을 때까지 몸 전체에 걸쳐 퍼집니다. 이것은 테니스공보다 크지 않은 치명적인 푸른고리문어의 작은 새와 같은 부리에 여러분이 물렸을 때 여러분의 인생이 끝나는 방식입니다.

  나의 좋은 친구인 패디 스프루스(Paddy Spruce)는 "만약 네가 푸른고리문어 근처에서 수영을 한다면, 그걸 잡아 올릴래, 집어 던질래, 무시할래, 아니면 그냥 관찰할래?"라고 물었습니다. 이 모든 선택이 가능하겠지만, 처음 두 가지 선택은 치명적이지요. 비록 이 문어는 공격적이지는 않지만, 어떤 식으로든 그걸 잡으려고 애쓴다면 물리게 될 겁니다. 세 번째 선택은 무시하는 것인데 그게 얼마나 치명적인지 알고 있다면 그러기가 매우 힘들 것입니다. 여러분이 신경 쓰지 않는다면, 우연히 함께 수영할 수 있을지도 모릅니다.

따라서 마지막 선택이 단연 최고입니다. '잠깐 기다려 보세요.'라고 아마도 여러분은 생각할지도 모릅니다. '말하지 않은 다른 방법이 있습니다. 나는 푸른고리문어로부터 벗어날 수 있습니다.' 그래요. 여러분도 할 수 있습니다. 하지만 푸른고리문어는 수영하기보다는 바위 밑에 숨어 있는 것을 선호하기 때문에, 가만히 관찰만 한다면 곧 지나갈 것입니다. 그리고 여러분이 멀리까지 수영하기로 작정하더라도, 푸른고리문어를 집어 들고 위협적이지 않고 안전하다는 것을 먼저 알아보며 반기지는 않겠지요?

이 작은 바다 생물은 고통스러운 감정에 대한 좋은 비유를 제공합니다. 만약 여러분이 그것을 쫓아 버리거나 무시하려고 한다면, 결과는 대개 나쁠 것입니다. 불행하게도, 우리 중 많은 사람이 우리의 감정이 마치 문어만큼 위험하다는 듯 감정을 다룹니다. 그것을 없애거나 피하고 싶어 합니다. 그것이 돌아다닐 때 우리는 그것을 어떻게 멀리 떨어져 나가게 할지 알아낼 도리가 없습니다. 이런 태도는 불행히도 많은 에너지를 소진하게 하고 우리의 생명력을 고갈시킬 수도 있습니다. 하지만 그렇게 될 까닭은 없습니다. 왜냐하면 문어와는 달리 우리의 감정은 위험하지 않기 때문입니다. 가만히 앉아 호기심을 가지면, 우리를 해치지 않을 수도 있고, 푸른고리문어처럼 우리를 해치지도 않고 곧 지나갈 것입니다.

자, 여러분이 해양 생물학자라고 가정하고 푸른고리문어를 자연 환경에서 관찰할 수 있는 기회를 가졌다고 해 봅시다. 그런 상황에서, 여러분이 안전하다는 것을 알고 있다면, 그 생명체에 매료되어 관찰하게 될 것입니다. 여러분은 그 모든 움직임에 대해 궁금해할 것입니다. 여러분은 촉수의 움직임을 알아챘을 것입니다. 몸의 아름다운 패턴과 색도 볼 수 있습니다. 그리고 이 생명체를 자연의 훌륭한 작품으로 간주할 것입니다. 다시 말하면, 여러분은 완전히 현재에 머물게 될 것입니다. 이것이 확장의 기초가 되는 개방적이고 호기심 많은 관심입니다.

그리고 만일 여러분에게 친숙하게 그 모든 소리가 들린다면, 그것은 확장이 존재하기 때문입니다. 다른 말로 하자면, 고통스러운 감정이 생기기 시작할 때, 그것에 몰입할 필요가 없고 그것으로부터 벗어날 필요가 없습니다. 대신에 온전히 현재에 머물 수 있습니다. 만약 예상되는 항변, 위협, 걱정, 판단 혹은 또 다른 저항에 대해 언급하는 것이 마음에 도움이 되지 않는다면, 부디 이를 말로 하고 읽기를 계속하세요.

▎사고, 느낌, 정서와 감각

많은 사람이 사고, 느낌, 정서와 감각 사이의 차이에 혼란을 느끼기 때문에, 이를 명확히 할 필요가 있습니다. 하지만 대부분의 '전문가'는 정서가 실제로 어떠한지에 대해 전적으로 동의할 수 없기 때문에 이 작업은 다소 까다롭습니다. 하지만 그들이 동의

하는 바가 몇 가지 있습니다. 예를 들어, 정서는 행동을 위해 우리를 준비시킨다는 것은 의심할 여지가 없습니다. 슬픔, 분노, 두려움, 죄책감, 사랑, 기쁨은 모두 우리를 특별한 방식으로 행동하게 합니다. 또한 신체적인 차원에서, 감정은 신경의 변화(예를 들어, 뇌와 신경 계통의 변화), 심혈관 변화(심장과 순환 계통의 변화), 호르몬의 변화(혈액의 화학적 전달자 포함)를 포함합니다.

하지만 우리가 과학적 기계들을 통해 이러한 변화를 측정할 수 있는 반면, 우리의 정서를 어떻게 경험하고 있는지는 측정하기가 어렵습니다.

흥미롭고 호기심이 많은 관심을 가지고 있는 우리의 감정을 보면, 우리가 마주칠 수 있는 모든 것은 생각과 감각입니다. '사고'는 머릿속에 있는 단어와 사진을 말합니다. '감각'은 몸속에서 느끼는 감정을 의미합니다. 어떤 사람들은 '느낌'이라는 단어를 '정서'로 자유롭게 사용(내가 이 책에서 그렇게 사용하고 있습니다)하지만 또 어떤 사람들은 신체적 감각은 정서의 한 부분으로서 발생한다고 보고 있습니다(정서의 일부라는 생각과는 대조적입니다).

이것을 이해하는 가장 좋은 방법은 호기심을 가지고 여러분의 정서를 직접 확인하는 것입니다. 그러면 어떤 사진이나 단어가 감각이 담긴 것인지, 정서가 담긴 것인지를 알아차리게 될 것입니다. 아니 오히려, 감각, 단어, 사진이 복잡하게 얽힌 태피스트리[1]를 보실 수가 있습니다. 특정 사고와 감각을 확대하거나 축소할 수도 있고 전체 화면을 확대할 수도 있습니다.

---

1) 역자 주: 여러 가지 색 실로 그림을 짜 넣은 직물이다.

종종 정서는 의미를 담고 있지만, 그 '의미' 자체는 사고로서, 단어와 사진으로 만들어진 것입니다. 또한 강한 충동은 가끔 강한 정서의 일부분으로 나타나지만, 여러분이 발견하는 것은 어떤 충동과 여러분의 몸속에 있는 감각과 머릿속에 있는 단어들과 사진들입니다. 기억에도 똑같이 적용됩니다. 기억을 자세히 살펴보면 여러분의 몸 안에 있는 감각과 여러분의 머릿속에 있는 감정들과 사진들을 발견하게 됩니다(그리고 만약 여러분의 기억이 냄새나 맛을 기억한다면, 거기에도 또한 감각이 있는 것입니다).

이것을 더 명확하게 하기 위해서, 여러분이 가장 좋아하는 영화를 생각해 보세요. 만약 영화의 한 부분을 본다면, 당신은 '소리와 사진'을 볼 것입니다. 우리는 어느 누구도 그 소리와 사진 자체로 영화를 보거나 찍지 않을 것이며, 영화는 단지 소리와 사진일 뿐이라고 말하지 않습니다. 하지만 어떤 영화에서든 여러분이 맞닥뜨리게 될 것은 소리와 사진뿐입니다. 여러분은 비슷한 정서를 느낄 수 있습니다. 서로 얽힌 수많은 감각과 사고로 구성된 풍부하고 설득력 있는 다층적 창작물이라고 말입니다.

최근에 나는 이메일로 이 개념에 대해 논의했고 동료가 답장을 보내 왔습니다. "무슨 말을 하는지 알지만…… 거기에는 맛으로 설명할 수 없는 정서의 다른 면이 있는 것 같습니다. 마치 맛이나 색깔이 없는 듯한 느낌……. 무정형(확실한 형태가 없는) 얼룩인 동시에 선명합니다! 아마도 그것은 삐뚤빼뚤하고, 색깔이 화려하고, 투명할 거예요!"

나는 이렇게 답했습니다. "맛은 느껴지는 감각입니다. 그것은 아마도 무정형처럼 보이지만, 당신의 몸속에 있는 압력, 온도, 맥박 등을 감지할 수 있지요. 만약 색을 경험한다면, 당신은 어떤 그림을 '보고 있는' 것이 틀림없어요(추상화를 본다고 해도 형태는 분명치 않지만 순수한 색깔을요). 만일 '예리' 혹은 '삐뚤빼뚤'로 경험한다면, 예리한 감각이나 예리한 무언가를 상상해 본 적이 있는 것이죠. 자, 여러분은 '삐뚤빼뚤하고 화려한 색, 무정형 얼룩'의 어떤 면을 확대하고 관찰하면서, 감각, 단어, 사진을 발견할 것입니다. 문제는 당신이 마주치게 되는 것이 어떤 것이든 개방해서 공간을 만들 수 있는가입니다."

우리가 사용하고 있는 위협적이고, 불쾌하거나, 고통스러운 것들에 관심을 기울일 때, 우리는 모든 생각과 기분을 들여다볼 수 있습니다. 그리고 우리는 그것을 숨김없이 살펴볼 것입니다. 우리는 그것이 그것을 위한 공간이 될 수 있다는 것을 깨닫지 못합니다. 그것은 우리가 그것을 위한 공간을 만들 수 있다는 것을 의미합니다. 우리는 그것이 불쾌하다고 느낄지라도 우리를 해칠 수 없다는 것을 배우게 됩니다. 비록 그것이 우리를 떨게 하고 흔들수 있을지라도 우리의 팔과 다리를 통제할 수는 없다는 것을 배우게 됩니다. 우리는 그것으로부터 도망치거나 숨을 필요가 없으며 싸울 필요도 없다는 것을 배웁니다. 이는 우리가 느끼는 방식을 통제하기보다는 삶을 개선하는 데 시간과 에너지를 투자할 수 있게 해 줍니다. 진정한 호기심이 없다면, 결코 이를 발견하지는 못할 것입니다.

보통 고통스러운 감정이 생기면, 우리는 그 감정에 대해 궁금해하지 않습니다. 다가가서 그것에 대해 탐구하고 그것이 무엇으로 만들어졌는지 보고 싶어 하지 않습니다. 고통스러운 감정으로부터 배운다는 것에 특별히 관심이 없습니다. 좀 더 일반적으로 말하자면, 우리는 그것에 대해 전혀 알고 싶어 하지 않습니다. 우리는 그것을 잊어버리고, 그것에서 스스로 멀어지거나, 가능한 한 빨리 그것을 없애 버리고 싶어 합니다. 가까이 가기보다 본능적으로 외면합니다. 이는 병에 걸렸거나 기형적인 몸을 보면서 자동적으로 흠칫 놀라거나 회피하는 것과 거의 같습니다. 하지만 이 같은 자동적인 행동은 연습을 통해 바꿀 수 있는 반응입니다.

의사로서 나는 인간의 몸이 기형으로 변할 수 있는 많은 다양한 모습을 볼 기회가 있었습니다. 물집이 생기는 피부질환, 화상으로 인한 끔찍한 흉터, 암과 에이즈의 인정사정없는 난폭함, 절단 수술로 인한 사지 상실, 기형 머리와 희귀질환으로 휘어진 척추, 복부팽창 간질환으로 노랗게 된 피부, 노화와 질병 및 사망과 관련된 신체적인 악화 등 무수히 많습니다.

의학계에 들어가기 전에는 이런 상황을 겪는 사람들을 볼 때마다 충격, 공포, 혐오감을 느꼈습니다. 하지만 수년간 점차 불편한 외면을 넘어서 그 안에 있는 사람과 연결하는 것을 배우게 되었습니다. 나는 따뜻함, 호기심, 개방적인 태도로 주의를 기울이는 법을 배웠습니다. 시간이 흐르면서, 나의 혐오와 두려움은 사라졌고 그 자리에 친절함과 연민이 생겼습니다. 하지만 이것은 내가 기꺼이 현재에 존재하고 개방하려는 의지를 통해 일어난 것입니다. 그 감정이 나를 통제하지 못하도록 자동적인 정서 반응을 위한 공간을 마련하였습니다. 우리의 의지도 그러하다면 이 같은 전환은 우리 모두 할 수 있습니다.

이 시점에서 두 가지 매우 다른 종류의 호기심이 존재한다는 점에 유념해 봅시다. 실험실 과학자들은 냉정하고, 무심하고, 배려심 없는 호기심으로 쥐나 원숭이를 실험합니다. 그런가 하면 따뜻하고 다정한 호기심으로 아픈 동물을 치료하는 방법을 알아내기 위해 노력하는 친절한 사람이 있습니다. 여러분은 단지 질병에 관해서만 관심을 갖고 진단과 치료에만 몰두하는 차갑고 무심한 몇몇 의사들을 만날 수도 있습니다. 이들은 고통받는 몸을 가진 사람에 대해서는 거의 신경을 쓰지 않는 것 같습니다. 여러분은 아마 이와는 다른 의사들을 만난 적이 있을 겁니다. 따뜻하고 친절하고, 호기심을 가지고 보살피는 의사 말입니다. 이런 사람들은 무엇보다도 사람에 대해 먼저 신경을 씁니다. 사람의 상태뿐만 아니라 사람 전체를 치료하는 사람들입니다. 여러분은 어떤 의사에게 치료받고 싶은가요?

'호기심(curiosity)'이라는 단어는 '조심하는(careful)' '근면한(diligent)'이라는 의미를 지닌 라틴어 'curiocus'에서 유래한 것입니다. 결국 '보살피다'라는 의미의 라틴어 'cura'에서 온 것입니다. 나는 이것을 매우 흥미롭게 여깁니다. 마음챙김 실습을 할 때, 우리가 느끼는 감정이 무엇인지 또 느끼는 감정에는 어떻게 반응하는지에 대해 관심을 두면서 스스로를 보살핍니다. 반대로 우리의 감정을 피하는 것은 보살피지 않는 행동입니다. 우리는 이처럼 피하기 위해 모든 방법을 시도하는 데 지나치게 집중하여 결국은 우리 자신을 해치거나 그 과정에서 자신의 삶을 위축시키게 됩니다. cura 또한 '보살핌'이란 단어이고 호기심이 정서적 치유에 중요한 역할을 한다는 점에서 적절해 보입니다. 고통으로부터 벗어나려고 하는 대신 그 고통을 향해 돌아서서 마주보고, 살펴보고, 궁극적으로는 이를 위한 공간을 마련하게 됩니다. 이것이 보살핌과 치유의 진정한 행동입니다.

그런 다음에 외로움, 분노, 불안, 죄책감, 슬픔, 후회, 두려움이 나타날 때, 이런 경험들에 대해 정말 호기심이 생긴다면 어떨까요? 만일 여러분이 경험들에 빛을 비추고 마치 그것들이 쇼에 전시된 상패인 양 연구해 본다면요?

우리는 더 심한 스트레스나 불편함에 대해 좀 더 호기심을 보이기 때문에, 이것들이 두 가지 주요 요소로 이루어져 있다는 것을 알게 될 것입니다. 하나는 우리 머릿속에 있는 사진과 단어의 더미(믿음, 사고, 가정, 이유, 규칙, 판단, 인상, 해석, 이미지, 기억)입니다. 또 다른 몸의 감각으로 우리 몸 안에 있는 모든 감각과 다른 감정들입니다. 앞서 설명한 부분들에 대한 이야기들을 다루면서, 우리는 이제 감각에 초점을 맞추려 합니다.

▌ 감각의 힘

감각의 힘을 이해하기 위해서, 여러분이 현재 가진 현실의 균열을 생각하면서 힘든 감정을 떠올리세요. 일단 약간의 통증을 겪는다면, 뒤에 오는 연습을 통해 단계적으로 따라오세요(만약 당신이 이 과정에서 음성가이드를 원한다면 이 책의 모든 연습에 대한 기록을 담고 있는 www.happinesstrap.com에서 MP3를 구입할 수 있습니다).

🌿 정서를 알아차리기

잠시만 일시 중지하세요.

여러분의 고통스러운 정서를 살펴보고 새로운 시각으로 볼 수 있는 항해를 시작하려고 합니다.

천천히 심호흡을 하고 몸에 주의를 집중하세요.

머리 위쪽에서부터 시작하여 아래쪽으로 스캔합니다. 몸에서 가장 강한 것은 이마, 눈, 턱, 입, 목구멍, 목, 어깨, 가슴, 복부, 팔, 다리 중 어딘가요? (아무것도 느껴지지 않는다면, 연습을 계속하되, 느껴지지 않는 감각에 초점을 맞추세요.)

일단 이 정서를 발견하셨다면, 마치 깊은 바다 속의 해양 생물학자인 듯 호기심을 가지고 관찰해 보세요. 그것이 어디에 있는지, 어떤 느낌인지 혹은 어떻게 작용하는지에 대해 새로운 것을 발견할 수 있는지 주목해 보세요.

그 정서의 에너지, 맥박 또는 떨림을 알아차리세요.

그 내부에 있는 다양한 '층'을 알아차리세요.

어디서 시작하고 정지하는지 알아차리세요.

그것은 깊은가요, 아니면 얕은가요? 움직이는 중인가요, 아니면 머물러 있나요? 가볍나요, 아니면 무거운가요?

온도는 어떻게 되나요? 그 속의 뜨겁거나 차가운 점들이 느껴지나요?

모든 저항을 알아차리세요. 여러분의 몸은 그 주위에서 더 긴장되나요? 여러분은 더 빨리 더 얕게 숨을 쉬나요? 여러분의 마음은 저항하거나 초조한가요?

🌿 정서에 이름 붙이기

여러분의 정서에 주목하고 이름을 붙여 보세요. '이것은 공포다.' 혹은 '이것은 분노다.' 혹은 '이것은 죄책감이다.' 만약 정서의 정확한

　　　　　　　　　　　　제2부 자신에게 친절하기

이름을 모르겠다면, '이것은 고통이다.' '이것은 스트레스이다.' 또는 '이것은 전혀 느껴지지 않는다.'라고 시도해 보세요.

그리고 이 정서를 계속 지켜보세요. 마치 매혹적인 바다 생물처럼 말입니다. 큰 차이점은 이 생물체는 이름을 가지고 있다는 것입니다. 여러분은 무엇을 다루고 있는지 알고 있습니다.

🌿 정서에 호흡 불어넣기

천천히 깊게 숨을 들이쉬고, 호흡이 정서의 주변으로 들어가는 것을 상상해 보세요.

여러분의 숨결이 이렇게 커지듯이, 마치 공간 안에 공간이 생긴 것처럼 보입니다.

이것이 바로 알아차림의 공간입니다.

그리고 바다에 모든 거주자를 위한 공간이 있듯이, 여러분의 넓은 알아차림은 여러분의 모든 정서를 쉽게 담을 수 있습니다.

그러니 정서에 숨을 들이쉬고 내쉬면서 그 주변을 열어 보세요.

그것을 풀어놓으세요. 그리고 거기에 공간을 허용하세요.

여러분의 몸 안의 긴장감, 매듭 그리고 근육이 수축하는 저항에 호흡을 하시고 그 모두를 위한 공간을 허용합니다.

여러분의 연기 자욱한 안개인 '아니에요.' '나빠요.' 또는 '저리 가.'라는 마음의 저항에 호흡을 해 주세요.

호흡을 불어넣을 때, 여러분의 생각도 풀어놓으세요. 생각을 붙잡는 대신에, 그것이 산들바람 속 나뭇잎처럼 오가게 놔두세요.

🌿 정서 허용하기

이 정서를 좋아하거나 원하거나 인정할 필요는 없습니다. 당신이 허락할 수 있다면 그저 바라보세요.

그것이 있는 곳에 놔두세요. 이미 그곳에 있는데, 왜 싸우려 하시나요?

그것과 화해해 보세요.

공간을 만들어 주세요.

움직일 수 있도록 공간을 만들어 주세요.

이미 하고 있는 일을 할 수 있도록 허용해 주세요. 이미 그대로 있었으니까요.

🌿 현존 확장하기

해양 생물학자는 문어에 집중하기도 하지만 초점을 넓혀 주변의 물과 그 밑의 바위들도 알아챌 수 있습니다.

우리는 모두 비슷한 방식으로 초점을 넓힐 수 있습니다. 따라서 여러분이 감정을 위해 공간을 만들었다면, 여러분의 의식을 확장하는 것을 목표로 삼으세요. 계속해서 여러분의 감정에 주목해 보세요. 그러면서 동시에 이는 오로지 지금-여기의 관점에서 인식하는 것입니다.

이 정서는 여러분의 몸이고, 여러분의 몸은 볼 수 있고, 듣고, 만지고, 맛과 냄새를 느낄 수 있습니다.

그러므로 한 걸음 물러서서 여러분이 느끼고 있는 것뿐만 아니라, 들리는 것, 보이는 것, 만지는 것도 알아차리세요.

의식을 어둠 속에 숨겨진 것을 비추는 횃불이라고 생각해 보세요. 여러분이 어디에 있는지 명확히 알 수 있도록 모든 방향으로 빛을 비추세요.

이런 식으로 여러분의 주의를 정서로부터 딴 데로 돌리지 않도록 하세요. 그리고 이를 무시하려 하지도 마세요. 주위에 있는 세계와 연결하는 동시에 의식도 잘 유지하세요.

존재하는 다른 모든 것과 함께 느낌이 거기에 있도록 허용해 주세요.

여러분이 느끼고 생각하는 것을 알아차리세요.

여러분이 무엇을 하고 있고 어떻게 호흡하는지 알아차리세요.

> 모두 알아차리세요. 전부 다 가져가세요.
>
> 여러분의 내면에 있는 것과 밖에 있는 것을 여러분의 의식과 함께 두 가지의 세계로 묶으세요. 여러분의 의식으로 둘 다 비추어 보세요.
>
> 그리고 지금 이 순간처럼 전적으로 여러분의 삶에 충실히 임하세요.

* * *

모든 마음챙김 연습과 마찬가지로, 앞에서 언급한 것은 언제든 어떤 장소에서든 할 수 있습니다. 예를 들어, 만약 여러분이 확장 능력을 기르고 싶다면, 연습을 길게 늘일 수 있고, 10분에서 15분 정도 걸릴 수 있습니다. 다른 한편으로, 여러분은 어디서나 10~15초간 연습할 수 있습니다. 단순히 감정을 알아차리고, 이름을 붙이고, 거기에 호흡하고, 그대로 있게 하면서, 여러분의 주변 세상과 연결하기 위해 여러분의 의식을 확장하는 것입니다.

이제 여러분은 아마 '다음엔 무슨 일이 일어날까요? 자신의 의식을 확장하고, 주변에 있는 세계와 관계를 맺은 후에는 어떻게 해야 할까요?'라고 궁금해할지도 모릅니다. 이에 대한 대답은 만약 여러분이 의도적이고 삶을 향상시키는 무언가를 하고 있다면, 계속해서 그것을 하고 이에 대한 모든 관심을 집중하고 완전히 몰입해야 한다는 것입니다. 만약 여러분이 삶을 향상시키고 목적의식이 있는 무언가를 하고 있지 않다면, 하던 것을 멈추고 더 의미 있는 활동으로 전환하세요(어떠한 의미 있는 행동도 생각할 수 없다면, 걱정하지 마세요. 제4부에서 다룰 것입니다).

이 시점에서 중요한 조언을 하겠습니다. 여러분은 모든 통제 전략을 사용하는 것을 멈출 필요가 없습니다. 통제 전략은 지나치게 많이 사용하거나 지나치게 많이 의존할 때 혹은 단기간에 그것들을 지나치게 많이 사용하여 당신의 삶의 질을 떨어뜨릴 때만 문제가 됩니다. 즉, 도구 키트를 확대하여 '통제하거나 통제받는' 옵션보다 더 많은 옵션을 확보하는 것이 좋습니다.

그래서 적어도 하루에 몇 번씩 여러분의 기분을 들여다보면서 기분을 좋게 하기 위해 노력하기를 권합니다. 그리고 만약 어려운 점을 발견한다면, 아기의 걸음마처럼 천천히 따라오세요. 어느 누구도 소방관이 아무런 훈련 없이 치솟는 불과 씨름할 것이라고 기대하지 않습니다. 수습 소방관은 특수 설계된 훈련장 내에서 세심하게 관리되는 조건하에 소규모 화재 현장을 연습합니다. 이것은 우리의 감정을 주의 깊게 살피는 것과 같습니다. 이런 접근법을 시도해 본 적이 없다면, 가장 압도적인 감정을 가지고 시작하지 마세요. 더 작고 덜 도전적인 감정으로 시작하세요. 예를 들어, 수백 가지 다른 형태의 초조함, 좌절감, 실망감 그리고 일상생활의 일부로 야기되는 불안감 등이 있습니다.

여러분의 감정을 면밀히 관찰하고 습관을 발견하세요. 언제 그 감정들이 나타나나요? 무엇이 그것을 불러일으키나요? 그 감정들은 어떤 신체 부위를 차지하고 싶어 하나요? 그러면 여러분의 신체는 어떻게 반응하나요? 저항과 긴장, 몸부림을 어디서 알아차릴 수 있나요?

다큐멘터리를 볼 때, 우리는 상어, 악어, 가오리, 푸른고리문어를 보며 흥분할 수 있습니다. 이 치명적이고 잔인한 생명체들은 우리에게 공포와 감탄을 가득 전할 수 있습니다. 대체로 이와 똑같은 방식으로 정서를 보는 것이 우리의 도전 과제입니다. 비록 우리의 감정이 위험한 것처럼 보일지라도, 그것은 실제로 우리를 해치지 못합니다. 실제 상어나 악어와는 달리, 감정은 우리를 잡아먹을 수 없습니다. 푸른고리문어와는 달리, 우리를 중독시킬 수도 없습니다. 우리의 감정을 들여다보는 일은 야생 동물 다큐멘터리를 보는 것보다 위험하지 않습니다. 그러니 여러분이 할 수 있을 때마다 호기심을 가지세요. 긴 안목으로 살펴봐야 할 필요는 없습니다. 단지 호기심일 뿐입니다.

10
너의 안경을 벗어라

삶의 모든 영역에서 순간적으로 현실의 균열을 만들 수 있는 말이 있습니다. 그것은 '**충분하지 않다**'입니다. 우리의 마음은 누군가 또는 무언가에 대해 **충분하지 않다**고 판단하면 즉시 불만족스러워집니다. 우리의 마음은 우리 자신에게도 이러한 판단을 내리곤 합니다. 다시 말하면, 우리는 충분히 똑똑하지도, 매력적이지도, 성공하지도 못했다고 하거나 부모나 파트너나 친구도 탐탁치 않다고 합니다. 때때로 우리 마음은 우리가 아는 누군가에게도 이런 판단을 내립니다. 어떤 남자 또는 여자가 충분히 정직하지 않다거나, 충분히 친절하지 않다거나, 충분히 관심이 가지 않는다고 말합니다. 때로는 허벅지, 집, 업적, 수입, 날씨, 친척, 아이의 행동, 강아지의 행동, 우리 자신의 행동 등 거의 모든 것에 대해 이같이 판단합니다. 어떤 식으로든 마음에는 **충분하지 않는 것** 입니다.

그리고 우리가 이 이야기를 받아들이면, 그 반대편에 있는 모든 것과의 싸움에 즉시 우리를 끌어당깁니다. 직업에 불만이 있거나 친구에게 실망하거나 내 몸에 불만을 가진다면 불충분하다는 말을 붙잡기만 하면 됩니다. 물론 마음은 이 표현을 꼭 사용하지 않을 수 있고 우리 직업에 대해 '지루하다.'라고 할 수 있습니다. 또 우리 친구들은 "신뢰할 수 없어." 혹은 "뚱뚱하다."라거나 우리 진행이 "너무 느리다."라거나 우리를 '저성취자'라고 말합니다. 그렇지만 이러한 판단은 모두 똑같은 말로 요약됩니다. **충분하지 않다**. 그리고 우리가 이러한 이야기에서 길을 잃고 있는 동안 충족감이란 불가능합니다. 우리가 이 말을 꼭 붙잡는 한 우리가 만족스럽지 않다는 것만은 확실합니다.

우리의 부정적인 판단이 전적으로 맞는 것이고 우리가 모든 증거로 이를 뒷받침한다고 하더라도, 사실을 **충분하지 않다**로 분류하는 것은 우리에게 도움이 되지 않습니다. 일반적으로 그것이 하는 일은 현실의 균열을 만들거나 이미 존재하는 것을 더 키우는 것입니다.

이제 여기서 말하는 바에 대한 여러분의 마음의 반응에 주목해 보세요. 호기심이 있나요? 분명히 말하고 싶습니다. 삶에서 어렵거나 고통스러운 일을 참아야 한다고 말하는 것이 아닙니다. 목표를 추구하거나 욕구를 충족시키는 것을 포기하거나 개선을 위한 일을 중단하라고 제안하는 것도 아닙니다. '참여하기' 내용에 도달하게 되면 이를 알게 될 것입니다. 말하고 싶은 것은 **충분하지 않다**는 것이 마음이 가장 좋아하는 이야기 중 하나라는 것이고, 불충분한 것이 우리를 사로잡고 끌어당길 때, 우리의 삶은 일반적으로 더 힘들어지게 된다는 것입니다.

여러분의 마음은 이제 다음을 떠올릴 수 있을 것 같습니다. '우선 충분하지 않다고 판단한다면 나는 무엇을 해야 할까? 당연히 우리 모두는 삶에서 개선하고자 하는 많은 것과 만나게 될 것입니다. 그러한 일이 발생한다면 현실의 균열이 있음을 인정해야 합니다. 이는 원하는 것과 가진 것 사이의 차이입니다. 우리가 이것을 인정하게 되면 사전에 대처할 수가 있습니다. 상황을 개선하고 효과적인 조치를 취하는 방법을 알아낼 수 있습니다. 이는 불충분함에 대한 이야기에 머무는 것과는 매우 다릅니다. 하루 종일 이를 반복하고 불만의 안개 속에서 비틀거리는 것과는 다릅니다. 상황이 아무리 나쁘더라도 충분하지 않은 안개 속에서 하루를 보내는 것은 이미 일어난 상황보다 더 나빠질 뿐이니까요.

충분하지 않다에 대한 이야기가 우리를 사로잡을 때, 이는 마치 우리가 똥색의 안경을 잡아당겨 쓰는 것과 같습니다. 이 안경을 통해 우리의 결혼이나 몸, 또는 일을 들여다보면 어떻게 생겼는지 짐작할 수 있을까요? 이 안경은 매우 특별합니다. 현재의 사물을 볼 수 있을 뿐 아니라 과거와 미래도 볼 수가 있습니다.

이 안경을 통해 과거를 들여다보면 오래된 실망감이 되풀이되고, 오래된 억울함이 되살아나고, 결코 되돌릴 수 없는 고통스런 일들이 스쳐 지나갑니다. 기본적으로 우리의 마음은 과거가 **충분하지 않**다고 말하고 있습니다.

마찬가지로 이 안경을 통해 미래를 볼 때도 매력적이지 않습니다. 끔찍이 잘못될 수도 있는 모든 종류의 시나리오를 보게 됩니다. 두려움과 걱정, 불안에 갇힙니다. 즉, 실패에 대한 두려움, 거절에 대한 두려움, 늙거나 병드는 것에 대한 두려움, 우리 아이를 망치지 않을지에 대한 두려움, 외로움이나 가난이나 부상에 대한 두려움, 불확실하고 알려지지 않은 것에 대한 두려움 등을 말합니다. 즉, 미래는 **충분하지 않다**는 것입니다.

또한 이 이야기는 시기심과 탐욕의 기초가 됩니다('현재 가지고 있는 것으로는 충분하지 않아'). 불안정감과 친밀감에 대한 두려움을 뒷받침합니다('네가 나를 알게 되면, 내가 충분하지 않다는 것을 알게 될 거야'). 분노와 억울함을 자아냅니다('당신이 나를 대하는 방식이 충분하지 않아'). 그리고 우울과 자살의 길을 열어 주기도 합니다('인생 자체가 충분치 않은 것이야').

이 이야기에 대해 여러분은 무엇을 할 수 있습니까? 긍정적인 생각이 사라질 것입니다. 반쯤 찬 잔을 보면서 축복을 세었나요? 그렇지 않을 것입니다(원하는 경우 시도해 봐도 되지만 수백만 명이 실패했습니다). 만일 힘들어졌으니 자신에게 단호히 판단을 멈추라고, 부정적인 생각을 멈추라고 말하면 어떨까요? 많은 사람이 이를 시도할 겁니다만, 역설적으로 스스로 충분하지 않다고 판단하는 또 다른 방법이 될 것입니다. 운 좋게도 이야기를 처리하는 훨씬 더 효과적인 방법이 있습니다. 이름에 주목하세요.

여러분의 마음이 충분히 성취하지 못하거나, 충분히 얻지 못했거나, 충분히 운동하지 않은 것 등을 회상할 때 또는 여러분이 뚱뚱하고, 게으르고, 어리석고, 이기적이고, 멍청하고, 변덕스럽고, 걱정스럽고, 지나치게 강요하고, 우유부단하다면 첫 번째 단계는 단순히……

멈추세요.

멈추고 호흡하세요. 천천히, 깊게, 부드럽게 숨을 들이쉬세요.

멈추고 호흡하고 주목하세요. 여러분의 마음이 무엇을 하는지 살펴보세요.

마음이 움직이는 것을 알아차렸다면 호기심을 가지세요. 여러분의 마음이 어떤 이야기를 하는지 알아차렸나요? 단어나 그림 또는 둘 다를 사용하고 있나요? 여러분의 머릿속에서 목소리가 들리나요? 만약 그렇다면, 그 목소리는 어디에 있나요? 어떻게 들리나요? 여러분의 목소리입니까, 아니면 다른 사람의 목소리인가요? 시끄럽나요, 부드러운가요, 느린가요, 빠른가요? 그 목소리는 어떤 감정인가요?

그런 다음 잠시 멈추고, 호흡을 하고, 알아차리고, 이름을 붙여 봅니다.

따로 분리하는 데 도움이 되는 방식으로 이야기의 이름을 붙여 보세요. 뒤로 물러서서 일련의 단어와 그림이 무엇인지 확인해 보세요. 예를 들어, 여러분은 이렇게 말할 수도 있습니다. "아하! 여기 또 있네. 나는 충분히 똑똑하지 않아."라는 과거이야기. 나는 이걸 알고 있어!' 그리고 그 순간, 여러분은 마치 똥색의 안경을 벗고 이제 더 선명하게 세상을 보듯이 가벼움을 느끼게 될 것입니다.

이 간단한 연습은 우리의 진정한 힘이 어디에 있는지를 상기시켜 주기 때문에 많은 힘을 실어 줍니다. 이런 이야기들을 떠올리는 것을 막고자 하는 것이 아닙니다. 그것과 싸우려는 것이 아닙니다. 그 대신 한 걸음 뒤로 물러서서, 그것이 무엇인지를 보고, 그 이야기들만의 즐거운 시간을 오갈 수 있도록 하자는 것입니다.

여러분의 마음이 파트너, 친구, 친척 또는 상사의 모든 결점, 실패, 성가신 습관 및 약점을 지적하느라 바쁘다고 가정해 보세요. 똑같은 전략을 사용할 수 있다면 잠시 멈추고, 숨을 쉬고, 주목해 보세요. 여러분의 행동 속에 있는 마음에 주목해 보세요. 그 마음이 여러분을 안으로 끌어들이는 데 얼마나 능숙한지 주목해 보세요. 그것이 선택한 단어와 그림에 대해 호기심을 가지세요. 여러분을 화나게 하거나 걱정하게 하는 방법에 주목해 보세요. 잠시 숨을 멈추고, 주의를 기울이면서……. 그런 다음 이야기에 이름을 붙여 봅니다. "아하! 또 여기에도 있네. '그는/그녀는/그들은 충분하지 않다' 이야기."

그리고 여러분의 마음이 직업, 수입, 집, 차, 저녁 식사와 같은 인간 이외의 것에 대해 입을 다물고 있다면 잠시 멈추고, 숨을 쉬고, 주목하고, 이름을 지어 보세요. "아! 이것은 '충분하지 않다' 이야기."라고 말입니다.

이 기법은 자유롭게 사용하되 약간의 가벼움과 유머를 사용해도 좋습니다. 예를 들어, 장난스럽게 스스로에게 "쯧, 쯧, 쯧! 충분치 아~아~아~ 않다!" 또는 "야호! '불충분하다 쇼'가 드디어 시작되었습니다." 또는 약자로 NGE(not good enough)라는 이름을 붙여 볼 수도 있습니다.

이러한 여러분의 마음에 이름을 붙일 때 여러분의 자연스러운 따뜻함과 유머를 활용할 수 있는지 살펴보세요. 우리가 '인간의 마음'이라고 부르는 훌륭한 도구가 우리에게 너무나 창의적이고 혁신적이며 매우 유용한 판단, 비교, 비판의 경향이 내재되어 있다는 커다란 모순을 인식하게 하는지 보도록 하세요. 결함을 찾고, 결함에 집중하고, 보이는 모든 곳에서 문제를 파악하는 경향 말입니다.

인간이 왜 이러한 마음을 가지고 있는지 궁금하시다면 진화의 관점에서 생각해 보세요. 많은 아이를 낳을 만큼 오래 살았던 원시인 남자와 여자는 당면한 문제(예: 위험한 동물, 혹독한 날씨, 악의적인 상대)를 정확히 볼 수 있는 사람들이었습니다. 미래에 닥칠 문제(예: 더 위험한 동물, 더 혹독한 날씨, 더 악의적인 상대)를 가장 잘 예측할 수 있는 사람 그리고 이러한 문제를 효과적으로 해결하는 방법을 알아낼 수 있는 사람들이었습니다. 그리하여 영원히 행복한 상태에서 배회하거나 모든 것이 충분하다고 생각하면서 문제가 없고, 문제가 없을 것이라고 생각하는 원시인 남자와 여자였다면 이들은 아이를 갖기에 충분할 만큼 오래 살아남지 못했겠지요. 사춘기도 되기 전에 위험한 동물, 혹독한 날씨, 악의적인 상대에 의해 멸종되었을 것입니다.

이에 진화의 결과로 우리의 마음은 초강력 문제해결 기계로 진화하였습니다. 그리고 현재 상태로 **충분하지 않은 것**으로 보이는 어느 곳이든 문제로 보게 됩니다(이에 누군가가 여러분에게 '부정적인 사고'에 대해 결함이 있다거나 약한 마음의 신호라고 말한 적이 있다면, 분명 그들은 말한 바를 제대로 이해하지 못한 것입니다. 이는 완벽하게 정상적인 건강한 마음의 자연스러운 심리 과정입니다).

일단 우리가 **충분하지 않다**의 이야기에 주목하고 이름을 붙인 후에는, 일반적으로 이를 따로 분리해 낼 수 있게 됩니다. 붙잡는 대신 내려놓고 안경을 벗음으로써 새로운 시각으로 세상을 바라보게 됩니다. 마음챙김이란 개방성과 호기심을 가지고 주의를 기울이는 것을 의미합니다. 안경을 벗음으로써 보고 듣고 만지고 맛보고 냄새 맡는 데 주의를 집중할 수 있게 됩니다. 우리는 모든 불충분하다(NGE)에 빠지지 않으면서 온전히 참여할 수 있습니다.

우리는 '긍정적인 사고'의 땅으로 옮겨 가지 않고 **충분하지 않다**를 **모든 것이 훌륭하다**로 대체하려는 것이 아닙니다. 그것은 유리

잔이 반이 비었다는 것이 아니라 반이 찼다는 것을 스스로 확신시키는 것과 같습니다. '반이 찼다'와 '반이 비었다'는 잔에 대한 이야기일 뿐이며, 둘이 다르다기보다 둘 다 '진실'이 아닙니다. 우리가 진정으로 잔과 함께 있을 때 '반이 찼는지' 또는 '반이 비었는지'에 대한 판단은 배경으로 사라집니다. 전경에 들어오는 것은 잔의 모양, 빛을 반사하는 모양, 잔에 담긴 물의 양, 물이 닿는 부분에서 보이는 광도의 변화입니다.

그렇습니다. 여러분의 마음은 '그렇게 끓이는 것이 도움이 되지는 않을 수도 있지만 현실의 균열에 대해 내가 어떻게 하면 좋을까?'라고 말할 수 있습니다. 좋은 질문입니다. 결혼, 직업, 건강, 행동 등 현실의 균열에 직면할 때마다 현존의 정신적 공간에서 훨씬 더 효율적으로 대처할 수 있습니다. 안개 속에서 길을 잃으면 문제를 해결해 나가기 어렵습니다.

하지만 이제 현재에 도달한 것은 첫 번째 단계에 불과합니다. 두 번째 단계는 여러분의 목적을 명확히 하는 것입니다. 여러분은 무엇을 지지하고 싶고 이 문제를 해결하려고 할 때 어떻게 행동하고 싶은가요? 이 책의 후반부에서 목적의 역할 2단계를 다룰 것이지만, 지금은 1단계만 계속 진행하겠습니다. 가장 자주 나타나는 삶의 영역에서의 **충분하지 않다**에서 벗어나도록 노력하고, 그것이 어떤 차이를 가져오는지 확인하세요. 그리고 '충분하지 않다'에서 벗어나게 되면 주변 세계를 호기심 어린 시선으로 바라보세요. '나무처럼 되기'와 현재를 확보하세요. 선물을 받으세요. 그리고 누가 압니까? 그 흐릿한 안경을 들어 올리면 문제가 더 작아지거나 살아가기 더 쉬워진다는 것을 발견할지도 모릅니다.

11
친절함의 지혜

때때로 홍수, 기근, 화재, 죽음, 질병 및 재난 등으로 인한 현실의 균열이 우리에게 닥치기도 합니다. 또 다른 경우 우리 자신의 자멸적인 행동을 통해 적어도 부분적으로 균열이 생기기도 합니다. 우리는 모두 망치고 잘못하고 어리석은 실수를 합니다. 때때로 끈에 걸린 꼭두각시처럼 감정에 휘둘리고 자멸적인 방식으로 행동합니다. 생각에 얽매이고 감정과 씨름하면서, 우리는 자신이 진정으로 되고 싶은 사람과는 거리가 먼 일을 말하고 행하기도 합니다. 우리는 가장 사랑하는 사람들을 해칠 수도 있고, 그들의 사랑이 가치 없다고 느껴 그들을 피할 수도 있습니다.

이 책의 원리를 실습하고 적용하면 이런 일이 덜 발생하기는 하겠지만 사실은 절대 완벽하지는 않습니다. 우리는 몇 번이고 실패할 것입니다. 이것이 인간의 한 부분입니다.

그래서 뭔가를 망칠 때 여러분의 마음은 무엇을 하는 경향이 있나요? 내 마음과 같다면 큰 막대기를 뽑아 여러분을 세게 치기 시작할 것입니다. 이는 여러분이 **충분하지 않다**거나 할 수 없거나 문제가 있다는 것을 여러분에게 말해 줍니다. 또는 더 열심히 노력하고 더 잘하고 자신을 향상시킬 필요성에 대해 설교합니다. 이것은 놀라운 일이 아닙니다. 우리가 자랄 때 어른들은 종종 우리의 행동이 바뀌도록 야단을 쳤습니다. 그렇다면 우리가 이처럼 자신에게 하는 것은 당연하기도 하지만 안타깝게도 별로 도움이 되지 않습니다.

'당근과 채찍'에 대한 옛말을 들어 보셨을 것입니다. 짐을 실을 당나귀를 얻고 싶다면 당근이나 채찍으로 동기를 부여할 수 있습니다. 두 방법 모두 당나귀를 움직일 수 있지만 시간이 지남에 따라 막대기로 당나귀를 더 많이 칠수록 더 비참하고 건강에 해로워질 뿐입니다. 반면에 원하는 일을 할 때마다 당나귀에게 보상하면 시간이 지남에 따라 훨씬 더 건강한 당나귀가 됩니다(정말 좋은 야간 시력!). 자신을 때리거나, 자신을 엄하게 처벌하거나 자신에 갇혀 있는 것은 막대기로 당나귀를 때리는 것만큼 효과적이지 않습니다. 물론, 가혹한 자기비난은 때때로 당신을 올바른 방향으로 나아가게 할 수 있지만, 습관이 될수록 여러분은 더 비참하고 건강하지 않게 될 것입니다. 행동을 바꾸는 데도 도움이 되지 않을 것입니다. 갇혀 있고 비참하다고 느낄 가능성이 훨씬 더 높습니다.

따라서 우리의 현실 균열을 만든 것이 무엇이든, 삶이 잔인하게 우리의 문 앞에 현실 균열을 놓고 가거나 우리가 우리 자신의 행동을 통해 현실 균열을 만들었든(적어도 부분적으로), 자기연민을 실천하는 것은 필수입니다(물론 당나귀처럼 삶을 살아가고 싶지 않다면 말입니다. 하지만 나는 그것을 의심합니다).

이제 자기연민에는 친절과 현존이라는 두 가지 요소가 있음을 기억할 수 있습니다. 우리는 이미 존재와 관련된 기술인 탈융합, 확장 및 연결을 살펴보았습니다. 다음 단계는 친절함과 '혼합'하는 것입니다.

그래서 나는 여러분에게 자기연민의 완전한 경험을 제공하기 위해 연습(실제로는 일련의 연습과 유사함)으로 안내할 것입니다.

☘ 자기연민 연습

당신이 중심에 있고 깨어 있을 수 있는 편안한 자리를 찾으십시오. 예를 들어, 의자에 앉은 경우 약간 앞으로 몸을 기울이고 등을 곧게 펴고 어깨를 내리고 발로 바닥을 부드럽게 누르도록 하세요.

이제 어려움을 겪고 있는 현실의 균열을 떠올리십시오. 잠시 시간을 내어 이 균열의 본질과 그것이 여러분에게 어떤 영향을 미치는지 생각해 보고 힘든 생각과 감정이 일어나도록 놔두세요.

◉ 1단계: 현재에 살기

잠시 멈추세요.

그게 당신이 할 일의 전부입니다. 잠시 멈추세요.

몇 초 동안 멈추고 마음이 무슨 말을 하는지 알아차리세요. 선택한 단어와 말의 속도와 소리를 알아차리세요.

호기심을 가지세요. 이 이야기는 오래되고 친숙한가요, 아니면 새로운 건가요? 과거, 현재 또는 미래 중 어떤 시간대에서 생각하고 있습니까? 어떤 판단을 내리고 있습니까? 어떤 이름을 사용하고 있나요?

여러분의 마음과 논쟁하거나 침묵하려고 하지 마세요. 다만 휘저어 주면 됩니다.

단지 여러분에게 무슨 이야기를 하는지 알아차리세요.

그리고 호기심으로 발생하는 모든 다른 감정을 알아차려 보세요. 여러분은 무엇을 발견하셨나요? 죄책감, 슬픔, 분노, 두려움 또는 당혹감? 분개, 절망, 고뇌, 분노 또는 불안?

이러한 감정이 느껴질 때 이름을 붙여 보세요 '여기 두려움이 있습니다' 또는 '여기 슬픔이 있습니다' 식으로요.

호기심 많은 아이처럼 몸 안에서 무엇이 일어나는지 주의를 기울여 보세요. 이러한 감정이 가장 많이 느껴지는 곳은 어디입니까? 이러한 감정의 크기, 모양 및 온도는 어떠합니까? 얼마나 많은 층으로 이루어져 있나요? 그 안에서 얼마나 많은 유형의 감각을 찾아볼 수 있나요?

⦿ 2단계: 시작하기

이제 천천히 아픔이 깊게 느껴지는 곳에 손을 올려놓고 숨을 쉬세요. 친절한 태도로 그렇게 해 보세요.

이 호흡에 보살핌과 협력을 불어 넣으세요. 위로와 지지의 행동으로 바라보세요.

여러분의 호흡이 통증 주위로 흐르는 것을 상상해 보세요.

마법같이 광활한 공간이 열린다고 상상해 보세요. 여러분 안에, 그 모든 감정을 위한 충분한 공간을 만듭니다.

아무리 고통스러워도 그것과 싸우지 마세요.

여러분의 감정에 적대감보다는 평화를 제공해 주세요.

아픔을 밀어내기보다는, 있는 그대로 두고 충분한 공간을 확보합니다.

그리고 몸이 팽팽해짐과 수축 또는 긴장에 대해 저항이 느껴진다면 그곳에도 호흡을 하시도록 하세요. 그것을 위한 공간을 만드세요.

일어나는 모든 것, 여러분의 생각, 감정 및 저항에 평화와 공간을 제공하세요.

⊙ 3단계: 친절하게 붙들기

이제 손 중 하나를 선택해 보세요.

그 손을 매우 친절한 돌보는 사람의 손이라고 상상해 보세요.

손을 몸의 가장 아픈 부분에 천천히 부드럽게 올려 주세요.

가슴이나 머리, 목 또는 배 어느 곳에서 통증을 더 많이 느끼시나요? 가장 강한 느낌이 있는 곳에 손을 얹으세요(느껴지지 않거나 특정 위치를 찾을 수 없는 경우라면 손을 가슴 중앙에 올려놓으세요).

여러분의 피부나 옷 위에 부드럽고 가볍게 올려놓고 쉬세요.

손바닥에서 몸으로 흐르는 온기를 느껴 보세요.

당신 몸의 통증이 풀리고, 부드러워지고, 공간을 만든다고 상상해 보세요.

이 통증을 부드럽게 유지하세요. 우는 아기, 낑낑거리는 강아지, 허술한 예술 작품 대하듯 하세요.

아끼는 사람에게 다가가는 것처럼 이 부드러운 행동에 배려와 따뜻함을 불어넣으세요.

손가락에서 친절이 흘러나오게 하세요.

이제 양손을 사용하세요. 그중 하나는 가슴에, 다른 하나는 배 위에 올려놓고 부드럽게 쉬도록 하세요. 친절하고 부드럽게 자신을 붙드세요. 자신과 연결하고, 자신을 돌보고, 위로와 지지를 제공해 주세요.

⊙ 4단계: 친절하게 말하기

이제 걱정이나 애정을 표현하기 위해 자신을 돌보는 무언가를 말하세요.

의도를 상기시키기 위해 '부드러움' 또는 '친절' 같은 단어를 조용히 말할 수 있습니다.

"정말 아파요." "힘듭니다."라고 말할 수 있습니다.

'아픈 건 알지만 할 수 있어요.'라고 말할 수 있습니다.

고통을 덜어 주지는 않는 인용구, 속담 또는 말을 반복할 수도 있습니다.

실패했거나 실수를 저질렀다면 '네, 나는 인간입니다. 지구상의 다른 사람들처럼 저도 실패하고 실수합니다.'라고 스스로 상기하고 싶을 것입니다.

이것이 인간의 한 부분임을 인정할 수 있습니다. 모든 인간이 현실의 균열에 직면했을 때 느끼는 것임을 친절하고 부드럽게 상기하십시오. 이 고통은 여러분에게 매우 중요한 것을 알려 줍니다. 여러분이 살아 있고, 마음이 있고, 관심이 있고, 원하는 것과 가진 것 사이에 간격이 있다는 것입니다. 그리고 모든 인간은 그러한 상황에서 똑같이 불쾌하고 아픕니다. 여러분은 이를 원하지 않습니다. 이것이 지구상의 다른 모든 인간과 여러분의 공통점입니다.

* * *

조금 전에 한 연습이 도움이 되었기를 바랍니다. 분명히, 여러분이 원하는 대로 연습을 수정하세요. 예를 들어, 돌보는 것과 관련한 단어에 대한 내 제안이 마음에 들지 않으면 자신의 단어로 대체하셔도 좋습니다. 이를 돕기 위해, 자신을 여러분과 같은 고통을 느끼는 어린아이라고 상상해 보세요.

이 아이에게 친절하고, 지지나 위로를 보내고, 진정으로 관심이 있다는 것을 보여 주고 싶다면 어떤 말을 할 수 있을까요? 어떤 말이 떠오르든, 여러분과 비슷한 것을 배려하고 관심과 친절의 태도로 말하도록 하세요. 이 아이디어로 한 단계 더 나아가 다음과 같이 강력한 상상의 연습으로 바꿀 수도 있습니다.

젊은 여러분을 위한 연민

편안한 자리를 찾아 눈을 감거나 한 곳을 응시하세요.

천천히 깊은 심호흡을 하면서 개방적이며 호기심을 가지고 그것에 주목하세요.

여러분은 상상으로 운동을 하려고 합니다. 어떤 사람들은 TV 화면에 나오는 것처럼 생생하고 다채로운 사진을 보듯 상상합니다. 또 어떤 사람들은 모호하고 흐릿하고 불분명한 그림으로 상상합니다. 그런가 하면 어떤 사람들은 그림을 전혀 사용하지 않고 단어와 생각에 더 의존하여 상상하기도 합니다. 아무튼 여러분이 상상한 것은 좋습니다.

이제 자신이 타임머신에 들어가는 것을 상상해 보십시오. 그 기계에 들어가면 어린 시절 자신을 만나기 위해 시간을 거슬러 올라가게 됩니다. 힘들었던 어린 시절의 사건 직후에 많은 괴로움 속에 있던 아이를 만나 보세요.

이제 타임머신에서 나와 어린 여러분과 계약을 맺으세요. 이 어린 아이를 잘 살펴보고 어떤 일을 겪었는지를 이해해 보세요. 그 아이가 울고 있나요? 화가 났거나 겁을 먹었나요? 죄책감이나 부끄러움을 느끼고 있나요? 이 아이에게 정말로 필요한 것은 무엇일까요? 사랑, 친절, 이해, 용서, 양육 또는 수용일까요? 친절하고 차분하고 부드러운 목소리로 이 '어린 나'에게 방금 일어난 일을 알고 있다고 말해 주세요. 여러분은 이 아이가 얼마나 아파하는지 알고 있습니다.

이 아이에게 여러분이 잘 알고 있기 때문에 그 경험을 증명해 줄 다른 사람이 필요하지 않다고 말해 줍니다.

이 아이에게 너는 그 경험에서 살아남았고 이제는 그저 아픈 기억이라고 말해 주세요.

이 아이에게 여러분이 여기 있고 그 아이가 얼마나 아픈지 알고 있으며 여러분이 할 수 있는 모든 방법을 다해 돕고 싶다고 말해 주세요. 이 아이에게 필요하거나 원하는 것이 있는지 물어 보세요. 그리고 그 아이가 무엇을 원하든 그것을 그 아이에게 해 주도록 하세요. 아이가 여러분에게 특별한 곳으로 데려가 달라고 하면, 그렇게 하세요. 포옹, 뽀뽀, 친절의 말 또는 어떤 선물이라도 주도록 하세요. 이는 상상의 연습이므로 아이가 원하는 것을 해 줄 수 있습니다.

더 어려서 아이가 원하는 것이 무엇인지 모르거나 여러분을 믿지 않는다면 아이에게 괜찮다고 알려 주세요. 여러분은 지원해 주기 위해 여기에 있으며, 도울 수 있는 모든 일을 하기 위해 항상 그곳에 있을 거란 사실도요.

이 아이에게 당신이 여기에 있고, 돌보고 있으며, 그 고통에서 회복하여 안전하고 풍요롭고 가치 있는 삶을 살 수 있도록 도와주겠다고 말해 주세요.

어쨌든 말, 몸짓 또는 행동을 통해 어떻게든 이 어린 여러분에게 계속 배려와 친절을 보내 주세요.

이 어린 아이가 여러분의 배려와 친절을 받아들였다는 느낌이 들면, 그 아이 자신이 되도록 하고 여러분의 호흡에 여러분의 의식을 두세요.

몇 분간 개방성과 호기심을 가지고 호흡을 관찰한 다음 눈을 뜨고, 방 주변을 둘러봅니다.

* * *

대부분의 사람은 고통스러워하는 어린아이에게 연민을 느끼는 것이 자신 스스로에게 연민을 느끼는 것보다 훨씬 더 쉽다는 것을 알게 됩니다. 앞의 연습은 그 사실을 잘 활용하고 있습니다. 자기연민을 키울 뿐만 아니라 오래된 상처를 치료하기 위해 정기적으로 연습하는 것이 좋습니다.

이러한 연습 외에도 취할 수 있는 행동, 즉 스스로 할 수 있는 작은 친절의 행동에 대해 생각해 보세요. 따뜻한 목욕이나 샤워는 어떻습니까? 마사지를 받는 것은요? 영양가 있고 건강에 좋은 음식을 먹고 있습니까? 산책은요? 자신에게 '나를 위한 시간'을 주나요? 좋아하는 음악을 듣고 있습니까?

여러분은 무비판적으로 자신의 말을 듣고 고통의 정도를 인정할 수 있나요? 자신을 부드럽게 대하고 스스로에게 질문해 보는 것이 도움이 되나요? 여러분은 한 인간으로서 실수할 수 있음을 받아들이나요? 여러분은 자신의 장점을 찾을 수 있습니까(여러분의 마음이 아무리 부인한다 해도, 확실히 있습니다)?

행동하는 것보다 말하는 게 더 쉽다는 것을 알고 있지만, 모든 새로운 기법과 마찬가지로 자기연민은 연습이 필요합니다. 개인적으로 아들에게 소리를 지를 때가 가장 힘듭니다. 때때로 나는 아이와 매우 틀어지고 화도 내곤 합니다. 왜 그럴까요? 아이가 내 마음이 원하는 대로 행동하지 않기 때문입니다. 즉, 아이는 마음이 '너는 이래야 한다'고 요구하는 대로 배우거나 성장하지 않았기 때문입니다. 이 이야기들과 융합되어 나는 인내와 수용의 가치를 잃어버리고, 소리를 지르거나 거친 말을 하게 됩니다.

그러다가 잠시 후 내 마음에 큰 막대기가 떠올랐습니다. '나쁜 아버지!' '넌 정말 형편없어!' '너는 스스로 얼마나 위선자인지 알기나 해?' '다섯 살짜리 아이일 뿐이야. 아이를 진정시켜. 무엇 때문에 화를 내고 있니?' 'ACT 치료사라고?' '지금 네 모습을 보고 너의 독자들은 어떻게 생각할까?'

내가 그걸 알기 전에, 나는 죄책감, 분노, 좌절 혹은 당혹감으로 된 커다란 감정의 폭풍에 휘둘리고 있다.

그리고 잠시 후 나는 무슨 일이 일어나고 있는지 깨닫고 바닥에 발을 대고 심호흡을 하고 내가 보고, 듣고, 만지고, 맛보고, 냄새를 맡을 수 있는 것을 알아차립니다. 나는 세상과 연결됩니다. 나는 현재에 있게 됩니다. 그리고 나는 내가 아프다는 것을 인정합니다. 그런 다음 가슴이나 복부에 손을 대고—가장 아픈 곳이 어디든—깊게 호흡을 합니다. 그리고 혼자 생각합니다. '너는 인간이다. 지구상의 다른 모든 부모처럼 때로 망치기도 한다. 이는 좋은 부모가 되는 것에 진심으로 관심이 있고 네 자신의 이상에 부응하지 못할 때의 느낌이다.'

그런 다음 나는 그 모든 분노와 좌절 아래에 무엇이 있는지 더 깊이 들여다보았습니다. 그 저변에 있는 것은 **엄청난 두려움**이었습니다. 아들의 미래에 대한 너무나 커다란 두려움 말입니다. 우리 아이가 충분히 '나아지지' 않으면 그 아이에게 일어날 일에 대한 것이지요. 아이는 놀림거리가 될까요? 모두가 받아 줄까요? 모두가 놀리거나 조롱하는 반에서 아이는 어떻게 될까요?

나는 그 모든 두려움 아래에 무엇이 있는지 보기 위해 더 깊게 들여다보았습니다. 그것은 **사랑**이었습니다. 오직 순수하고, 무한하고, 마력적이고, 결코 끝나지 않는 사랑뿐입니다.

조용히 앉아 자신에게 친절하고 부드럽게 대하고, 정서적 고통을 호기심으로 살펴보면 비슷한 것을 발견하게 될 것입니다. 분노, 두려움, 슬픔 또는 죄책감과 같은 감정이 무엇이든 부드럽게 잡고 스스로에게 물어보십시오. '이 고통은 내 마음에 대해 무엇을 드러낼까? 내가 무엇에 관심이 있는지 보여 주나요?' 또는 스스로에게 이 질문을 해 보세요. ACT의 창시자인 스티브 헤이즈의 말입니다. "이 고통을 겪지 않으려면 무엇이든 신경 쓰지 말아야 합니까?"

이 질문은 마음이 '나쁘다.'라고 말하더라도 자신이 '나쁘지 않다.'라는 것을 떠올리는 데 도움이 됩니다. 여러분은 돌보는 한 인간입니다. 어쨌든 상관하지 않으면 힘들 이유가 없습니다.

▎작게 생각하기

자기연민을 계발하기 위해 크고 극적인 일을 할 필요는 없습니다. 아주 작은 친절한 행동이 차이를 만듭니다. 예를 들어, 오늘 아침에 내가 한 몇 가지 행동이 있습니다. 등과 목을 펴고, 뜨거운 샤워를 하고, 고양이와 놀고, 간지럼 피우고, 아들과 씨름하고, 건강한 아침 식사를 하고, 창 밖에 있는 새들에게 귀를 기울였습니다. 이러한 작은 배려의 행동은 시간이 지남에 따라 나 자신과 지지적이고 연민적인 관계로 축적됩니다. 이러한 행동을 하는 것을 상상하더라도 그 자체로 자기친절을 불러일으킬 수 있습니다.

세계 최고의 자기연민 연구자 중 한 명인 미국 심리학자 크리스틴 네프(Kristin Neff)는 앞의 연습에서 언급한 마음챙김과 친절 외에도 세 번째 핵심 요소로서 '보편성' '인간 경험의 보편성'을 언급했습니다. 기본적으로 이것은 인간의 상태와 고통의 본질에 대한 성찰을 포함합니다. 아프고 고통스러울 때, 이것이 **정상적인** 인간의 경험임을 상기합시다. 이 순간 지구 전체에 우리와 매우 유사한 방식으로 고통받고 있는 수백만 명의 다른 인간이 있습니다. 우리는 고통을 경감시키려하거나 폄하하려고 하기보다는 이를 인간 경험의 일부로 받아들이고 인정합니다. 우리는 다른 모든 사람과 같이 공통점을 가지고 있습니다. 우리가 다른 사람의 고통을 이해하고 그들에게도 우리의 연민을 전하는 데 도움이 될 수 있습니다.

가끔 우리가 고통을 겪을 때, 우리 마음은 하나라고 말해 줍니다. 다른 모든 사람은 우리보다 더 행복해 보입니다! 다른 사람들은 우리가 느끼는 고통을 느끼지 않는 것 같습니다. 다른 사람들은 실수를 하거나 실패하지 않는 것 같습니다. 적어도 우리와 같은 정도는 아닌 것 같습니다. 그리고 우리가 이 이야기를 산다면 우리의 고통이 더욱 강해지겠지요. 현실은 모든 인간은 고통받는다는 것입니다. 모든 인간의 삶은 상실과 고난의 영향을 받게 됩니다. 우리 모두는 역경을 겪고 그 균열에 직면합니다. 이는 지구상의 모든 인간에게 계속해서 발생하는 것입니다.

따라서 인생이 사방에서 우리를 두드리거나 문 앞에 거름 더미를 버릴 때 기억하십시오. 자기연민이 우선입니다. 그런 다음 전략 수립 및 문제해결로 전환하는 것이 유용합니다. 지혜의 말을 비추어 보고 우리의 가치에 따라 전념 행동을 취하도록 합니다. 그러나 가장 좋은 결과는 대부분 연민이 먼저 올 때 발생합니다.

그러니 또 다른 기회를 기다리지 마세요. 나는 여러분이 모든 기회에 자기연민을 키울 것을 권합니다. 이것이 진정한 내면의 힘의 열쇠입니다. 하루 종일 자기친절의 작은 행동을 연습하세요. 각각의 행동이 차이를 만들어 갈 것입니다.

| 제3부 |

닻 내리기

12
고통 속에서 닻 내리기

    분명히, 현실의 균열이 커지면 정서적 고통도 커지기 마련입니다. 특히 두려움과 분노라는 두 가지 정서는 거의 항상 힘든 시간을 겪게 만듭니다. 이는 놀라운 일이 아닙니다. 어류, 파충류, 조류, 포유류이든 간에 심각한 위협을 경험할 때 '도피 혹은 투쟁' 반응이 촉발됩니다. 이러한 유기체는 위협으로부터 도망치거나 혹은 위협과 맞서 싸워 물리칩니다. 인간에게 있어서 '투쟁' 반응은 즉각적으로 분노(혹은 이와 밀접한 관계가 있는 좌절감, 짜증, 억울함, 격노)로 변합니다. 또한 '도피' 반응은 즉각적으로 두려움(혹은 불안, 긴장, 의심, 불안전감, 공황 상태)을 유발합니다. 아주 흔하게 우리는 '투쟁'과 '도피'의 정서 모두를 동시에 경험합니다.

    분노와 두려움의 정점에는 다른 온갖 고통스러운 정서가 있을 수 있습니다. 예를 들어, 만약 상처가 의미 있는 무언가의 상실과 관련된 것이라면 슬픔과 비애가 일어날 것입니다. 또한 우리가 이러한 균열에 어떻게든 기여한 부분이 있다면(혹은 최소한 우리가 그렇게 했다고 믿는다면) 이후 죄책감이 커질 수 있습니다.

이 고통스러운 감정들은 해일과도 같습니다. 종종 우리가 이를 알아차리기도 전에 우리에게 반기를 들고 달려들어 우리를 쓰러뜨리고 휩쓸어 버립니다. 아마도 여러분은 들으면 놀라겠지만, 파도에 휩싸인 우리 스스로를 그저 그대로 내버려 두도록 허용하는 시간과 공간이 필요합니다. 왜일까요? 아무리 크다고 할지라도 고통스러운 감정의 파도가 우리를 물에 빠져 죽게 하지는 못하기 때문입니다(설령 우리의 마음속에서 불편감이 요동칠지라도). 한 걸음 물러서서 개방성과 호기심을 갖고 고통스러운 감정의 파도를 지켜보듯 우리의 정신 상태가 확장되면, 우리는 방대하면서 열려 있는 넓은 하늘과 같아지게 됩니다. 아무리 우리의 정서가 난기류라고 하더라도 마치 바다에서 파도가 밀려왔다 가는 것처럼 우리는 그 감정들을 품을 수 있고 그들이 오고 갈 수 있도록 그저 내버려 두는 공간을 마련할 수 있습니다.

우리가 큰 고통 속에 있을 때 이러한 고통은 닻을 내린 우리 스스로를 지키는 데 도움이 되지만, 우리는 분명 이러한 고통을 다루는 일에 실패할 때도 있을 것입니다. 그럼에도 불구하고 우리는 모든 것이 허물어졌다는 것을 깨닫자마자 즉각적으로 다시 닻을 내릴 수 있습니다. 그리고 시간이 지나면서 이는 더 수월해질 것입니다. 고통스러운 감정의 파도는 점진적으로 그 크기가 줄어들 것입니다. 그 파도가 아직 클 수도 있지만 더 이상 해일은 아닐 것입니다. 때로는 우리를 뒤엎겠지만 때로는 그렇지 않을 수도 있습니다. 닻을 내리는 것은 더 수월해지고 빨라질 것이며 파도가 우리를 강타할 때 영향은 덜해질 것입니다.

닻을 내리려면 어떻게 해야 할까요? 다음의 연습을 하는 동안 여러분은 이미 알게 됩니다. 이는 그저 '나무처럼 있기'의 초단축판으로서 5초에서 10초 정도 해 보겠습니다. 지금 바로 해 볼까요?

> ## 🌿 닻 내리기
>
> 5초에서 10초 정도 다음과 같이 따라해 보세요.
>
> 발이 바닥에 단단하게 닿도록 하고 허리는 곧게 펴세요.
> 그리고 천천히 깊게 호흡하세요.
> 주변을 둘러보면서 보이는 것 중 다섯 가지를 알아차려 보세요.
> 주의 깊게 들으면서 들리는 것 중 다섯 가지를 알아차려 보세요.
> 당신이 어디 있는지 그리고 무엇을 하고 있는지 알아차려 보세요.

이처럼 매우 간략한 연습은 언제 어디서든 할 수 있으며, 즉시 우리가 현재로 돌아올 수 있도록 해 줍니다. 그래서 우리는 삶에 전념할 수 있고 과제에 집중할 수 있는 것입니다. 우리의 주변 환경, 행동, 감정에 대한 광범위한 자각을 유지할 수 있다면 이는 닻을 내린 우리를 고통의 파도가 진정될 때까지 지켜 줄 수 있을 것입니다.

어떤 마음챙김 연습이든지 여러분이 방식을 수정할 수 있습니다. 예를 들어, 서서 몸을 스트레칭할 수도 있는데 스트레칭을 유지하면서 근육이 늘어나는 것을 느껴 볼 수도 있습니다. 혹은 두 손바닥을 서로 마주 대고 밀면서 목, 팔, 어깨의 근육이 수축되는 것을 느껴 볼 수도 있습니다. 의자의 팔걸이 위에 손을 대고 밀어 볼 수도 있으며, 혹은 목덜미와 두피를 마사지할 수도 있습니다.

여러분의 닻으로서 이러한 신체 감각을 활용하는 것은 귀를 열고 세상과 소통하도록 해 줍니다. 보고, 듣고, 만지고, 맛보고, 냄새를 맡는 것이 무엇인지 알아차려 보세요. 여러분이 어디에 있고 무엇을 하고 있는지 알아차려 보세요. 이 모든 것을 여러분이 좋아하는 대로 빨리 혹은 천천히 할 수도 있습니다.

연습에서 '닻 내리기'와 '스스로 친절하게 감싸 안기'는 거의 동시에 일어납니다. 때로는 먼저 닻을 내리고 그다음에 빠르게 자기연민이 뒤따르기도 하며, 때로는 이러한 과정이 반대로 일어나기도 합니다.

고문을 당한 적이 있는 이라크 난민 알리(Ali)를 기억하나요? 나는 그에게 하루에 최소한 20~30회 닻 내리기 연습을 하도록 요청하였습니다. 많은 횟수일 수도 있지만 그는 외상 후 스트레스 장애로 고통을 겪고 있었고 나는 이러한 연습이 장기적인 회복으로 그를 이끌 것임을 알았습니다. 나는 그가 겪는 플래시백이 예상치 못하게 그를 계속 장악하고 덮치고 그의 악몽을 되살아나게 하는 과거를 만들어 낸다는 것을 알았습니다. 그래서 그가 현재로 돌아오는 데 있어서 전문가가 되기를 바랐습니다. 여러분도 이와 같이 되기를 강하게 독려합니다.

물론 이것이 우리에게서 고통스러운 정서를 없애 주는 것은 아닙니다. 우리의 생각, 특히 우리를 방문하지 않고서는 좀처럼 오래 지속되지 않는 이전의 '충분하지 않다'라는 생각에 의해 우리는 쉽게 쓰러지기도 합니다. 이 '충분하지 않다'라는 생각은 매우 교활합니다. 이는 우리가 그것을 더욱 더 열심히 찾게 하도록 다양하게 변장한 채 모습을 드러내며 쉽게 알아차리지 못하게 합니다. 그렇기 때문에 이러한 다양한 변장을 보다 잘 찾아내기 위해서는 흔한 현실의 균열에서 이러한 생각의 역할을 바라봐야 합니다.

▎부러움과 질투심

부유한 사업가인 샘(Sam)은 자주 부러움에 의해 고통을 겪었습니다. 그는 백만장자임에도 불구하고 스스로를 부유하다고 여기지 않았습니다. 왜일까요? 그는 자신이 알고 있는 모든 억만장자와 자기를 비교하였습니다. 그리고 그들이 성공했다는 소식을 들을 때마다 자주 병이 났습니다. 그의 위장은 뒤틀렸고 턱은 꽉 조였고 심장은 성난 괴물처럼 쿵쾅쿵쾅 울렸습니다. 또 씁쓸하고 억울했으며 왜 그들은 자신이 갖지 못한 부를 가졌을까 하고 생각했습니다.

우리는 항상 부러움이나 질투심을 갖게 됩니다. 이 불쾌한 정서는 다른 사람이 행운을 얻게 된 것을 볼 때 일어나지만, 그 행운을 축하해 주기보다 억울해하고, 그들이 갖고 있는 무엇인가를 원할 때 더 일어납니다. 우리의 마음은 매우 빠르게 비교하고 판단하며 이는 우리가 그것을 깨닫기 전에 일어납니다. 다른 사람의 경력, 배우자, 자동차, 집, 수입, 외모, 지능이나 성격에 대해 보거나 듣거나 공상하며, 우리의 마음은 우리 자신이 갖고 있는 것과 이를 비교하고 우리의 것이 충분하지 않다고 판단합니다. 그리고 박탈감, 불공정성 혹은 패배감을 느낍니다.

한편, 우리는 충분하지 않다는 생각에 사로잡히게 됩니다. 우리의 마음은 우리에게 말합니다. '이미 가진 것으로는 충분하지 않아. 나는 더 많은 것, 더 좋은 것, 둘 다 필요해. 그들이 가진 것을 나도 갖고 싶어!' 샘의 사례를 보면, 그의 마음은 그에게 수입이 '충분하지 않아.' 사업이 '충분히 성공하지 못했어.' '충분히 성취하지 못했어.'라고 말합니다. 여러분으로 하여금 부러움을 불러일으키는 마음속 말은 무엇인가요? 그것이 여러분 삶의 특정한 측면에 초점화되어 있나요? 그것이 여러분을 쉽게 사로잡을 수 있다는 것을 알 수 있는 어떤 주요 주제가 있나요?

개인적으로 내 마음은 책이 팔리는 것에 대해 놀려 대기를 좋아합니다. 몇 년 전으로 돌아가 특별한 사건을 떠올려 봅니다. 스티븐 헤이즈와 함께 그의 자기 조력서인 『Get Out of Your Mind and Into Your Life』[1] 라는 책에 관해 이야기를 나누던 중이었고 그가 책이 얼마나 팔렸는지 이야기했을 때 나는 극도로 부러움에 잠겨 버렸습니다. 그의 책 판매 부수는 나보다 훨씬 많았습니다. 나는 그를 축하하는 것처럼 애써 웃었지만 안색은 창백하고 찌들어 보였으며 마치 심한 타격을 입은 것처럼 내면에서 느꼈던 것 같습니다.

분명히 나의 반응은 합리적이지 않았습니다. 만약 여러분이 나

---

1) 역자 주: 한국어판은 『마음에서 빠져나와 삶 속으로 들어가라』(민병배 외 역, 학지사, 2010)이다.

의 책 중 어떤 책에서 감사의 글을 봤다면 항상 맨 위에서 스티브의 이름을 발견했을 것입니다. 나는 그에게 매우 크게 감사하고 있으며 그의 성공에 대해 축하해 주는 것이 타당한 반응이었을 것입니다. 사실 한때 나는 그 책을 통해 평정을 얻었고 조언을 적용해 보기도 하였으며, 그의 행운에 대해 감사해할 수 있었습니다. 그러나 나의 첫 번째 반응은 부러움이었고 이는 매우 빠르고 강하게 다가왔으며 정말로 저를 충격에 빠뜨렸습니다. 나의 책 『The Happiness Trap』[2] 역시 매우 잘되었고, 스티브와 만나기 전까지는 책의 판매에 대해 만족스러워했습니다. 이는 마음이 어떻게 아주 잠깐 사이에 충만감을 빼앗아 가고 그것을 심각한 불만족으로 대체하는지, 마음의 영향력을 정확하게 보여 줍니다.

소유욕 형태의 질투심도 있다는 것을 잊지 마세요. 질투하는 남편이나 아내는 그들의 배우자가 다른 사람과 시간을 보낼 때 (혹은 그렇게 하기를 바랄 때) 불안해지고 화가 나거나 편집증적으로 변합니다. 이러한 경우 질투하는 배우자는 대개 충분하지 않다는 생각의 두 가지 형태를 보입니다. 첫째, '나는 충분하지 않은 사람이야. 만약 내 배우자가 다른 사람들과 시간을 보낸다면, 그들이 나보다 더 낫다는 것을 알게 될 거야.'라는 생각이 깊게 자리 잡고 있는 경우입니다. 둘째, '나의 배우자는 충분히 충실하지 않고/신뢰할 수 없고/정직하지 않아. 그렇기 때문에 나를 떠나거나 기만할 거야.'라고 생각하는 경우로, 보편적으로 나타나는 **충분하지 않다**는 생각입니다.

---

2) 역자 주: 한국어판은 『행복의 함정』(김미옥 역, 시그마북스, 2008)이다.

우리는 질투심과 부러움의 핵심으로 두려움을 발견하게 됩니다. 이는 물리적인 손실이나 빈곤에 대한 두려움, 능력 이하의 성취나 부적합 혹은 기대에 부합하지 못함에 대한 거부의 두려움, 실패하거나 못할 것 같은 두려움 등 매우 다양한 형태로 나타납니다. 여러분이 알 수 있듯이 이러한 두려움은 충분하지 않다는 생각과 주제별로 연결되어 있습니다. 그렇기 때문에 우리가 부러움이나 질투심 혹은 소유욕과 싸울 때 **충분하지 않다**는 생각을 확인하는 것이 첫 번째 단계입니다. 스스로에게 질문해 보세요. '충분하지 않은 사람인 나에게 내 마음은 뭐라 말하고 있는가? 그것이 내 몸과 마음, 삶, 성취, 일, 수입, 자녀 혹은 배우자인가?'

다음 단계는 그것에 이름을 붙여 그저 허용하고 닻을 내리는 것입니다. 그다음 여러분이 목적을 갖고 실천하는 것이 무엇이든지 간에 이에 전념합니다. **충분하지 않다**는 생각에 대한 탈융합이 확실하게 도움이 되지만 이는 여러 방법 중 하나라는 것을 잊지 마세요. 불쾌한 감정을 위한 공간을 마련하고 자기연민을 실천하기 위해 신체 반응을 다루는 것 역시 필요합니다.

자기연민은 특히 중요합니다. 부러움과 질투심의 핵심에는 두려움이 함께 있고 억울함이 겹쳐져 있으며 이는 고통스럽고 힘겨운 경험입니다. 이러한 정서는 상처를 주며, 이를 경험할 때 우리는 고통을 겪게 됩니다. 그렇기 때문에 스스로를 친절하게 대하고 돌봐 주세요.

또한 조심하세요. 우리의 마음은 우리에게 대항하는 탄약으로서 우리 자신의 반응을 활용합니다. 마음은 우선 반응이 일어나도록 엄격하게 우리를 판단합니다. 예를 들어, 내가 스티븐 헤이즈를 향한 부러움을 성찰했을 때 마음속에서 일어났던 불안전감과 부적절감이 싫었습니다. 내 마음은 이러한 것들에 대해 연민을 느끼고 이해했을까요? '러스, 당신도 사람이고 이러한 정서적 반응은 완전히 정상적이면서 보편적인 거야. 그러니까 스스로에게 좀 살살해.'라고 내게 얘기했을까요? 아닙니다. 내 마음은 처음에 그렇게 얘기하지 않았습니다. 그 대신에 큰 막대기를 뽑아들고 나를 가혹하게 때렸고 온갖 무례한 이름을 붙여서 나를 불렀습니다. 우리는 자기판단, 자기질책, 자기처벌, 자기비난과 같은 반응에 대해 주의할 필요가 있습니다. 그들이 하는 것은 아무것도 없습니다. 절대적으로 우리에게 도움이 되는 것이 아무것도 없습니다. 그들은 그야말로 '나는 충분하지 않은 사람이야.'라는 생각입니다. 그렇기 때문에 우리는 이것을 알아차리고, 이름을 붙여 그저 있는 그대로 내버려 두면서 우리 스스로에게 친절하게 대하는 것을 실천해야 합니다.

사업가인 샘은 처음에 이러한 접근에 대해 매우 회의적이었지만 그렇게 하도록 격려하니 점차적으로 그의 부러움과 가혹한 자기판단은 사라지기 시작했습니다. 그는 항상 스스로를 힘들게 하면서 성취를 이뤘기 때문에 자기연민을 갖는 것이 물론 쉽지는 않았습니다. 그러나 시간이 지나면서 그는 자신과 아름다운 관계를 만들어 냈고 그렇게 함으로써 동료와 자신을 비교하는 것이 그에게 훨씬 덜 중요한 일이 되었습니다.

▎외로움

외로움은 매우 보편적인 또 다른 현실의 균열입니다. 그러나 '혼자 있는 것'과 같은 것은 아니라는 점을 아는 것이 중요합니다. 여러분은 아마도 혼자 있었던 경험이 있었을 것입니다(최소한 가끔이라도). 외로움은 현실에 참여하기보다 외면하는 단절 상태라는 점이 핵심입니다. 또한 이러한 단절은 사회적 상호작용이 이루어지고 있는 가운데에도 일어날 수 있습니다. 따라서 '나는 관계를 맺고 있지만 너무 외로워.'라는 말을 흔하게 합니다. 단절은 그것에 대한 불쾌감 그 자체로서 드러날 수도 있는데 우리는 누군가와 물리적으로 함께 있지만 그들이 정말로 지금 이 순간에 함께 있지 않은 것 같은 경험을 하기도 합니다.

이러한 단절 상태에서 불쾌한 생각과 감정이 일어나고 우리는 이 경험을 '외로움'이라고 부릅니다. 이때 '또 다른 누군가가 여기 있다면 좋겠어.' '난 다른 곳에 있었으면 좋겠어.'처럼 우리의 현실인 지금 여기가 충분하지 않다는 생각이 일어납니다. 이때의 감정에 관해 말하자면, 대개 슬픔, 갈망, 불안과 혼재되어 있고 때로는 좌절이나 억울함도 섞여 있습니다.

이 같은 관점에서 외로움을 바라볼 때, 우리는 해답의 전부는 아니지만 일부로서 우리의 생각으로부터 탈융합될 수 있으며 우리의 감정을 위한 공간을 마련할 수 있습니다. 외로움은 우리가 단절되어 있다는 신호이자 연결의 가치를 상기시키는 신호이기도 합니다. 어쨌든 우리가 연결을 가치 있게 여기지 않았다면, 외롭다고 느끼지 않았을 것입니다. 그렇지 않나요? 해답의 또 다른 일부는 능동적으로 연결 상태를 구축해 나가는 것입니다.

그러나 그것이 불가능할 수도 있고 우리가 타인과의 연결을 선택하지 않을 수도 있습니다. 만약 타인과의 연결을 구축할 수 없거나 그러고 싶지 않다면, 우리는 자기연민을 통해 자신과의 연결을 구축할 수 있습니다. 자연과의 연결을 만들어 낼 수도 있고, 일, 취미, 스포츠, 종교, 예술 혹은 다음과 같은 두 가지 조건에 부합하는 그 어떤 것과도 연결을 만들어 낼 수 있습니다.

1) 이 순간 우리에게 도움이 되는 것
2) 어떤 점에서든 우리에게 중요한 것

이러한 것들과 연결되기 위해서 앞에서 말한 우리 삶의 여러 차원의 역할을 활성화시키는 어떤 형태의 활동을 시작하고 행동을 실천합니다. 우리의 모든 주의를 이러한 활동에 집중합니다. 우리의 생각으로부터 한 발짝 물러나서 진행되고 있는 행동에 100% 전념합니다.

이러한 활동이 이어지는 가운데 우리는 종종 외롭다는 생각과 감정을 없애려는 활동에 몰두하기도 합니다. 그러나 이러한 일이 벌어졌을 때 이것은 주된 목표가 아닌 부차적인 것입니다. 우리의 목표는 현재와 목적에 기반을 둔 삶을 이끌어 나가는 것이지 불쾌한 감정과 싸우거나 그 감정을 없애는 것이 아닙니다. 만약 이러한 생각과 감정이 사라지지 않는다고 하더라도 이는 우리가 확장과 탈융합을 통해 반응하는 데 있어서 실제로 문제가 되

지 않습니다. 이는 풍요로운 삶을 위해 중요한 것들과의 연결을
추구하는 우리를 멈추게 할 수 없습니다.

▌진단명

치료자, 심리학자와 정신과 의사들은 주요우울장애, 범불안장
애, 공황장애, 강박장애, 외상 후 스트레스 장애를 비롯해서 무수
히 많은 정신장애의 명칭으로 내담자(혹은 환자)를 진단하는 것을
매우 중요하게 여깁니다. 이러한 진단이 어떤 맥락에서는 의심할
여지 없이 도움이 되지만 또 다른 맥락에서는 매우 유해할 수도
있습니다. 만약 진단이 긍정적인 삶의 변화를 만들어 내는 데 있
어서 우리에게 도움을 줄 수 있다면 이 같은 맥락에서는 유용하
다고 말할 수 있습니다.

그러나 우리가 명명된 진단과 융합될 경우, 그 진단이 우리 자
신이라고 믿게 된다면, 이는 우리를 압축해서 보여 주는 것이며
우리의 근원을 억류하게 됨으로써 우리는 문젯거리로 존재하게
됩니다. 그리고 슬프게도 이러한 일이 매우 흔하게 일어납니다.
'나는 우울해.' '나는 강박적이야.' '나는 중독자야.'처럼 자신에 대
한 진단적 명명에 융합되었을 때 삶에서 꼼짝할 수 없도록 갇힌
수많은 내담자를 만나 왔습니다. 이러한 방식으로 자신을 기술하
는 것의 효과가 무엇인지 알아차려 보세요. 이는 마치 여러분이
그 진단명으로 존재하고 그 진단이 여러분인 것처럼 들리게 됩
니다.

설상가상으로 진단명은 흔히 '나는 망가진 놈이야.' '나는 합리적으로 생각하지 못해.' '내 잘못이야.' '나는 다른 사람들처럼 대처할 수 없어.' '나는 약해 빠졌어.' '나는 특이해.' '내가 일을 망쳤어.'와 같이 또 다른 다양한 형태의 충분하지 않다는 생각을 첨부하게 만듭니다.

ACT에서는 일반적으로 이러한 생각을 참과 거짓이라는 조건에서 바라보지 않으며, 이 생각들이 유용한지 그렇지 않은지에 대해 관심을 둔다는 점을 상기해 보세요. 즉, 내가 이러한 생각을 단단히 붙잡고 있다면 내가 되고 싶은 사람이 되는 데 도움이 될까요? 혹은 내 인생을 좀 더 풍요롭고 충만하게 가꾸어 나가는 데 도움이 될까요? 애석하게도 최소한 내 경험으로 볼 때 진단명에 융합되어 있는 많은 사람의 경우 보다 풍요로운 삶을 살아가는 데 이러한 것들이 유용하지 않다는 것을 발견하게 됩니다. 이는 '나는 [진단명]이기 때문에 [중요한 목표]를 실행할 수 없어.'[3]와 같은 신념과의 융합을 야기하기 때문에 이들의 삶을 방해합니다. 또한 이 신념에 단단히 사로잡혀서 괴롭힘을 당하고 무엇을 할지에 대해 명령을 받게 될 때 대개 이러한 신념은 자기충족적 예언이 돼 버립니다.

그러므로 진단명의 압박으로부터 좀 더 자유로워지길 바랍니다. 잼(jam) 병에 있는 여러 성분의 진단명이 잼 자체와 동일한 것은 아닙니다. 여행 책자에 안내되어 있는 리조트에 대한 기술(description)이 리조트 자체와 똑같은 것도 아닙니다. 마찬가지로

---

3) 역자 주: '나는 [진단명: 예) 주요우울장애, 공황장애 등]이기 때문에 [중요한 목표: 예) 사회 활동, 대중교통 이용 등]를 실행할 수 없어.'

어떤 진단명은 단순히 생각, 감정, 행동에 대한 기술이고, 이는 이러한 생각을 하고, 감정을 느끼고, 행동을 하는 그 사람과 동일한 것이 아닙니다.

다른 사람에게 이러한 진단명을 동등하게 적용해 보세요. 다른 사람들이 이러한 방식으로 명명된 진단을 받게 되었을 때 우리는 쉽게 그 진단에 입각하여 그들을 바라보기 시작합니다. 이는 다른 사람을 충분하지 않은 존재로 바라보게 하기 때문에 관계를 위해 건강한 것이 아닙니다. 아내와 나는 아들이 처음 자폐증 진단을 받았을 때 이러한 함정에 빠졌었습니다. 우리 두 사람은 우리를 참혹하게 만들었던 자폐증이라는 진단명과 그 영향에 즉각적으로 융합되었습니다. 우리는 아들이 우리와 동떨어져 있는 것처럼 느꼈으며, 마치 우리의 그 작은 아이는 사라지고, 아들의 자리를 거대하고 숨이 막힐 것 같은 진단명이 차지하고 있는 것처럼 느꼈습니다.

운이 좋게도 시간이 지나면서 우리는 그 진단명으로부터 탈융합하게 되었습니다. 우리는 다른 삶을 살아갈 수 있도록 그저 우리에게 유용한 방법들을 찾음으로써 진단명의 압박으로부터 자유로워지는 것을 배웠습니다. 아들은 우리에게로 다시 돌아왔고 우리는 아들에게 감사하면서 그의 별난 행동들도 즐기게 되었습니다. 우리는 자폐 스펙트럼 장애 환자로 아들을 바라보기보다 오히려 아들의 도전을 수용할 수 있었고 아주 멋진 수많은 시간을 함께 즐길 수 있었습니다.

분명히 이러한 접근은 단지 정신과적 진단명에 국한된 것이 아니라 충분하지 않다는 생각과 관련된 모든 형태의 명명과 관련되어 있습니다. 만약 우리가 '뚱뚱한' '바보 같은' '실패자' '무가치한' '못생긴' '게으른' '무능한' '부적당한' 등의 명명과 융합된다면 이러한 명명이 다른 사람에게 적용되든지, 우리 스스로에게 적용되든지 간에 그것은 유용하지 않으며 우리를 흔들리게 한다는 것을 인식하세요.

▌충분하지 않다는 생각 알아차리기

만약 여러분이 충분하지 않다는 생각이 일어나는 가운데 더 많은 통찰을 원한다면 억울함, 탐욕, 완벽주의, 지루함, 불안전감, 혹은 수치심의 역할을 생각해 볼 수 있습니다. 이러한 경험 중 어떤 것을 탐색해 보세요. 여러분의 불쾌한 신체 감각과 충분하지 않다는 생각에 기초한 줄거리라는 두 가지 주요 요소가 똑같이 자리 잡고 있다는 것을 항상 발견하게 될 것입니다. 이 요소들 중 어느 하나 혹은 보다 흔하게 두 요소가 함께 작동하여 이 순간으로부터 우리를 휩쓸어 갈 수 있습니다. 그렇기 때문에 이는 닻을 내리는 데 있어서 이득이 됩니다.

현실의 균열은 그 크기가 서로 매우 다릅니다. 어떤 것은 충격, 비통함, 절망감이나 격노함을 야기할 정도로 거대하고, 또 어떤 것은 실망감, 좌절감이나 짜증을 불러일으키는 정도로 작기도 합니다. 또 어떤 것은 이것들 사이의 어딘가에 있을 정도의 크기입니다. 그러나 이러한 균열이 크든지 작든지 간에 우리는 항상 그것에 어떻게 반응할 것인지에 대한 선택권을 갖고 있습니다. 만약 현실의 균열이 그것보다 훨씬 더 큰 다른 균열을 내지 않고 수습될 수 있다면, 그것을 수습하기 위한 행동을 실천해야 마땅합니다. 그러나 수습하는 것이 불가능하거나 잠시 동안이 아니라 계속 지속되는 것이라면, 우리는 도망치거나 투쟁하는 대신에 도움이 되지 않는 생각으로부터 벗어나서 고통스러운 정서를 위한 공간을 마련하고 목적과 함께하는 행동에 충분히 관여할 수 있도록 그저 닻을 내릴 수 있습니다.

13
집으로 돌아가기

나는 컴퓨터 앞에 앉아 내가 하고 있는 일에 전념하기 위해 열심히 노력하는 중입니다. 내 마음은 모든 종류의 유용하지 않은 이야기를 내게 하고 있습니다. 이 중에 새로운 것은 전혀 없습니다. 나는 이 모두를 상세하게 알고 있습니다. 그것은 내가 글을 쓰는 거의 모든 시간에 찾아옵니다. 오늘은 '사기꾼' 이야기가 가장 시끄러웠습니다. 독자들이 나를 잘 안다면, 즉 내가 줄곧 나 자신의 심리적 스모그 속에서 길을 잃거나 내 감정에게 괴롭힘을 당하면서 고통스러운 정서를 위한 공간을 마련하려 하지 않고 감정들로부터 도망치려 했다는 것을 독자 여러분이 알게 되면 충격을 받게 될 것이라고 지적하였습니다. 사기꾼이고 가짜이면서 사칭하는 사람으로 독자 여러분이 나를 판단할 것이고 세상에서 가장 심각한 위선자라고 맹렬히 비난할 것이라고 말합니다.

이러한 소음의 거의 대부분은 '지루하다'라는 이야기입니다. 내가 오래된 똑같은 이야기를 그저 반복함으로써 새로운 것이 전혀 없기 때문에 독자 여러분이 지루해할 것이라고 말입니다. 이 말은 '마감이 임박했어.'라는 코러스를 동반합니다. 이어서 아직 써야 하는 글이 얼마나 많은지 그리고 그러기 위해서 남은 시간이 얼마나 적은지 내게 말합니다.

그 뒤에 '너무 힘들어.'라는 이야기가 따라옵니다. '포기해, 포기해, 포기해.'라고 내 귀에 속삭이면서 유혹합니다. 이는 매우 조용하지만 아주 지속적으로 일어납니다. '정말 너무 힘들어.'라고 소곤거리며, 그다음에는 '너는 기력이 다했어. 너는 새롭게 쓸 말이 없어. 포기해, 포기해, 포기해.'라며 나를 유혹합니다. 재미, 즐거움, 영화, 음식, 잠자기, 독서, 음악에 대해 말하는 것이라면 나는 글을 쓰는 일보다 훨씬 더 즐기면서 할 수 있었을 것입니다.

나는 내 안에서 투쟁이 일어나고 있다는 것을 알아차립니다. 불안과 좌절감이 올라오고 그 감정에 맞서 싸우고 저항하려는 충동을 느낍니다.

그리고 내 마음은 막대기를 가져와서는 '왜 이 짓을 했어? 왜 내게 이 일을 가져다준 거야? 왜 이 어이없는 마감 기간에 동의를 한 거야?'라면서 저를 후려치기 시작합니다. 이어서 또다시 속삭입니다. '포기해, 포기해, 포기해. 왜 글 쓰는 것을 포기하지 못하는 거야? 왜 더 쉬운 일을 하지 못하는 거지?'

나는 벗어나고 싶고, 중단하고 싶고, 도망치고 싶은 충동을 알아차립니다.

이러한 불편함으로부터 도피하고 싶고, 이 모든 긴장 상태를 끝내 버리고 싶은 충동을 알아차립니다.

그렇게 해 버리는 편이 더 쉬울 것입니다. 컴퓨터 앞을 박차고 일어나 밖으로 나가서 덜 어려운 무언가를 하는 것이 내가 바라는 전부입니다.

'그래.'라고 속삭입니다. '그냥 나가 버려.'

스모그는 짙어지며 뜨거운 감정의 거품 아래에 자리 잡게 됩니다.

나는 무엇을 해야 할까요?

이러한 감정의 폭풍 한가운데에서 나는 닻을 내립니다.

내 발을 바닥 위에 붙입니다.

그리고 천천히 깊게 호흡합니다.

첫 날숨에서 폐의 모든 공기를 밖으로 내보냅니다. 그다음, 바닥부터 윗부분까지 폐가 스스로 채워지도록 합니다.

나의 가슴이 팽창합니다. 나의 배가 불룩하게 일어납니다.

나는 열리고 넓어진 나 자신을 느낄 수 있습니다.

가슴에는 공간감과 가벼움이 생기고, 심장 주위가 열리는 느낌이 생깁니다.

나는 집으로 돌아가는 중입니다. 내 몸이라는 집으로 돌아가는 중이며 접촉하는 중입니다.

내 견갑골이 아래쪽으로 부드럽게 움직이는 것을 느낍니다.

내 심장에 주의를 기울입니다. 나는 심장이 열려 있음을 느낍니다. 따뜻함, 부드러움을 느끼고 두려움도 느낍니다.

한 번 더 호흡합니다. 꽃이 개화하는 것처럼 열리는 느낌입니다.

아이처럼 호기심을 갖고 내 마음을 관찰합니다. 속도를 늦추고 보다 부드럽게 말하면서 그 막대기를 내려놓습니다.

나는 호흡합니다. 그리고 부드럽게 개방하면서 확장됩니다.

나 자신에게 친절해질 것을 상기합니다.

남아 있는 어떤 저항을 위해 내 몸을 살펴봅니다. 그리고 목을 타고 내려와서 어깨로 흐르는 두 개의 굵직한 긴장의 끈을 순식간에 발견합니다.

긴장감 속에서 그저 호흡하면서 이를 없애려 애쓰지 않습니다. 긴장 상태와 함께 머무는 것을 허용하고, 이를 위한 공간을 내어 줍니다. 그리고 긴장감이 풀어집니다.

따뜻하고 친절한 호흡의 흐름을 알아차리면서 과제로 나의 주의를 다시 가져옵니다. 이것이 의미가 있을까요? 중요할까요?

그렇습니다. 이 작업은 내게 중요합니다. 이는 내 목적과 깊이 관련되어 있습니다. 아주 부드럽게 그리고 끈기를 갖고 나의 주의를 과제로 돌아오게 합니다.

나는 지금 여기에 있는 내 삶이라는 집으로 돌아오는 중입니다. 내가 하기로 선택한 과제라는 집으로 돌아오는 중입니다.

그리고 나 자신에게 질문합니다. '지금 당장 하라고, 혹은 해치워 버리라고 다그치는 것을 내려놓을 수 있겠니?'

이는 의미 있는 작업입니다. 나는 의무감이나 억울함에 의해 급하게 해치워 버리는 것을 원치 않습니다. 나는 일에 대해 마음이 열려 있고 호기심 어린 태도를 가질 수 있을까요? 돌봄의 자리에서 고요하고 평안하게 내 일을 할 수 있을까요? 내 일에 소박함과 연민을 불어넣을 수 있을까요?

네. 나는 할 수 있습니다.

나는 허리와 등을 곧게 하고 자판 위에 손가락을 올려놓으며 의자에서 자세를 바로잡습니다. 그리고 내게 중요한 것들을 합니다.

* * *

글을 쓰는 것은 내게 유익합니다. 나는 몇 번이고 다시 나 자신의 생각과 감정에 의해 장악당합니다. 그것들은 나를 기습하고 나는 마음챙김의 반응을 잊어버립니다. 현존하고 탈융합하고 확장하는 대신에 스모그 속에서 길을 잃거나 통제하려고 움켜쥐거나 나 자신이 통제당하도록 내버려 둡니다.

그리고 나는 상기합니다. 그리고 나는 현재에 있게 됩니다.

그리고 나는 다시 잊어버립니다.

그리고 다시 상기합니다.

그리고 계속됩니다. 이는 존재의 본질입니다.

순간에 존재하는 것은 쉽습니다. 순간에 존재하기라는 그 어려운 것을 그저 지속적으로 하는 것입니다.

우리의 주의는 떠돌아다니기를 매우 좋아합니다. 오랫동안 한 곳에 머무르는 것이 매우 어렵기 때문입니다. 그래서 우리는 이를 붙잡는 것을 연습해야만 합니다. 우리의 주의가 지나가 버렸다는 것을 알아차리고 그것을 붙잡고 다시 지나가 버린 주의를 알아차리는 것의 반복 속에서 우리는 계속 표류합니다. 우리는 스모그 속에서 길을 잃고, 길을 잃었다는 것을 알아차리며 현재에 있게 됩니다. 우리의 감정과 투쟁하게 되고, 얽매여 있는 우리를 알아차리고, 우리는 확장됩니다. 우리는 남은 삶 동안 이를 되풀이합니다. 이러한 것을 더 이상 하지 않아도 되는 완벽한 상태에는 결코 도달할 수 없습니다. 모든 시간에 완벽하게 현존하는 사람은 아무도 없으며 선 수행의 고수(Zen master)라고 할지라도 마찬가지입니다. 이는 우리 모두에게 다 똑같습니다. 우리는 어떤 순간에는 현재에 있고, 다른 순간에는 그렇지 못합니다.

물론 어떤 사람은 다른 사람보다 현재에서 더 멀리 떨어져 있게 되는데 이는 그들이 얼마나 연습을 하는지에 의해 크게 영향을 받습니다. 지금까지 일상에서 할 수 있는 빠르고 간단한 마음챙김 연습으로서 비공식적인 연습에 대해서만 언급하였습니다. 그러나 여러분이 정말로 현존하는 능력을 계발하고 싶다면 마음챙김 명상이나 하타 요가 혹은 태극권과 같은 공식적인 연습에 대해 고려해 볼 수도 있습니다.

특히 공식적인 연습의 하나로서 호흡을 통한 마음챙김은 믿어지지 않을 정도로 유용하며 나는 이를 강력하게 추천합니다. 이는 얼마나 자주 여러분의 주의가 떠돌아다니든 간에 반복적으로 여러분의 호흡에 주의를 집중하고 다시 주의를 가져오는 것입니다. 부록 2에 이 방법에 대해 자세하게 기술되어 있습니다. 그럼에도 불구하고 미리 말씀드립니다. 여러분이 이전에 한 번도 이 연습을 해본 적이 없다면 이것이 얼마나 큰 도전인지 놀랄 수도 있습니다. 여러분의 주의가 어떤 다른 것으로 떠돌아다니기 전에 10초 동안만이라도 호흡에 집중하여 머물 수 있다면 여러분은 아주 잘한 것입니다.

자기계발을 하는 데 있어서 가장 도전하게 되는 것 중 하나가

완벽주의입니다. 완벽한 존재는 없다는 것에 대해 우리는 모두 알고 있습니다. 우리 모두는 결함을 갖고 있고 실수를 하며 거기에는 늘 향상을 위한 공간이 자리 잡고 있습니다. 그러나 우리 중 대부분은 이것에 대해 잊어버리는 경향이 있습니다. 우리의 마음은 더 열심히 노력해야만 하고 더 잘해야만 한다고 우리에게 말하며, 최고보다 낮은 그 어떤 것에도 만족하지 말아야 한다고 말하기도 합니다. 우리는 그것을 알기 전에는 그것의 노예가 됩니다. 열렬히 성원하면서 피땀 흘려 일하고, 긴장하고, 불안해하고, 우리의 모든 잠재력을 발휘하지 못할까 봐 두려워합니다. 실수에 대해 이중, 삼중으로 확인하면서 우리가 이뤄 낸 모든 것을 결코 신뢰하지 못합니다. 우리 자신의 기대에 결코 부합할 수 없기 때문에 반복적으로 돌아가 다시 시작하거나 포기하게 됩니다. 그리고 실패하거나 '능력 이하의 성취'를 얻었을 때 우리는 무자비해집니다. 무분별하게 우리 자신을 들볶아대고 통제하려 합니다.

물론 완벽주의는 '충분하지 않다'는 생각의 또 다른 형태입니다. 모든 개인적 이야기에서 나타나듯이, 나 역시 앞에서 '사기꾼' '지루해' '너무 어려워' '마감 시한'에 대한 생각을 언급하였습니다. 분명히 '충분하지 않다'는 생각은 무수히 다양한 형태를 취하고 있지만 우리는 그것을 알아차리고 이름을 붙이는 방법을 통해 이 모두를 다룰 수 있습니다.

완벽을 지나치게 추구하는 것은 도움이 되지 않습니다. 마음챙김 기술은 결코 우리를 완벽해지도록 해 줄 수 없습니다. 단지 향상될 수 있도록 해 주며 매 순간 연습을 거듭하면서 변화를 가져올 수 있도록 해 줍니다. 우리가 일주일 내내 혹은 한 달, 1년 내내 스모그 속에서 길을 잃고 헤맨다고 하더라도 그 순간 우리 자신을 알아차릴 수 있다면 우리는 자유로워집니다. 우리는 선택함으로써 자유로워집니다. 스모그 속에 머물기를 선택할 수도 있고, 혹은 더 큰 성취감을 주는 것으로부터 거리를 두는 연습으로 그 생각을 알아차리고 이름을 붙이며 현재로 돌아오는 것을 선택할 수도 있습니다.

나는 지금이야말로 향상을 위한 공간을 만들 수 있도록 나 자신에게 이러한 지식을 적용할 때라는 점을 인정합니다. 좋은 날도 있고 나쁜 날도 있고, 힘찬 순간도 있고 힘이 없는 순간도 있습니다. 그러나 시간이 지나면서 나는 보다 나아졌습니다. 그 나날 동안 나는 균열이 생긴 현실로부터 덜 도망치게 되고, 그 균열들과 덜 싸우고, 덜 불평합니다. 그 대신에 나는 현실로 돌아오고 그러한 순간을 통해 내 삶을 호기심 어린 눈으로 바라보려는 경향이 생겼습니다. 그리고 스스로 이렇게 질문합니다. '균열이 생긴 현실에 직면하여 내가 지지하고자 하는 것은 무엇인가?' 이는 우리가 누차 답을 원하는 중요한 질문 중 하나입니다. 또한 이러한 질문은 이 책의 다음 내용으로 우리를 안내합니다.

| 제4부 |

태도 취하기

14

나의 목적은 무엇인가

　20대 중반일 때 나는 종종 자살에 대해 생각했습니다. 이 시기의 나를 알았던 사람들은 항상 이 이야기에 충격을 받습니다. 친구와 가족 그리고 직장 동료들은 내가 그 사실을 철저하게 숨기고 지내면서 얼마나 비참했는지 짐작도 못했을 것입니다. 나는 주변 사람들이 나를 행복하고 성취감을 느끼고 만족하는 사람이라고 확신할 수 있도록 살았습니다.

　객관적으로 볼 때 내가 비참해할 만한 타당한 이유는 분명 없었습니다. 오히려 '모든 것을 다 가진 것'처럼 보였을 것입니다. 나는 춥고 비가 오는 영국에서 따뜻하고 맑은 호주로 이민을 왔습니다. 전 세계에서 가장 흥미로운 도시 중 하나인 멜버른에서 멋진 이웃이 있는 곳에 예쁜 집을 장만하였습니다. 젊은 의사로서 크게 존경받았고 보수도 많았으며 이 일은 매우 활기 있는 직업이었습니다. 또한 스탠드 업 코미디라는 색다르고 매우 보람 있는 취미도 있었습니다. 정기적으로 멜버른의 코미디 클럽에서 〈닥터 러스〉라는 공연을 했는데 이는 엄청난 신바람을 느끼게 해 줬을 뿐만 아니라 돈도 벌게 해 주었고 찬사와 명성도 얻게 해 주었습니다(어느 면에서 보아도 명성이나 출연료가 높은 것은 아니었지만, 좋은 소득원이 되었고, 나는 Tonight Live and The Midday Show와 같은 호주 황금 시간대의 TV 쇼에 몇 차례 출연하기도 하였습니다).

이 모든 것과 함께했지만 나는 매우 불행했습니다. 이에 기여한 요인이 몇 가지 있는데 특히 지속되는 자기판단적 사고로서 가혹한 '내적 비판'이 있었습니다. 그러나 무엇보다 더한 것은 전반적인 무의미감이었습니다.

'이 모든 것이 뭘 위한 것이지?' 나는 가끔 궁금했습니다. 물론 좋은 직업과 좋은 집, 좋은 수입, 좋은 취미를 가졌지만 그래서 뭐 어떻다는 걸까요? 그게 전부일까요? 그 모든 것이 삶을 위한 것이었을까요? 나는 즐거움을 느끼게 하는 모든 종류의 것들(옷, 책, 음반 구입하기, 영화 보러 가기, 최고의 레스토랑에서 식사하기, 좋은 와인 마시기, 스쿠버 다이빙처럼 재미있는 취미생활 하기, 이국적인 곳으로 휴가 떠나기 등등)을 다 했습니다. 그러나 이 모든 것을 즐기는 동안 어떤 것도 나를 만족시켜 주지 못하였습니다. 나는 목적이 없었습니다. 목록의 체크 박스에 체크를 하듯 그냥 일상을 보냈고, 별로 운도 따르지 않는 가운데 행복을 느끼려고 애썼습니다. 삶에는 이것보다 확실히 더 많은 것이 있어야만 했을까요?

결국, 나의 고통은 단지 나 자신뿐만 아니라 내가 겪고 있는 유사한 문제와 싸우고 있을 법한 나의 수많은 환자를 위해 답을 구하는 여정으로 나를 이끌었습니다. 내가 발견한 바는 중요한 대답을 얻기 위해서 먼저 다음과 같은 중요한 질문을 해야만 한다는 것입니다.

- 마음속 깊이 진정으로 내게 중요한 것이 무엇인가?
- 이 행성에서 나의 시간을 위해 내가 지지하고자 하는 것이 무엇인가?
- 나는 어떤 인간으로 존재하고 싶은가?
- 나 자신, 내 주변 사람 그리고 세상을 향해 나는 어떻게 행동하길 원하는가?
- 내가 기르고자 하는 개인적인 자질은 무엇인가?

답을 읽기 전에 이 '중요한 질문(big question)'에 대해 숙고해 보세요.

* * *

현존과 목적은 친밀한 동반자입니다. 목적은 우리 삶의 방향을 부여하고, 현존은 우리가 그 여정을 최대한 즐길 수 있도록 해줍니다. 만약 목적 없이 현재에 머문다면 돛이 없는 요트에 있는 것과 같습니다. 방향을 잃은 채 표류하고 폭풍우에 휘말리게 됩니다. 많은 사람이 목적을 관계 혹은 경력과 같은 외적인 것에서 찾을 수 있다고 생각합니다. 그러나 사실 목적은 자신 안에서 찾은 그 어떤 것입니다.

나는 의사로서 지냈던 초기 시절에 진정한 목적을 확실히 발견하였습니다. 여러분은 아마도 그 목적이 다른 사람을 돌보는 것, 아픔을 치유하는 것, 고통을 겪는 사람들에 대한 연민 등 이미 설정된 의사로서의 경력과 관련 있을 거라고 예상할 것입니다. 그러나 결코 아닙니다. 나는 수련의라는 것을 인정하는 것이 창피하였고 환자에 대한 연민도 부족했습니다. 환자들로부터 단절되어 있었고 그들의 생각과 감정에 대해 둔감했습니다. 최상의 의학적 처치를 효율적으로 제공함으로써 환자들이 더 나아지고 가능한 한 빨리 퇴원할 수 있도록 하는 것이 내가 할 일이라고 생각했습니다. 그래서 그들이 더 악화되거나 빠르게 회복되지 않을 경우 연민을 느끼는 대신에 그 환자들이 내 일을 어렵게 만드는 '골칫거리'라고 생각하면서 짜증을 느꼈습니다. 깊게 형성된 이러한 생각 속에서 환자와 함께 연민 어린 관계를 형성하는 것은 안중에도 없었습니다. 드문 경우이기는 했지만 동료가 환자와 함께 마음을 터놓고 대화를 하면서 진정으로 환자를 돌보는 모습을 보았을 때 나는 놀라움으로 머리를 흔들면서 궁금해했습니다. '저럴 시간이 있어?'

환자에 대한 단절과 둔감함은 내 일에 대해 매우 불만족스럽게 느끼도록 했고 이를 깨닫는 데 아주 오랜 시간이 걸리도록 했습니다. 뜻밖이겠지만 윌리엄 허트(William Hurt)가 주연했던 〈닥터(The Doctor)〉라는 할리우드 영화를 통해 처음으로 이 같은 사실에 눈을 뜨게 되었습니다. 이 영화는 심장외과 분야에서 기술적으로 매우 뛰어나지만 환자들에 대한 공감과 연민이 부족한 심장외과 의사의 실화를 바탕으로 하고 있습니다. 주인공이 병에 걸리면서 모든 것이 변하게 됩니다. 인후암 진단을 받았을 때, 그는 자신과 너무 닮은, 기술적으로는 뛰어나지만 차갑고 둔감한 담당 의사에게서 자신의 모습을 발견하게 됩니다. 그리고 그는 이 사실을 좋아하지 않습니다. 그래서 그는 담당 의사를 친절하고 배려심 있고 연민 어린 다른 의사로 교체합니다. 영화의 전체 이야기를 말하지는 않겠습니다. 영화를 보시길 바랍니다. 그러나 내가 말하고자 하는 것은 영화의 마지막에 나오는데, 그 심장외과 의사는 믿기 힘들 정도로 놀라운 연민의 중요성을 발견하게 됩니다.

개업을 한 일반의로 일하고 있을 때인 1994년에 나는 처음으로 이 영화를 봤습니다. 마치 전구에 불이 들어오는 것처럼 '아하! 하면서 갑작스럽게 깨닫게 되는 순간'이었습니다. 나는 혼자 생각했습니다. '연민 어리고 배려심 있고 민감한 것, 그게 바로 내가 되고 싶었던 모습이야.' 이튿날 나는 의식적으로 내 일에서 이를 실천하기 시작하였습니다. 천천히 진료를 하기 시작하였고, 환자들의 감정에 대해 질문하고 살피는 시간을 가졌으며, 이들의 고통과 두려움에 공감하고, 내 말과 몸짓에 진심 어린 배려와 친절함을 담기 시작하였습니다.

그 결과는 놀라웠습니다. 환자들이 좋아졌을 뿐만 아니라 내 일이 더 이상 불만족스럽지도 않았고 아주 의미 있는 것이 되었습니다.

그러나 매우 멋진 결과만 있었던 것은 아닙니다. 알다시피, 보다 배려 있는 사람이 된 만큼 진료 시간은 길어졌습니다. 그리고 그 시간은 더 길어졌고 심지어 이전보다 훨씬 더 길어졌습니다. 일반의 초창기에는 진료 시간이 평균적으로 8분 정도였으나 나의 태도가 이처럼 바뀐 그해에는 한 명의 환자를 진료하는 데 평균 30분이 걸렸습니다. 그리고 이러한 진료 시간 동안 환자의 의학적 상태보다 오히려 그들의 감정, 도전, 희망, 꿈, 열망에 관해 이야기하는 것에 최소한 반 정도의 시간을 보냈습니다. 괜찮기는 했지만 진료 시간이 길어질수록 나의 수입도 점점 감소하리라는 것을 예견하지는 못했습니다.

그 당시에 호주의 의료 시스템에서는 일반의가 짧은 시간 동안에 다수의 환자를 진료하는 것이 오랜 시간 동안 소수의 환자를 진료하는 것보다 돈을 더 많이 벌었습니다. 그래서 진료 시간이 환자당 평균 30분이 되었을 시점에 내 수입은 절반으로 감소했습니다. 그래도 의외로 나는 개의치 않았습니다. 왜일까요? 더 많은 성취감을 느꼈기 때문입니다. 내 삶은 더욱 풍요로워졌고 이러한 균형은 값어치를 했습니다. 사실 환자와 배려심 있고 연민 어린 관계(연결)를 맺는 일은 너무나도 보람 있었고, 이는 궁극적으로 제 경력을 변화시켰으며, 심지어는 심리치료사로서 더 많은 일을 할 수 있게 되었습니다. 나의 수입은 어떻게 됐을까요? 네. 맞습니다. 한때 일반의로서 벌었던 수입의 1/3에도 미치지 못할 정도로 훨씬 감소했습니다.

그러나 다시 말하자면 균형의 가치는 상당합니다. 수입이 감소함으로써 내 충족감은 급등하였습니다. 이는 내가 그 결정에 대해 한 번도 후회하지 않았던 이유이기도 합니다. 이 일은 길고 구불구불하지만 결국에는 더 풍요롭고 충만한(그리고 이 책과 같은 여러 권의 책을 쓰는) 삶의 길로 나를 데려갔습니다. 또한 행복을 돈으로 살 수 없다는 옛말을 내게 확인시켜 주었습니다(그런데 이

옛말은 다수의 훌륭한 과학적 연구에서도 역시나 확인되어 왔습니다).

▌목적 발견하기

우리는 목적을 갖고 모든 행동을 합니다. 설거지하는 것에서 아이스크림을 먹는 것, 결혼하는 것에서 납세 신고서를 작성하는 것, 늦은 시간 TV 앞에서 잠드는 것에서 이른 아침 달리기하는 것에 이르기까지 모든 행동의 기저에는 항상 어떤 의도가 존재합니다. 우리는 어떤 일이 일어나도록 하기 위해 행동을 실행합니다. 그러나 우리는 얼마나 자주 그 의도를 알아차릴까요? 우리는 얼마나 자주 개인적으로 우리에게 더욱 중요한 목적을 담아 의도적으로 행동할까요?

우리 중 대부분에게 두 질문에 대한 답은 '별로 자주 그렇지 않다'일 것입니다. 우리는 우리가 하는 것이 무엇이고 그것을 시작하려면 어떻게 해야 하는지 호기심 어린 선택을 하기보다 오히려 자동 조종 장치에 삶을 맡기려는 경향이 있습니다. 이러한 경향의 문제는 결국 우리가 충족을 느끼지 못하는 방식으로 행동하는 데 많은 날을 보내게 된다는 것입니다. 그러나 우리가 의식적으로 선택한 목적, 즉 개인적으로 중요한 이유에 맞추어 우리의 행동을 조정한다면 모든 것이 변하게 됩니다. 우리의 삶은 의미에 의해 고취됩니다. 우리는 방향감각을 발달시키고, 우리가 원하는 삶을 창조해 나갑니다. 그리고 자동 조종 장치에 의한 삶에서 완전히 벗어나 생동감과 충만감을 경험합니다.

내담자에게 그들의 삶의 목적에 대해 물으면 대부분의 공통적인 반응은 혼란스러워하거나 불안해하거나 "저도 잘 모르겠어요."라고 말하는 것이었습니다(종교나 과거의 개인적 성장으로부터 강한 목적의식을 이미 갖고 있는 내담자는 소수입니다). 이에 나는 내담자에게 그 이상의 '중요한 질문'을 하며, 이러한 질문은 내담자가 삶의 목적에 대해 생각할 수 있는 출발점이 됩니다. ACT에서는 가치 명료화하기인 이러한 과정에 주목하며, 가치가 우리의 삶에 목적을 부여하기 때문에 이러한 과정을 다루는 것은 매우 중요합니다.

그렇다면 가치란 정확히 무엇일까요? 가치는 우리의 가장 깊은 심장부이며, 인간 존재로서 여러분이 어떻게 행동하길 원하는지에 대한 갈망입니다. 이는 진행 중인 행동으로서 움직이길 원하는 자질입니다. 가치는 목표와 다른 것으로, 목표는 도달하고 성취될 수 있으며, 목표의 목록은 체크될 수 있고 완수될 수 있습니다. 반면에 가치는 우리가 죽는 그날까지 진행 중인 것입니다.

여러분이 이러한 개념으로 인해 다소 혼란스러울 수도 있는데 이는 여러분만 그런 것이 아닙니다. 우리는 목표 지향적인 사회에서 살고 있는 반면에 가치 지향적인 사회에서 살고 있지는 않습니다. 실제로 사람들은 종종 '가치'라는 단어를 규칙이나 목표에 대해 이야기하는 것으로 사용하는데 그 차이를 명료화해 보겠습니다. 가치는 여러분이 어떻게 행동하길 원하는가에 관한 것이며, 반면에 목표는 여러분이 무엇을 얻길 원하는가에 관한 것입니다. 만약 여러분이 좋은 직업을 갖길 원하고, 큰 집을 사길 원하고, 배우자를 만나 결혼을 하거나 자녀를 갖길 원한다면 이는 모두 목표입니다. 목표의 목록은 '해냈어!'라고 체크될 수 있습니다. 이와 대조적으로 가치는 여러분의 목표를 향한 실천으로서의 그 길에서 각 걸음마다 어떻게 행동하기를 원하는가, 목표를 성취했을 때 어떻게 행동하기를 원하는가, 목표를 성취하지 못했을 때 어떻게 행동하기를 원하는가에 대한 것입니다.

예를 들어, 여러분의 가치가 사랑, 친절, 돌봄이라면 그다음에 여러분은 지금 당장 그리고 평생토록 이러한 방식으로 행동할 수 있습니다. 설령 여러분이 배우자를 만나거나 자녀를 갖고자 하는 목표를 달성하지 못한다고 하더라도 말입니다. 또한 여러분이 배우자를 만나고 자녀를 갖고자 하는 목표를 달성했더라도 친절, 사랑과 돌봄을 실천하지 않을 수도 있습니다. 이와 유사하게 직업 측면에서 여러분의 가치가 생산적이고, 효율적이고, 사회적이고, 배려심 있고, 책임감 있는 것이라면 여러분의 직업이 '보잘것없는' 일이라고 할지라도 지금 당장 이러한 방식으로 행동할 수 있습니다. 여러분은 훌륭한 직업을 가졌을 수도 있지만 앞서 언급한 가치를 모두 실천하지 않을 수도 있습니다.

지금 여러분이 사랑받거나 존경받기를 원한다고 가정해 보세요. 이는 가치일까요? 아닙니다. 목표입니다! 이는 모두 무언가를 얻고자 하는 노력에 관한 것입니다. 다른 사람으로부터 사랑이나 존경을 얻고자 하는 노력입니다. 가치는 이러한 목표가 달성되든 그렇지 않든 상관없이 그 목표를 추구하기 위해 어떻게 행동하기를 원하는지에 관한 것입니다. 만약 지금 여러분이 사랑받거나 존경받기를 원한다면 가치는 희망했던 행동의 질이고, 그렇게 하기로 선택했다면 언제든지 스스로 혹은 다른 사람에게 사랑이나 존경을 담아 행동할 수 있습니다. 그러나 사랑받거나 존경받는 것은 목표(혹은 '바람'이나 '욕구')이고 이 목표는 우리의 통제 밖에 있습니다. 우리는 누군가가 우리를 사랑하거나 존경하도록 만들 수 없습니다. 사실상 누군가가 우리를 사랑하거나 존경하게 하려고 더 많이 애쓸수록 그들이 우리를 사랑하거나 존경하게 될 가능성은 더 낮아지게 됩니다! 그러나 우리가 자신과 다른 사람에게 사랑이나 존경을 담아 행동한다면 이 행동은 보답으로써 우리가 사랑받거나 존경받을 좋은 기회를 가져다줄 수도 있습니다(물론 그렇게 되리라는 보장은 없습니다. 동화와 달리 삶은 항상 우리에게 행복한 결말만을 선사하지는 않으니까요).

규칙은 어떨까요? 우리는 어떻게 가치로부터 규칙을 구별할까요? 규칙은 대개 '옳은' '그른' '좋은' '나쁜' '해야만 한다.' '하지 말아야만 한다.'와 같은 단어에 의해 식별됩니다. 규칙은 삶을 살아가는 방식, 즉 옳고 그른 방식을 말하는 것입니다. 가치는 이런 것을 말하는 것이 아니라 단지 여러분의 진행 중인 행동으로서 움직이고자 바라는 자질을 기술한 것입니다. 그렇기 때문에 '살인하지 마라(Thou shalt not kill).'는 가치가 아니라 규칙입니다. 규칙은 우리가 해야 하고 하지 말아야 하는 것이 무엇인지, 옳고 그른 것이 무엇인지를 말하는 것입니다. 이러한 규칙의 밑바탕에 있는 가치는 (인간의 삶을 위한) 돌봄과 (인간의 삶을 위한) 존경입니다.

물론 우리는 우리를 안내하는 규칙을 세우는 데 도움이 될 수 있도록 가치를 활용할 수 있지만, 하나도 아니고 동일한 것도 아닌 가치들을 명확하게 할 필요가 있습니다. 우리가 가치에 기반을 두고 행동할 수 있도록 하는 무수히 많은 방식이 존재하기 때문에 가치는 우리에게 자유로움을 줄 수 있습니다. 반면에 규칙은 우리에게 제한이나 의무감을 부여합니다. 이는 종종 우리의 선택을 무겁게 짓누르거나 제한합니다. 친절하고 관대하기를 바라는 우리의 가치와 의식적으로 접촉함으로써 우리가 누군가를 도울 수 있다고 가정해 보세요. 그리고 우리가 '그렇게 하는 것이 옳아.' '그렇게 해야 해.' '그들에게 해 주어야만 해.' '그렇게 할 의무가 있어.'라는 엄격한 규칙에 얽매여서 누군가를 돕는 것과 지금 비교해 보세요. 전자는 자유롭고 활력적인 경향이 있지만 후자는 종종 제한적이고 소모적이고 부담스러운 경향이 있습니다.

가치와 목표와 규칙은 모두 중요하며 우리의 삶에서 이 모두를 좋은 쓰임새로 만들 수 있습니다. 그러나 다양한 결과를 위해 다양한 방식으로 사용되기 때문에 이것의 차이에 대해 잘 알아둘 필요가 있습니다. 예를 들어, 우리는 목표를 설정하고 행동으로 안내하며 유용한 규칙(윤리와 도덕, 행동의 규정과 같은)을 만들도록 돕기 위해 우리의 가치를 활용할 수 있습니다.

그렇다면 이러한 것들이 현실의 균열과 무슨 상관이 있다는 것일까요? 우리는 닻을 내리고 행동을 실천하고 우리의 모든 고통에 직면하여 그 무언가를 지지할 필요가 있습니다. 포기를 통해 발견될 수 있는 실현이란 그 어디에도 없습니다. 따라서 삶이 '당신이 지지하고자 하는 것은 무엇인가?'라는 질문을 우리에게 던질 때, 우리는 우리의 가치를 통해 '나는 진정으로 내가 되고자 하는 사람으로 존재하는 것을 지지할 거야. 나는 진심으로 중요한 것들을 위해 행동하는 것을 지지할 거야.'라는 답을 찾을 수 있습니다. 또한 이러한 답을 통해 목적을 우리의 삶에 불어넣게 됩니다. 우리는 살아가기 위한 무언가를 우리 자신에게 부여합니다. 우리는 삶의 의미를 부여합니다.

만약 아직도 이러한 것들에 대해 이해되지 않거나, 개념은 이해되지만 여러분 자신의 가치가 무엇인지 확신하지 못한다면…… 네, 짐작했겠지만, 정상입니다. 그래서 다음 장에서는 모든 것을 명확하게 해 두려는 여러분을 위해 간단한 연습을 하려 합니다. 그 사이에 177쪽에 있는 중요한 질문의 목록을 답해 보고 여러분의 대답 간에 어떠한 관련성이 있다면 이를 살펴보세요. 다음은 영국의 과학자인 험프리 데이비(Humphry Davy)의 말입니다.

삶은 대단한 희생이나 의무가 아니라,
항상 우리에게 주어진 미소, 친절, 작은 의무 안에
있는 소소한 것들에 의해 만들어집니다. 이것이 승리하는 것이고
마음을 지키는 길이며 평안함을 가져다 주는 것입니다.

15
목적과 고통

　삶은 친절하기도 하고 잔인하기도 합니다. 삶은 푸짐한 차림을 통해 경이로움과 두려움 모두를 안겨 줍니다. 일반의였을 때 나는 삶에서 극심한 고통을 겪고 있는 많은 사람을 만났습니다. 화상으로 흉측해진 어린이와 불치병을 앓고 있는 아기를 보았고, 뛰어난 능력을 가졌던 성인이 치매에 의해 혼자 거동하기 어려워지고 똑똑했던 인지 기능이 쇠퇴하는 것을 보았습니다. 폭력과 재난의 희생자로서 겪게 된 다양한 손상에 의해 신체가 흉해지고 변형된 경우도 보았습니다. 강간과 고문을 당한 후 자신의 삶을 재건하기 위해 혹은 가족을 모두 잃고 난 후 다시 시작하기 위해 투쟁하면서 낯선 땅에서 온 난민을 보기도 했습니다. 넋이 나간 채로 사산된 아기를 끌어안고 비통함에 울부짖는 어머니, 진물이 흐르는 상처와 피부에 수포가 있는 남성, 뼈가 부러지고 동맥이 파열된 여성도 보았습니다. 또한 시각 장애인, 청각 장애인, 마비

환자를 보았으며, 심각한 질병으로 사망한 사람을 보았습니다.

이러한 모든 고통의 한가운데에서 용기, 친절, 연민도 보았습니다. 서로 연락을 취하고 돕는 사람들을 보았고, 위기를 통해 뭉치는 가족들을 보았으며 서로의 손을 잡아 주는 친구와 이웃을 보았습니다. 존엄하게 죽음을 맞이하는 남성과 여성을 보았으며 부서진 마음에서 사랑과 애정이 흐르는 것을 보았습니다. 삶의 지속과 성장을 통해 강점을 발견함으로써 산산이 부서진 삶을 천천히 재건하는 부모를 보았습니다.

고통의 한가운데에서 위대한 열정을 발견한다는 것은 나에게 결코 놀랄 만한 일이 아닙니다. 끔찍한 위기는 종종 우리가 최선을 다할 수 있도록 해 줍니다. 우리의 마음을 열고 내면에 접근하여 탐색하고 우리가 만들어 낸 어떤 것을 발견하도록 촉발하기도 합니다.

분명히 우리 중 누구라도 현실의 균열을 좋아하거나 원하는 사람은 없습니다. 또한 우리는 이러한 균열이 커지는 것을 매우 싫어하며 필사적으로 그 현실에서 벗어나기를 원합니다. 그러나 그 현실과 우리 자신을 기습하는 수많은 위기의 순간에서 반응하는 방법을 선택할 수 있습니다. 스스로를 의심하거나 비난할 수도 있겠지만, 기회를 향해 용감하게 다가갈 수 있으며 풍부한 경험 (abundant supply)을 통해 용기와 강점을 발견할 수도 있을 것입니다.

애석하게도 우리 중 많은 사람은 현실이 우리를 때려눕히고 머리를 짓밟을 때에야 이러한 내적 자원을 발견합니다. 그렇다면 왜 그런 일이 벌어질 때까지 기다려야 하나요? 지금 당장 우리의 마음과 접촉하고, 선택한 목적을 향해 우리의 행동을 조정할 수 있도록 함으로써 삶 속에서 지지하고자 하는 그 무언가를 명확하게 알 수 있지 않을까요? 이를 통해 우리는 현실의 균열이 커질 때(커지려고 할 때), 이에 대비할 수 있게 됩니다. 이러한 준비는 삶에서 강력한 목적을 가졌을 때 현실의 균열 속에서 쉽게 평안을 찾을 수 있도록 해 주며, 고통과 함께할 수 있는 공간을 마련할 수 있도록 해 주고, 비록 고통을 겪고 있다 할지라도 의미 있는 행동을 실천함으로써 활력을 찾을 수 있도록 해 주기 때문에 중요합니다. 목적이 없다면 커다란 고통을 겪을 때 삶을 쉽게 포기할 수 있으며, '쿵 하고 쓰러져 움직이지 않은 채로' 희망을 잃거나 삶을 보류하게 됩니다. 그러나 삶에 의미를 불어넣는다면 상황이 힘들어질 때 삶을 포기하는 일이 적어질 것입니다.

앞서 언급한 바와 같이 내가 내담자에게 의미와 목적 혹은 가치에 대해 물었을 때 그들은 공통적으로 불안해하거나 혼란스러워하거나 텅 빈 것처럼 보였습니다. 그럴 때 나는 종종 '스위트 스폿(The Sweet Spot)'을 연습합니다. 이는 나의 멘토 중 한 명이자 훌륭한 심리학자인 켈리 윌슨(Kelly Wilson)에 의해 만들어진 것입니다. 다음은 이 연습을 단순화한 형태이며 지금 여러분과 함께 해 보도록 하겠습니다.

🌿 스위트 스폿

　최근 혹은 과거에 있었던 일 중에서 가장 달콤했던(행복했던) 삶의 기억을 떠올려 보세요(네, 삶은 많은 슬픔과 고통을 안겨 주기도 하지만 풍요롭고 달콤한 것들도 많이 선사합니다). 꼭 극적으로 전개되는 기억일 필요는 없습니다. 스위스 알프스에서 스키를 타거나 히말라야 등반을 하거나 태어난 아기를 품에 안거나 애인과 함께 열정적인 사랑을 나누는 것처럼 중대한 어떤 것일 수도 있습니다. 아니면 카페에 앉아 신선하게 내린 커피를 마시면서 신문을 읽거나 햇살이 좋은 오후에 공원에서 자전거를 타거나 친구와 함께 테니스를 치거나 해변에서 독서를 하거나 사랑하는 사람과 포옹하고 있거나 가장 좋아하는 음악을 틀거나 하는 것처럼 단순한 것일 수도 있습니다. 말 그대로 삶의 풍요로움을 맛볼 수 있는 상태의 어떤 것이 될 수 있겠습니다.

　눈을 감고 마치 지금 여기에서 일어나고 있는 것처럼 가능한 한 생생하게 기억을 떠올려 보세요. 그 달콤함 속으로 바로 다가갈 수 있는지 알아차려 보세요. 여러분 안의 그 달콤함을 들이마실 수 있는지 그리고 그 달콤함이 여러분을 통과하여 흐를 수 있는지 알아차려 보세요. 그 순간에 달콤함이 있었기 때문에 삶이 충만하였고 이에 감사할 수 있는지 알아차려 보세요. 여러분은 이러한 순간의 달콤함이 고통과 섞여 있다는 것을 이러한 연습을 함으로써 잘 알아차릴 수 있을 것입니다. 슬픔, 갈망 혹은 후회와 만날 수도 있습니다. 우리가 갖기를 소망하는 어떤 것이든 보통은 우리에게 고통도 안겨 주기 때문에 그것과의 만남이 놀라운 것은 아닙니다. 이러한 기억을 통해 달콤함과 비애, 즐거움과 고통에 마음을 열고 그들과 함께할 수 있는 공간을 마련해 보세요.

　이제 책을 내려놓고 허리를 곧게 편 뒤 어깨는 편하게 내려뜨린 상태에서 부드럽게 두 발을 바닥에 맞닿도록 해 보세요. 눈을 감고 천천히 깊게 호흡하세요. 여러분이 고요하고 집중했던 그 언젠가, 생생하고 자세하게 떠오른 여러분의 기억을 다시 경험해 보세요. 최소 1~2분 정도 혹은 원한다면 더 길게 해도 좋습니다. 이 기억을 다시 경험하면서 그 기억 속의 주변을 살펴보고 탐색해 보세요. 볼 수 있고, 들을 수 있고, 만질 수 있고, 맛볼 수 있고, 냄새를 맡을 수 있는 것이 있다면 알아차려 보세요. 달콤함을 음미해 보세요. 그 달콤함을 느끼는 여러분 자신을 그저 허용하고, 이렇게 여러분을 허용하듯이 일어나는 모든 것을 위한 공간을 마련해 주세요.

* * *

어땠나요? 즐거웠나요? 슬픔이나 또 다른 고통스러운 감정이 일어났나요? 만약 그랬다면 마음을 열고 그 감정을 위한 공간을 마련해 주었나요? 사실 이것은 그저 연습의 첫 번째 부분일 뿐입니다. 두 번째 부분은 그 기억으로 돌아가서 다음과 같이 여러분 자신을 잘 살펴보는 것입니다.

기억 속에서 여러분은 무엇을 하고 있는지 알아차려 보세요.
기억 속에서 여러분은 어떻게 행동하고 있는지 알아차려 보세요.
기억 속에서 여러분이 드러내고 있는 개인적인 자질은 무엇인지 알아차려 보세요.
기억 속에서 여러분이 하고 있는 활동이 무엇이든 간에 이 활동과 여러분은 어떻게 관계 맺고 있는지 알아차려 보세요. 여러분은 연결되어 있나요, 아니면 단절되어 있나요? 참여하고 있나요, 아니면 참여하지 않고 있나요?

기억 속에서 여러분은 자신, 타인, 주변의 세상을 어떻게 대하고 있는지 알아차려 보세요.

그다음으로 최소한 몇 분 동안 다음과 같은 질문에 대해 숙고해 보세요.

기억 속에서 드러난 여러분이 구현하고 싶은 개인적 자질은 무엇인가요?

기억 속에서 보인 여러분이 이상적으로 행동하고 싶은 방식은 무엇인가요?

▌세 가지 C

ACT의 관점에서 볼 때 가치의 '옳음'과 '그름'은 없습니다. 예를 들어, 여러분이 사랑하고, 돌보고, 자발적이고, 너그럽고, 지지적이고, 감각적이고 혹은 용서하기를 바란다고 가정한다면 어떤 객관적인 면에서 이러한 가치에 대해 '옳은' 것이라고 말할 수 없습니다. 만약 '좋은' 것을 '선(미덕)'이라고 명명하기로 의견 일치가 된다면 여러분의 사회적 집단은 여러분의 가치를 잘 판단할 수 있을 것입니다. 그러나 피자, 아이스크림이나 와인에 대한 우리의 취향이 '옳다' 혹은 '그르다'로 말할 수 없듯이 가치 자체는 '옳다' 혹은 '그르다'로 존재할 수 없습니다. 음식이나 음료에 대한 우리의 취향처럼 우리의 가치는 우리의 선호를 간단하게 표현한 것이며, 이는 진행 중인 과정에 기반을 두고 어떻게 행동하기를 원하는지를 기술한 것입니다.

그렇기 때문에 어떤 ACT 코치나 치료자도 삶을 살아가는 데 있어서 여러분의 가치가 무엇이라고 이야기해 주는 것을 꿈에도 생각지 않을 것입니다. 오직 여러분만이 자신을 위해 선택할 수 있습니다. 그러나 나는 여러분이 가치를 명료화하도록 돕기를 바라면서 여러분과 함께 정보를 공유하고자 합니다. 알다시피 나는 수많은 사람에게 그들의 가치에 대해 물었으며 다양한 단어들로 이에 대해 제시하였지만 그들의 대답은 보통 세 가지의 주요한 주제하에 있었습니다. 연결(connection), 돌봄(caring), 기여(contribution)입니다. 이 세 가지 가치 중 하나 혹은 셋 모두와 관련 있는 여러분의 '달콤한 기억'에 나는 기꺼이 승부를 걸 것입니다. 그러니 여러분에게 물어보겠습니다.

그 기억 속에서 여러분은 깊이 연결되어 있나요?(누군가, 어떤 것 혹은 어떤 활동과 함께하는 현재에 온전하게 참여하거나 연결되어 있나요?) 다른 사람이나 어떤 자연의 기적 혹은 어떤 종류의 음식이나 음료, 예술이나 음악과 연결되어 있나요? 신체적이든 정신적이든 혹은 창의적인 것이든 어떤 활동과 연결되어 있나요? 여러분의 신체, 마음이나 영혼과 연결되어 있나요?

그 기억 속에서 누군가, 어떤 것 혹은 어떤 활동을 돌보고 있나요? 여러분의 마음을 넓게 열고 있나요? 여러분에게 중요한 무언가와 접촉하고 있나요? 여러분 자신과 타인에 대한 관심과 애정을 표현하고 있나요? 누군가나 그 무엇을 소중하고 중요하게 대하고 있나요?

그 기억 속에서 누군가나 그 무엇을 위해 기여하고 있나요? 여러분 자신의 건강과 행복을 위해 기여하고 있나요? 타인을 지지하고 보살피고 돕고 사랑하면서 그들에게 기여하고 있나요? 자연을 돌보거나 환경을 돌보고 있나요? 여러분의 몸, 마음이나 영혼을 돌보고 있나요? 타인에게 감사하거나 팀, 집단 혹은 지역사회에 기여하기 위한 어떤 것을 하고 있나요? 사랑하는 누군가와 함께 특별한 것을 공유하고 있나요? 친절하고 따뜻하고 부드럽게 다가가고 있나요? 사랑, 열정, 호기심, 용기나 창의성에 기여하고 있나요?

***

나는 지금 이 글을 쓰면서 내가 매우 초조해하고 있음을 고백해야만 할 것 같습니다. 왜냐하면 앞서 언급한 바와 같이 ACT에서는 어떤 가치를 선택해야 하는지 알려 주지는 않지만, 여러분이 자신의 가치를 명료화하는 데 있어서 도움이 될 수 있는 모든 종류의 연습을 제공하기 때문입니다(부록 3에서 찾아볼 수 있습니다). 이에 한 번 더 대답해 주세요. 세 가지 C(연결, 돌봄, 기여)가 '옳은' 가치인지, '최고의' 가치인지, '적절한' 가치인지, 아니면 이 말에 동의하지 않거나 혹은 여러분의 것으로 이것들을 기꺼이 받아들일 것인지 말입니다.

그러나 세 가지 C는 매우 보편적인 것이며, 많은 사람이 목적과 함께하는 삶을 살아가기 위한 출발점으로서 유용한 이 세 가지 C를 찾습니다(영적이고 종교적이며 개인적인 성장 과정 속에서, 여러 사회의 전반에서, 사실상 인간 역사의 모든 기간 속에서 반복적으로 이 세 가지 C와 만날 것이기 때문입니다).

분명히, 인간의 가치는 다양합니다(앞서 언급한 연습 가운데 58개의 보편적인 가치 목록을 부록 3에서 볼 수 있습니다). 그러나 자세히 살펴보면 세 가지 C라는 토양에서 거의 대부분의 가치가 자라고 있음을 발견하게 될 것입니다. 예를 들어, 사랑, 연민, 친절, 정직, 친밀감, 신뢰, 창의성, 진정성, 개방성, 용서, 용기와 같은 가치는 모두 연결, 돌봄, 기여에 뿌리를 두고 있습니다. 명확한 이해를 돕기 위해 사랑의 뿌리에 대해 살펴보도록 하겠습니다.

▌사랑의 세 가지 기둥

사랑이라는 단어를 들으면 무엇이 떠오르나요? 대부분의 사람이 즐거움으로 가슴이 벅차오르는 더없이 행복한 정서로 사랑을 떠올립니다. 그러나 우리는 행동으로 사랑을 떠올릴 수도 있습니다. 예를 들어, "그녀는 정말 사랑스러운 사람이야."라고 말할 때 우리는 그녀의 감정에 주목하지는 않습니다. 그녀의 말, 행위와 몸짓 같은 행동의 방식에 주목합니다. 또한 우리 자신을 포함하여 누군가 혹은 어떤 것을 사랑하길 바란다면 우리는 이를 위해 세 가지 C를 필요로 할 것입니다.

자녀에 대한 부모의 사랑을 생각해 보세요. 사랑이 충만한 부모가 되길 원한다면 자녀에 대한 사랑을 느끼는 것만으로는 충분하지 않습니다. 세상의 많은 부모가 자신의 자녀에게 사랑의 감정을 느끼지만 자녀를 방임하거나 학대하기도 합니다. 사랑이 충만한 부모가 되기 위해서는 사랑을 실천하는 것이 필요합니다.

여러분은 자녀와 함께 연결되어 있어야 합니다. 자녀와 함께 참여하고 심리적으로 현재에 함께 있어야 합니다(마음을 다른 곳에 빼앗기거나 참여하지 않고 주의를 집중하지 못한다면 어떤 메시지가 여러분에게 전달될까요?).

또한 여러분은 자녀를 돌봐야 합니다. 자녀의 건강, 웰빙과 행복을 돌봐야 하고, 자녀의 두려움, 열정과 꿈에 대해 이해해야 하며, 자녀가 세상을 바라보는 방식과 미래의 희망에 대해 이해해야 합니다(만약 이와 같이 돌보지 않는다면 여러분에게 어떤 메시지가 전달될까요?).

여러분은 자녀에게 기여해야 합니다. 자녀를 적극적으로 보살피고 지원해야 하며, 자녀를 돕고 용기를 북돋아 주고, 자녀를 달래고 안심시키고, 친절과 이해와 애정을 주어야 하며, 시간과 에너지와 관심을 주어야 합니다(적게 기여하거나 혹은 전혀 기여하지 않는다면 여러분에게 어떤 메시지가 전달될까요?).

여러분이 자녀에 대한 사랑뿐만 아니라 배우자, 부모, 반려견, 프로젝트, 친구, 친척, 취미, 활동, 환경, 지구 혹은 여러분 자신을 향한 사랑에서도 사랑의 세 기둥인 연결, 돌봄, 기여를 찾을 수 있길 바랍니다. 그리고 유사한 방식으로 또 다른 가치를 탐색한다면, 계속해서 여러분은 가치의 뿌리에 세 가지 C가 있다는 것을 발견할 것입니다.

▌목적과 관계

　우리의 삶이 몸과 마음의 관계, 가족 관계, 친구 및 동료 관계, 직업 및 환경에서의 관계 등등 광범위하고 복잡한 관계망이라고 가정해 보세요. 만약 중요한 무언가를 지지하기 위해 목적이 함께하는 삶을 살아가고자 한다면 이는 매우 유용한 출발점이 됩니다. 이는 '삶이 무의미해.' '나는 내 삶에서 무엇을 해야 할지 모르겠어.' '이게 전부야?'처럼 도움이 되지 않는 생각을 내려놓을 수 있게 해 줍니다. 이러한 생각 대신에 우리는 아무리 훌륭하든 혹은 끔찍하든 간에 삶은 관계의 다채로운 태피스트리이며, 목적이 이를 가능한 한 좋게 만들 수 있도록 해 준다는 점을 인정하게 됩니다.

　여러분이 이러한 명제에 동의한다면 여러분이 하기를 원하는 모든 것은 언제든지 여기에 있습니다. 중요한 관계를 선택하고 그 관계가 잘 이루어지는 데 도움이 될 수 있도록 삶에 목적을 불어넣는 것이야말로 지금 여기에서 여러분이 해야 할 일의 전부입니다. 그리고 무엇이 여기에 관여될까요? 짐작했겠지만 바로 연결, 돌봄, 기여입니다. 이에 대해 이야기를 나눠 보겠습니다.

연결

관계를 맺고자 한다면 우리는 연결될 필요가 있습니다. 관여하고 참여하며 온전하게 현재에 존재하고 깨어 있어야 하며 열려 있고 관련되어 있어야 합니다. 우리가 누군가 혹은 어떤 것과 온전하게 연결되어 있을 때 이러한 관계는 단절되거나 무심할 때보다 훨씬 풍성해집니다.

돌봄

우리가 돌보지 않는다면 관계는 가망이 없습니다. 관계 속에서 진정으로 관심을 갖고 돌봄을 실천할 때 그 관계는 번창합니다. 그러나 적대적이고 관심을 기울이지 않거나 방임하는 방식으로 행동하면 그 관계는 시들게 됩니다.

기여

관계의 번창을 돕기 위해 우리는 기여해야만 합니다. 지지하고 도와주고 무언가를 제공하며, 보살피고 돌보고 공유해야 합니다. 관계를 위해 무언가를 제공하지 않는다면 이러한 관계는 악화될 것입니다.

* * *

이런 점을 명확하게 하기 위해 세 가지의 다양한 관계를 살펴보겠습니다.

첫째, 이 책과 여러분의 관계에 대해 생각해 보겠습니다. 여러분은 단어들과 연결되어 있나요? 읽기라는 경험에 참여하고 있나요? 여러분이 읽고 있는 것에 관심을 기울이고 있나요? 여러분은 이 책이 여러분의 삶에 만들어 낼 수 있는 차이에 대해 관심을 기울이고 있나요? 여러분은 열정이나 호기심을 쏟고 있나요? 이제 다음에 대해 생각해 보겠습니다. 여러분은 이 책과의 관계에 있어서 단어들과 연결되어 있지 않거나 내용에 관심을 기울이지 않거나 열정이나 호기심을 쏟지 않았던 적이 있나요? 만약 그랬다면 이에 따른 보상이나 충족이 있었나요? 아니면 시간을 낭비한 것처럼 느꼈나요?

둘째, 여러분 자신과의 관계에서 자기연민에 대해 생각해 보겠습니다. 명확하게 이는 세 가지 C 모두에 기반을 두고 있습니다. 여러분은 자신과 연결되어 있고 스스로를 돌보며 자기친절을 통해 기여합니다.

셋째, 앞에서 언급한 것만큼이나 중요한 탈융합과 확장에 대해 생각해 보겠습니다. 이 기술의 연습을 통해 우리의 생각 및 감정과 보다 좋은 관계를 형성할 수 있습니다. 우리는 생각과 감정이 무엇을 의미하고 우리에게 어떻게 영향을 미치는지에 대해 관심을 기울입니다. 우리는 생각 및 감정과 연결되어 있습니다. 이것이 어디에서 일어나고 무엇을 하고 있으며 무엇처럼 보이고 들리고 느끼는지 알아차립니다. 또한 우리는 생각과 감정에 기여합니다. 이것을 위한 공간을 마련하고 평안을 제공하며 호기심을 갖고 바라봅니다.

* * *

　이러한 접근의 좋은 점은 즉시 우리의 삶을 보다 의미 있게 만들 수 있다는 것입니다. 우리는 어떠한 숭고한 이유나 삶의 사명을 발견할 때까지 기다릴 필요가 없으며, 지금 여기에서 우리의 어떤 관계 혹은 모든 관계 속으로 세 가지 C를 간단하게 가져올 수 있습니다. 다음 장에서는 이를 행하는 방법에 대해 살펴보겠습니다. 캐나다의 시인인 헨리 드러몬드(Henry Drummond)의 명언을 통해 성찰하면서 이 장을 마무리해 보세요.

삶을 뒤돌아볼 때, 진정으로 살았던 순간들은
당신이 사랑의 영혼을 담아 무언가를 했던 순간들이라는
것을 발견하게 될 것입니다.

16
정말로 중요한 것은 무엇인가

이런 말을 들어 본 적이 있나요? "중요한 건 마음이야!"

잠깐 동안 생각해 보겠습니다. 다음 중 어떤 것이 여러분에게 더 의미가 있을까요? 누군가가 여러분의 생일 선물을 사는 것에 대해 생각하는 것? 아니면 그들이 실제로 밖으로 나가서 여러분의 선물을 사는 것? 다음 중 어떤 것이 여러분에게 법적인 문제를 야기할까요? 여러분이 범죄를 일으키려는 생각을 하는 것? 아니면 여러분이 실제로 밖으로 나가 범죄를 일으키는 것? 다음 중 어떤 것이 여러분의 자녀에게 가장 중요한 일이 될까요? 여러분이 사랑을 주거나 지지적인 부모로 존재하는 것에 대해 생각하는 것? 아니면 여러분이 실제로 사랑을 주고 지지적인 부모가 되는 것? 이렇게 말하는 자녀는 없을 것입니다. "아빠는 완전 이기적이고 내가 아빠를 필요로 할 때 나를 위해 함께 있어 준 적이 결코 없어요. 그럼에도 불구하고 종종 더 많이 돌보고 무언가를 제공하는 존재가 되려고 생각했던 아빠를 나는 정말로 존경해요."

그렇다면 현실을 직시해 봅시다. 중요한 건 행동이지 마음이 아닙니다. 다행입니다. 그렇지 않으면 우리 모두는 매우 고생스러웠을 것입니다. 여러분의 삶에서 가져온 분노와 복수심에 불타는 생각을 떠올려 보세요. 소리를 지르면서 공격적으로 모욕하거나, 심술궂게 깔아뭉개면서 말하거나, 복수를 위해 행동하는 것과 같이 다른 사람에게 상처 주려는 어떤 행동에 대해 생각했던 시간들을 떠올려 보세요. 배우자 혹은 사랑을 함께 나누었던 다른 누군가에게서 떠나려는 생각을 해 본 적이 있나요(아니라면 매우 흔치 않은 경우입니다. 오래된 관계를 맺어 온 거의 대부분의 사람은 때때로 이러한 생각을 합니다)? 그리고 그게 전부가 아닙니다. 우리 모두는 사실 공공연하게 자백하기 매우 창피한 생각을 많이 하고 있습니다. 만약 그러한 생각이 우리의 행동보다 정말로 더 중요하게 여겨진다면 우리의 삶은 어떤 상태가 될까요?

우리는 생각이 아닌 행동을 통해 삶을 만들어 나갑니다. 내 환자 중 한 사람은 재미없고 따분하며 힘들지 않은 자신의 직업을 그만두고 심리학자가 되겠다는 생각을 심각하게 하고 있었습니다. 문제는 그가 이러한 생각을 10년 이상 심각하게 해 왔다는 것입니다. 그리고 아직까지 어떤 행동도 실천하지 않고 있습니다. 우리도 그와 약간 비슷하지 않나요? 우리 중 대부분은 이 행성에서 살아가는 동안에 무엇을 하길 원하는지에 대해 생각하면서 지나치게 많은 시간을 보내지만, 실제로 그것을 행하는 데 충분한 시간을 보낸다는 사람은 어디에도 없습니다.

물론 대개 "마음이 중요한 거야."라고 말하는 것은 누군가의 기

제4부 태도 취하기

분을 더 좋게 해 주려는 목적이 있기는 합니다. 중요하게 생각하는 어떤 것(생일 선물을 사는 것처럼)이 뒤따라오지 않았기 때문에 사람들의 기분이 나쁜 것이라고 생각하면서 (이런 말을 통해) 그들의 마음이 풀어지기를 바랍니다. 그러니 다음에 여러분이 이러한 상황에 처할 때, 목적은 같지만 좀 더 진심 어린 연민의 마음을 담아 다음과 같이 말해 줄 수 있지 않을까요? "그래요. 당신도 그저 사람이잖아요. 나도 당신처럼 그래요. 정말로 별일 아니에요."

그다음에 삶에서 중요하거나 의미 있는 영역에 대해 생각하면서 자신에게 다음과 같은 질문을 해 보세요. '내가 실천할 수 있는 작은 단계는 무엇일까? 내가 내 삶의 이 영역에서 변화를 이끌어 낼 수 있는 가장 작고, 쉽고, 단순한 행동은 무엇일까?' 결국 이러한 것들을 통해 원하는 삶을 만들어 나갈 때 비록 그것은 아주 작은 행동이지만 수백 시간 생각하는 것보다 더 가치가 있습니다.

세 가지 C는 정말로 우리에게 유용합니다. 우리 모두는 매우 다양한 가치를 갖고 있으며 목적이 있는 삶의 길을 찾으려 노력하는 가운데 마음속에서 쉽게 길을 잃을 수도 있습니다. 그러나 세 가지 C는 우리의 생각에서 벗어나 우리가 바랄 때 언제든지, 우리가 하는 행동이 어떤 것일지라도 그 행동에 몰두할 수 있도록 도움을 줄 수 있습니다. 우리 모두는 자신에게 다음의 두 가지 질문을 해야 합니다.

- 이 순간 가장 중요한 관계는 무엇인가?
- 연결, 돌봄 혹은 기여가 필요한 이 관계에서 지금 당장 내가 할 수 있는 것은 무엇인가?

이 질문을 적용할 수 있도록 몇 가지 사례를 살펴보겠습니다. 이 순간 여러분에게 가장 중요한 관계가 여러분 자신의 생각, 감정과 함께하는 관계라고 생각해 보세요. 이러한 여러분의 생각, 감정과 접촉할 수 있나요? 그 생각과 감정은 어디에 있는지, 무엇을 하고 있는지, 그것에 대해 여러분은 어떻게 반응하고 있는지 알아차릴 수 있나요? 그것을 돌볼 수 있나요? 그것이 여러분의 삶에서 중요한 역할을 하고 있는지 알아차릴 수 있나요? 그것은 여러분에게 문제가 되는 것에 관한 중요한 무언가를 말해 주고 있나요? 여러분은 평화로움을 경험하고 그 생각과 감정을 위한 공간을 마련하면서 개방성과 호기심을 갖고 그것을 바라보는 데 기여할 수 있나요?

지금 여러분에게 가장 중요한 관계가 여러분의 몸과 함께하는 관계라고 생각해 보세요. 호기심을 갖고 여러분의 몸과 접촉할 수 있나요? 어떻게 느껴지나요? 여러분의 몸은 무엇을 하고 있나요? 어떻게 움직이고 있나요? 긴장하고 있는 부분은 어디이며, 이완된 부분은 어디인가요? 강한 부분은 어디이며, 약한 부분은 어디인가요? 여러분의 몸이 더 잘 기능할 수 있도록 하는 것은 무엇이며, 잘 기능하지 못하도록 하는 것은 무엇인가요? 스트레칭이나 운동, 잘 먹고 잘 자는 것, 휴식하는 것, 새로운 기술을 배우는 것, 공원에서 걷는 것을 통해 여러분의 몸을 돌보고 여러분의 몸에 기여할 수 있나요?

여러분의 마음과 함께하는 관계가 가장 중요한 관계라면, 마음과 접촉하고 무엇이 일어나고 있는지 알아차릴 수 있나요? 도움이 되는 무언가가 일어나고 있나요? 공상하고 있나요, 회상하고 있나요, 걱정하고 있나요 혹은 계획하고 있나요? 여러분의 마음을 돌보고 그 마음에 기여하기를 원한다면, 마음에게 휴식을 줄 수 있나요? 혹은 새로운 기술을 가르쳐 줄 수 있나요? 새로운 책, 음악, 영화처럼 재미있는 무언가를 여러분의 마음에게 소개해 줄 수 있나요?

이 순간에 가장 중요한 관계가 여러분의 예술이나 스포츠, 취미, 일, 공부와 함께하는 관계라면, 여러분이 그것과 접촉할 때 어떤 일이 일어날까요? 여러분은 언제 과제에 대한 충분한 주의를 가져올 수 있으며, 오고 가는 산만한 생각들을 놓아줄 수 있나요? 여러분의 열정, 호기심, 용기, 창의성, 인내를 발휘했을 때와 같이 이러한 관계에 기여했을 때 어떤 일이 일어날까요? 이에 대한 감사의 시간을 갖거나 보다 세심한 돌봄과 배려가 담긴 행동을 실천할 때 이러한 관계에서 어떤 일이 일어날까요?

사람과의 관계라면 그 사람이 여러분의 배우자, 자녀, 부모, 친구, 이웃, 선생님, 학생, 멘토, 고객, 고용주, 동업자이든 관계없이 세 가지의 동일한 질문이 적용됩니다. 여러분은 개방성과 호기심을 갖고 그들과 어떻게 접촉할 수 있을까요? 여러분은 그들의 얼굴과 목소리 톤, 몸의 자세, 그들이 하는 말에 보다 더 주의를 기울일 것입니다. 여러분이 돌보고 있다는 것을 알리기 위해 할 수 있는 일은 무엇일까요? 여러분은 그들의 정서, 생각, 신념, 태도, 가정(assumptions)에 대해 호기심을 가질 것이며, 그들의 세상과 요구를 이해하고자 노력할 것입니다. 그들의 삶에 여러분이 기여하기 위해 할 수 있는 것은 무엇일까요? 꼭 대단하거나 극적인 것일 필요는 없습니다. 친절이 담긴 아주 작은 행동이나 돌봄을 실천하면 됩니다.

물론, 타인이 여러분을 나쁘게 대우한다면, 이러한 관계에서는 여러분 자신을 우선적으로 생각할 것입니다. 다른 무엇보다도 여러분은 돌봄이 필요할 것이며 자신의 건강과 웰빙에 기여하는 것이 필요할 것입니다. 자신을 보호하고 돌보며 자신의 요구를 듣기 위한 필수적인 무언가를 할 것입니다. 만약 부당한 대우가 지속된다면, 여러분은 이 관계가 끝나기를 바랄 수도 있습니다(물론 관계를 끝내는 것이 항상 가능한 것은 아니며 설령 그렇다고 하더라도 그 방법이 최고의 선택지가 아닐 수도 있습니다. 예를 들어, 투병 중인 사랑하는 사람을 여러분이 돌보고 있는데 그들이 모욕적인 대우를 할 경우입니다). 어느 쪽이든 그 관계가 지속되는 동안 여러분의 우선순위는 관계 속에서 여러분 자신을 돌보는 것이어야 합니다.

저는 사람이나 반려동물, 신(God)이나 과학, 예술, 자연이나 기술(technology)을 비롯한 모두와의 관계를 위해 활력이 될 수 있는 세 가지의 C를 지금 여러분이 얻을 수 있길 바랍니다. 예를 들어, 스물두 살의 대학생 롭(Rob)의 사례를 상기해 보세요. 롭은 건축학과 5학년이며 강의 수강에 드는 비용을 벌기 위해 시간제 종업원으로 일하고 있습니다. 그는 이 일이 정말 싫다고 내게 말했지만 식비와 기숙사비를 내기 위해서는 돈이 필요합니다. 이 일은 건축가로서 일하게 될 1~2년 후까지만 하는 일시적인 일이라고 확신했습니다. 그러나 그의 두려움은 계속되었습니다. 그가 무서운 곳에서 일하거나 끔찍한 사장 밑에서 일하는 것도 아닙니다. 그저 그는 일하는 것이 싫었습니다. 그가 얻을 수 있는 유일한 시간제 일은 청소, 선반 채우기, 햄버거 서빙이나 바텐더였고 그의 견해상으로 보면 이러한 일들은 심지어 나쁘기까지 했습니다.

그래서 나는 그에게 세 가지의 C에 대해 질문하였고, 그가 자신의 일과의 관계를 변화시키기 위해 어떻게 이 세 가지의 C를 활용할 수 있을지도 물었습니다. 만약 그가 손님들과의 관계에 보다 연결되어 있었다면 어땠을까요? 그가 충분히 현재에 존재했다면 어떤 차이가 발생했을까요? 손님들이 입은 옷이나 머리 스타일, 목소리의 톤과 리듬에 대해 개방성과 호기심을 갖고 주의를 기울였다면요? 손님들이 먹고 마시고 이야기하는 방식을 알아차렸다면요? 그들의 얼굴 표정과 몸짓을 알아차렸다면요?

그리고 그가 손님을 보다 돌보았다면 어땠을까요? 식당과 그의 서비스 질에 대한 손님들의 경험을 세심히 살폈다면요? 이러한 방식으로 생각함으로써 영감을 받아 롭은 깨달음을 얻었습니다. 그는 '피자를 나르는 선 수행의 고수'가 될 것입니다. 최상의 자세를 취하고 마치 대단히 귀한 예술 작품인 듯 피자를 옮기기 위해 자신의 몸과 연결될 것입니다. 그는 테이블에 피자를 어떻게 내려놓을지 살필 것입니다. 마치 왕 앞에 놓는 것처럼 피자를 내려놓을 것입니다. 이 모든 과정 동안 그는 따뜻함과 기꺼이 하기에 기여할 것이며, 그의 멋진 유머 감각을 공유하는 일에도 기여할 것입니다.

결과는 어땠을까요? 네. 그의 작업은 마법처럼 어떤 '꿈의 직업'으로 변화되지는 않았습니다. 그러나 보다 많은 충만감을 느끼게 되었습니다. 그는 더 이상 '그냥 피자 가게의 종업원'이 아닙니다. 지금 그는 사람들의 삶에 기여하고 있고, 그의 몸에 도전하고 있고, 세상에 참여하고 있고, 그의 마음챙김 기술을 계발하고 있습니다. 또한 이러한 방식과 함께 즐거운 이 순간을 경험하고 있습니다. 그는 이러한 일들이 만들어 낸 차이로 인해 깜짝 놀랐습니다. 두려움과 지루함은 사라졌습니다. 그는 현실의 균열을 메우지는 못했습니다. 그가 이상적으로 원하는 직업과 그가 하고 있는 일 사이의 거대한 차이는 여전히 존재하기 때문입니다. 그러나 목적과 함께하는 삶의 충만감을 발견하게 되었습니다.

17
네 가지 접근법

단지 물가에 서서 바라보는 것만으로는 바다를 건널 수 없습니다.

-라빈드라나드 타고르(Rabindranath Tagore)

나는 마치 협곡과 같은 거대한 균열을 마주한 채 서 있었습니다. 고작 두 살인 사랑스러운 내 아들은 등골이 오싹해지는 진단의 꼬리표를 달게 되었습니다. 자폐증이었습니다. 내 마음과 몸은 충격과 공포에 휩싸였습니다. 지금이 되어서야 나 자신을 연민으로 대하고 있으니 도대체 당시에는 이후 무엇을 할 셈이었을까요?

현실이 우리를 강타할 때, 우리는 후퇴하는 경향이 있습니다. 이는 예상 가능하고 자연스러운 것입니다. 우리는 도망치기 위한 여러 방법을 사용합니다. 영화를 보거나 음악을 듣는 것에서부터 술을 마시거나 약물에 빠지는 것까지 말입니다. 그냥 그 순간에서 도망쳤다고 할지라도 상당한 안도감을 느낍니다. 그러나 후퇴 속에서 살아가는 삶은 충만하지 않습니다. 만약 현실과 계속 싸우면서 일상을 보낸다면 우리는 곧 지치게 될 것입니다. 거대한 현실의 균열에 직면함으로써 성장하기를 원한다면, 우리는 이러한 직면 속에서 일어나는 무언가를 지지하고, 지금 이 순간 그대로의 삶을 위해, 그리고 우리의 마음속 깊은 곳의 경험들을 지지하는 삶을 위해 우리 자신에게 열린 자세를 취해야만 합니다.

거대한 역경의 한가운데에서도 충만하고 의미 있는 삶을 살아갈 수 있는 인간의 능력을 종종 '회복탄력성'이라고 말합니다. 회복탄력성에 대한 많은 과학적 연구가 있지만 우리는 이를 간단한 공식으로 요약할 수 있습니다. 나는 이를 '회복탄력성 공식'이라 이름 붙였습니다.

▌회복탄력성 공식: 문제 상황에 대한 네 가지 접근

어떤 문제 상황에 처했을 때 다음과 같은 네 가지 접근을 고려해 볼 수 있습니다.

- 상황에서 벗어나기
- 머무르면서 변화 가능한 것은 변화시키기
- 머무르면서 변화 불가능한 것은 수용하고 자신의 가치에 의한 삶을 살아가기

- 머무르면서 행동을 시도하기를 포기하거나 상황을 더욱 악화시키는 행동하기

각각 차례대로 살펴보겠습니다.

1. 상황에서 벗어나기

상황에서 벗어나는 것이 항상 선택지가 될 수는 없습니다. 예를 들어, 여러분이 감옥에 수감되었다면 그냥 그 상황에서 벗어날 수는 없습니다. 그러나 상황에서 벗어나는 것은 매우 자주 우리의 선택지가 될 수 있습니다. 만약 여러분이 엉망인 결혼생활이나 직장생활 혹은 이웃과의 관계 속에 있다면 상황에서 벗어나는 것을 고려해 볼 만합니다. 상황에 머무르는 것보다 떠나는 것이 삶의 질을 더 높일 수 있는 길일까요? 물론 여러분은 이에 대해 확신할 수 없습니다. 그러나 발생 가능한 일을 토대로 하여 타당한 예측을 할 수는 있습니다.

2. 머무르면서 변화 가능한 것은 변화시키기

여러분은 여러 이유 때문에 첫 번째 선택지를 제외시킵니다. 예를 들어, 어떤 사람들은 아무리 그들의 결혼생활이 나쁘다고 하더라도 결혼 서약을 깨려 하지 않습니다. 그들은 떠날 수 있지만 이를 선택하지 않습니다. 그래서 여러분이 힘든 상황에 머무르는 것을 선택했다면(혹은 머무는 것을 선택할 수밖에 없었다면),

이 결혼생활을 개선하기 위해 여러분이 할 수 있는 어떤 것이든 합니다. 한편, 이러한 현실의 균열을 메울 수 있는 어떤 방법을 알고 있다면(더 큰 새로운 방법을 찾지 않고), 이를 위한 행동을 실천합니다.

어떤 현실의 균열을 메울 수 없는 경우도 분명 있습니다. 사랑하는 사람의 죽음이나 영구적인 장애처럼 말입니다. 그러나 많은 현실의 균열은 최소한 어느 정도는 메워질 수 있습니다. 만약 우리가 건강하지 못하거나 과체중이라면, 치료 가능한 질병에 걸렸다면, 혹은 가족이나 친구로부터 방치되었다면, 중독 상태에 빠져 있거나 재정적인 위기 상황에 처해 있다면, 우리는 이러한 현실의 균열을 메우기 위해 무언가를 할 수 있습니다. 물론 어떤 것들은 현실의 균열을 메우기 위해 가능한 것이 무엇인지 우리가 알 수 있는 경우도 있고, 그것이 가능한지 불가능한지 확신할 수 없는 경우도 있습니다. 이 경우에는, 이러한 균열을 메우기 위해 할 수 있는 최선의 방법을 찾고 어떤 결과가 일어나는지 지켜보는 것뿐입니다.

지금 그 균열이 메워질 수 있든 그렇지 않든 간에 우리가 숨 쉬고 있는 한, 그리고 삶이 이어지고 있는 한 우리는 여전히 행동의 필요성에 직면하게 됩니다. 그렇다면 선택이란 우리가 취하길 소망하는 방향을 능동적으로 선택하는 것일까요? 아니면 수동적으로 친구 따라 참여하는 것일까요? 당연히 의미 있는 방향으로 삶을 이끄는 우리의 진심 어린 가치와 함께 행동을 선택할 때 최상의 활력이 발생하게 됩니다.

그렇다면 우리는 어떻게 해야 할까요? 우리는 목표를 세우는 데 도움이 될 수 있도록 우리의 가치를 사용합니다. 우리가 원하는 삶에 보다 가까워지도록 하는 단기, 중기, 장기 목표를 세웁니다[주: 효율적으로 목표를 세우는 것은 상당한 기술(skill)이며, 우리 중 대부분은 이에 서툽니다. 여러분이 목표 세우기를 위한 도움을 얻고자 한다면, 부록 4에서 목표 세우기 과정의 단계를 참고할 수 있습니다]. 우리는 어떤 목표를 세우고 그다음에 행동을 실천합니다.

우리는 목표를 달성할 수 있을지 미리 알 수 없습니다. 그러나 지금 바로 행동을 실천할 수는 있습니다. 행동을 실천하는 그 순간 우리는 부여받은 권한과 활력을 경험할 수 있으며, 현실의 균열 때문에 자신을 방치하는 대신에 삶을 포용하고 이에 최대한 참여할 수 있게 될 것입니다.

3. 머무르면서 변화 불가능한 것은 수용하고 자신의 가치에 의한 삶을 살아가기

만약 여러분이 머무르는 것을 선택했고(혹은 그런 선택을 해야만 했고), 그 순간을 개선하기 위해 가능한 모든 행동을 실천해 왔다면, 그다음은 수용을 실천하는 것입니다. 모든 고통스러운 감정을 수용하세요. 열린 자세로 이들을 위한 공간을 마련해 주세요. 이런 것은 도움이 되지 않는다고 수없이 말하는 여러분의 마음을 수용하세요. 가혹한 판단과 자기패배적인 생각으로부터 탈융합하고, 그 생각들이 제 마음대로 좋은 때에 오고, 머무르고, 가도록 충분한 공간을 제공해 주세요. 스모그에서 빠져나와 현재에 참여하세요. 여러분의 가치에 의해 살아가는 삶을 선택하고, 직면한 도전과 관계없이 온전하게 삶에 참여하세요.

[주: 보통 두 번째와 세 번째 선택지는 동시에 존재합니다. 행동 실천의 중요성을 강조하기 위해 이들을 목록으로 작성하였습니다. 또한 여러분이 첫 번째 선택지(벗어나기)를 택했다면, 여러분이 벗어나기로 선택함에 따라 변화 가능한 것은 변화시키고, 변화 불가능한 것은 수용하면서 여러분의 가치에 의한 삶을 살아가는 두 번째와 세 번째 선택지를 실천해야 함을 기억하세요.]

4. 머무르면서 행동을 시도하기를 포기하거나 상황을 더욱 악화시키는 행동하기

우리 모두는 때때로 삶에서 네 번째 선택지를 택해 왔습니다. 대부분은 반복적으로 이러한 선택을 합니다. 우리는 너무 자주 문제 상황에 머무르게 되지만, 이를 개선하기 위해 가능한 모든 것을 하려고 하지도 않고 수용하면서 우리의 가치에 의한 삶을 살아가려는 실천을 하지도 않습니다. 대신에 상황을 더욱 나쁘게 만드는 시도들을 합니다. 걱정하고, 반추하고 비난하며, 서성거리고, 벽을 발로 차고, 고함치고 절규하며, 약물이나 알코올에 빠지고 심지어 이중으로 코팅된 초콜릿에 의지할 수도 있습니다. 사랑하는 사람과 다투거나 불평, 절망, 비통함으로 그들을 꺾으려 할지도 모릅니다. 세상으로부터 철수하여 침대에 누워 있거나 멍하게 TV 앞에 앉아 있을 수도 있습니다. 우리의 삶을 보류한 채 우리의 깨어 있는 모든 순간을 그 문제로 소비하도록 방치할 수도 있습니다. 심지어 자해나 자살을 시도할지도 모릅니다. 이 모든 것은 우리의 삶을 빨아먹는 시도입니다. 이러한 시도에 의한 네 번째 선택지에서 찾을 수 있는 충만감은 존재하지 않습니다.

* * *

넬슨 만델라(Nelson Mandela)의 삶은 행동에 있어서 회복탄력성 공식의 훌륭한 예가 됩니다. 27년 동안 그는 남아프리카 정부에 의해 수감되었습니다. 왜일까요? 인종차별적인 정부 정책인 아파르트헤이트(apartheid)에 반대하여 자유와 민주주의를 위해 투쟁할 용기를 냈기 때문입니다. 이 기간 동안 그가 겪었던 현실의 균열에 대해 살펴보았을 때, 첫 번째 선택지는 명백하게 제외입니다. 그는 감옥을 탈출하지 않았습니다. 그리고 그 기간의 대부분에 대해 두 번째 선택지도 해당되지 않습니다. 그는 감옥에서의 삶을 개선하고자 아주 작은 시도만 했을 뿐입니다. 대부분 그는 세 번째 선택지를 택하였습니다. 자신의 괴로운 생각과 감정을 수용하였고, 현재에 참여하였으며, 자유와 평등과 평화를 지지하는 자신의 가치에 의한 삶을 살았습니다. 예를 들어, 로벤(Robben) 섬에 있는 감옥에 입소한 첫해부터 17년 동안 만델라는 석회 채석장에서 고된 노동을 해야만 했습니다. 그러나 그는 그 상황을 자신에게 유리하도록 돌려놓았습니다. 여러분도 알다시피 만델라는 교육이 평등과 민주주의 실현을 위한 근원임을 알았기에 채석장의 터널에서 교육을 위한 불법적인 모임을 마련하였고, 보다 많은 교육을 받은 수감자들이 다른 수감자들을 가르치고 지도하였습니다(이후에 이 모임은 '만델라 대학교'로 알려지게 됩니다).

만델라의 이야기에서 가장 주목할 만한 것 중 하나는 그가 수감된 지 22년 후인 1985년에 남아프리카 정부가 그를 석방하였을 때의 일입니다. 그는 석방되었지만 이를 거부하였습니다. 왜일까요? 아파르트헤이트에 대항하여 연설하는 것을 그만두고 조용히 지내야만 한다는 것이 석방 조건이었기 때문입니다. 만델라가 이러한 선택을 하기 위해서는 자신의 핵심 가치에 반하는 일을 해야만 하는 것이었으며, 그렇기 때문에 그는 감옥에 머물기로 선택한 것입니다. 5년 후 그는 마침내 이러한 조건 없이 석방되는 것을 수락했습니다. 이 같은 거대한 현실의 균열에도 불구하고 그는 자유, 민주주의, 평등을 지지하면서 그 속에서 충만감을 발견할 수 있었습니다.

만델라의 사례는 경이롭지만 회복탄력성의 공식이 어떤 상황에서든 우리 모두에게 적용될 수 있음을 보여 줍니다. 예를 들어, 여러분의 직업이나 결혼생활이 '끔찍하다'면, 그 상황에서 벗어나는 것을 고려하세요. 만약 그 상황에 머물기로 선택했다면, 상황을 개선하기 위해 여러분이 할 수 있는 모든 것을 하세요. 여전히 그 상황이 '끔찍하다'면, 일어날 수밖에 없는 불쾌한 생각과 감정을 포함하여 변화 불가능한 것을 수용하고 여러분의 가치에 의한 삶을 살아가세요. 여러분이 되길 원하는 사람이 되세요. 그리고 이러한 현실의 균열에 대한 직면 속에서 일어나는 무언가를 지지해 주세요.

내가 이러한 선택지를 내담자에게 제시하였을 때, 그들 중 대부분은 권한을 부여받은 것처럼 느꼈습니다. 이는 그들의 선택을 실현하는 데 도움이 됩니다. 그러나 때때로 어떤 사람은 분노와 불안이 뒤섞여 있는 강한 부정적 반응을 보이기도 합니다. 왜 그럴까요? 보통 그들은 그 상황과 지나치게 맞서고 있기 때문입니다. 회복탄력성 공식은 우리에게 선택권이 있다는 현실과 마주하는 것이며, 따라서 우리의 행동하는 방식에 대한 책임도 우리에게 있습니다. 네 번째 선택지에서 이건 너무 어렵다거나 차라리 포기하는 편이 나을지도 모른다거나 감당할 힘이 없다는 생각을 사들일 경우 단기간 안도감을 느낄 수 있습니다. 그러나 이러한 안도감은 오래가지 못합니다. 장기적으로 볼 때 이 선택지는 삶을 허비하게 만듭니다. 활력은 첫 번째, 두 번째, 세 번째 선택지를 택함으로써 발생합니다. 그러나 '기꺼이 경험하기'의 태도를 취할 때만이 비로소 활력을 경험하게 될 것입니다.

'기꺼이 경험하기'란 무엇일까요? 심리학자인 행크 롭(Hank Robb)은 다음과 같이 설명합니다. 여러분이 영화 티켓을 구매하기 위해 15달러를 냈다고 생각해 보세요. 여러분은 분개하거나 마지못해 돈을 지불할 수도 있고 기꺼이 돈을 지불할 수도 있습니다. 그러나 어떤 경우이든 여러분은 돈을 지불해야만 합니다. 그리고 돈을 기꺼이 지불했을 때, 분개하면서 돈을 지불했을 때보다 영화를 보는 경험은 더 충만할 것입니다.

그러니 어떤 태도를 취할 때, 이를 기꺼이 경험하세요. 만약 '선택의 여지가 없어.' 혹은 '이것을 해야만 하는 게 싫어.' '이것을 해야 할 필요가 없었어.' '이건 내 삶의 전부야.' '이것을 해야만 해. 내 의무야.'라는 태도를 취한다면, 우리는 소진되고, 권한을 상실하고, 허비하는 것처럼 느낄 것입니다. 기억하세요. 가치에 있어서 반드시 해야만 한다는 필연성이나 의무는 존재하지 않습니다. 이러한 말은 그저 삶을 허비하게 하는 규칙으로 우리의 가치를 변질시킵니다.

어떤 태도를 취했을 때 허비하는 것 같거나 소진되는 것 같거나 억울한 것처럼 느껴진다면, 여러분에게 도움이 되지 않는 생각이 무엇인지 알아차려 보세요. 그다음에 그 생각으로부터 빠져나와 여러분의 가치로 돌아가서 여러분의 선택에 의한 실행을 확인해 보세요. 여러분은 어떤 것을 지지하는 선택을 할 수도 있고 그렇지 않을 수도 있습니다. 반드시 그렇게 해야만 하는 것은 아닙니다. 중요한 질문은 '기꺼이 하고 있나요?'입니다. 자신에게 물어보세요. '나는 기꺼이 현실의 균열에 직면하려는 태도를 취하고 있을까? 나는 괴로운 생각과 감정이 일어나더라도 목적과 함께 기꺼이 행동하고 있을까?'

아들이 처음 자폐증을 진단받았을 때 내가 어떻게 이 회복탄력성 공식을 적용하였는지 궁금할 것입니다. 나는 즉각적으로 첫번째 선택지는 제외시켰습니다. 부모가 자신의 자녀를 유기한 많은 비극적 이야기를 들었고 내가 그들 중 한 사람이 될 리도 없습니다. 그리고 여러분도 알다시피 네 번째 선택지는 나의 초기 반응이었지만, 그 선택은 나를 더욱 힘들게 했습니다.

그래서 나는 그때 변화 가능한 것은 변화시키고, 변화 불가능한 것은 수용하면서 나의 가치를 향한 삶을 살아가는 두 번째, 세번째 선택지에 의지하여 닻을 내렸습니다. 이것이 바로 내가 한 일입니다. 사랑, 인내, 끈기, 용기와 연민에 의한 삶을 살아가기로 선택하였고 그것이 나의 가치였습니다. 이러한 가치에 의해 인도되어 나는 현실의 균열을 가능한 한 많이 메울 수 있도록 내가 할 수 있는 일이 무엇이든 간에 변화를 위해 그 일을 시작하였습니다.

이러한 상태를 끝내기 위해 할 수 있는 것이 무엇일지 인터넷을 샅샅이 검색하고 다양한 전문가를 만났습니다. 문제는 자폐증의 경우(혹은 어떤 다른 장애에 관한) 난무하는 치료에 대해 수많은 사람이 아주 많은 문제 제기를 한다는 것입니다. 웹사이트에서는 어마어마한 수의 치료적 접근에 대해 홍보하며, 카리스마 있는 전문가가 자신의 치료 방법의 효과를 장담할 뿐만 아니라 효과를 본 사람들의 후기를 제공합니다. 그렇다면 실행해야 할 최상의 행동이 무엇인지 여러분은 어떻게 알 수 있을까요? 여러분이 확실히 알 수는 없다는 것이 바로 불편한 진실입니다. 여러분은 선택을 해야만 합니다.

그렇다면 무엇을 근거로 하여 선택하나요? 아내와 나는 최상의 타당한 과학적 근거를 선택의 기반으로 삼았습니다. 우리는 자폐증을 가진 아이들에게 약물치료를 제외하고 유의미하면서 긍정적인 치료적 변화를 이끄는 과학적으로 검증된 유일한 치료법을 찾았습니다. 이는 ABA(Applied Behaviour Analysis, 응용 행동 분석)라 불리는데, 자폐증을 가진 아이들에게 부족한 사고 기술, 언어/의사소통 기술, 놀이 기술, 사회적 기술 그리고 보다 정상적으로 기능하기 위한 '뇌 회로 재배치(rewiring the brain)'와 같은 주의력 기술을 훈련시키는 치료법입니다(ABA에 대한 보다 자세한 정보는 부록 5에서 확인하세요).

또한 우리는 최상의 연구를 통한 ABA 프로그램인 '로바스 프로그램(Lovaas Program)'을 찾았으며 이 프로그램에서는 치료자 팀이 3~4년 이상 매주 30~40시간 동안 아동과 일대일로 치료 작업을 합니다. 우리는 여기서 딜레마에 빠졌습니다. 두 살밖에 안 된 아이가 이런 기술들을 공들여 배우기 위해 일주일에 5일 동안 하루 6시간씩 치료를 받는다고 생각해 보세요. 이는 어린아이에게 엄청난 일입니다. 정말로 아들에게 이러한 짐을 지울 수 있을까요? 또한 그 프로그램은 부모에게도 엄청난 부담이었는데, '치료 시간' 이외에 프로그램과 관련된 많은 작업을 부모가 해야만 하기 때문입니다. 그래서 아내와 나는 그 결정을 하는 데 많은 애를 썼습니다. 우리는 매우 불안했습니다. '치료 효과가 없으면 어떻게 하지? 아이가 감당하기에 너무 무리라면? 우리가 감당하기에 너무 무리라면?'

그러나 결국 우리는 우리의 두려움을 수용하면서 멜버른에서 가장 훌륭한 ABA 프로그램에 아들을 등록시켰으며, 치료를 시작한 첫날에 의미 있는 향상을 보았습니다. 그리고 이후 아이는 아주 빠르게 향상되었습니다. 단 몇 주 사이, 아이는 어휘력이 10개에서 100개 이상의 단어로 증가하였고, 눈맞춤을 잘하기 시작하였으며, 자신의 이름을 학습하고 우리가 하는 말을 보다 더 이해하기 시작하였습니다.

우리는 황홀했습니다.

물론, 우리는 아주 운이 좋은 경우입니다. 우선 ABA에 참여할 수 있는 곳이 세계에 그리 많지 않습니다. 심지어 이것이 가능하다고 해도 치료비가 비싸기 때문에 많은 사람이 전체 치료 과정을 마칠 수 있을 만큼 여유롭지도 않습니다. 그리고 내 아들처럼 모든 아이가 치료적 효과를 볼 수 있는 것도 아닙니다.

그러나 우리가 운이 좋았다고 하더라도, 우리의 꿈이 모두 실현된 것은 아니었습니다. 현실의 균열은 분명 조금씩 메워져 갔지만, 여전히 거대했습니다. 아들은 단지 인지적인 문제뿐만 아니라 신체적으로도 문제가 있었습니다. 균형, 협응, 근육의 힘, 운동 기술이 현저히 결핍되어 있었고 그 시기에 여전히 걷지 못하였습니다. 아내와 나 역시 난관에 봉착했습니다. 우리는 치료비로 인한 재정적인 스트레스와 로바스 프로그램 자체에 대한 정서적 스트레스에 시달리게 되었고, 슬픔과 두려움이 지속되었으며, 우리의 결혼생활에서 이 모든 스트레스는 엄청난 것이었습니다(장애아를 둔 부모의 이혼율이 매우 높다는 사실이 내게는 놀랍지 않습니다).

이후 우리의 스트레스를 증가시키는 것이 무엇인지 알게 되었습니다. 그래서 우리는 RFT(Relational Frame Theory, 관계틀 이론)를 기반으로 하는 새로운 유형의 ABA 프로그램을 찾게 되었습니다. ACT의 근간이 되는 행동과 인지 이론인 RFT에 대해 지금은 잘 알고 있지만, RFT 이론이 자폐증 치료에 있어서 엄청난 치료적 결과를 갖고 있다는 것을 그때는 알지 못했습니다. 그 방법과 이유를 설명하려면 너무 오래 걸릴 듯해서 RFT는 ABA 프로그램의 치료적 효과를 극적으로 향상시키며 훨씬 짧은 시간에 더 좋은 결과를 이끌어 낸다는 것만 말하겠습니다(RFT 대해 더 많은 정보를 원한다면 부록 5를 참조하세요).

그런데 왜 우리는 RFT를 찾고 나서 스트레스를 받았을까요? 왜냐하면 그런 프로그램을 시행하는 곳이 호주에는 단지 한 곳뿐이었고, 그곳은 우리가 살고 있는 곳에서 대륙의 정반대편에 있었습니다. 바로 세상에서 가장 외딴 도시인 퍼스입니다.

그래서 우리는 '이사를 가야 하나, 말아야 하나?' 하고 망설이고 조바심내면서 논쟁했습니다. '모든 짐을 싸서 연고도 없는 도시로 이사하는 것이 정말로 가치 있는 일일까?' 어쨌든 아들에게 아주 좋은 진전이 있었고, 멜버른에서 참여한 ABA 프로그램은 정말로 훌륭했습니다. 우리가 정말로 이사를 가야 할 필요가 있었을까?

그럼에도 불구하고 RFT가 정말로 차이를 만들어 낼 수 있다면, 전통적인 ABA보다 더 좋은 결과를 이끌어 낼 수 있다면, 우리가 어떻게 아들에게서 이런 기회를 빼앗을 수 있겠습니까?

마침내 우리는 짐을 싸서 퍼스로 이사를 했습니다. 그리고 이는 여러 가지로 극도의 스트레스를 주는 일이었습니다. 그러나 그 일이 아무리 힘들고 상처가 되어도 아내와 나는 알고 있었습니다. 우리가 중요한 일을 하고 있다는 것을 말입니다. 결과가 어떠하든 '우리는 포기하지 않았어. 우리는 희망을 잃지 않았어. 아이를 돕기 위해 할 수 있는 모든 것을 다 했어.'라고 나중에 뒤돌아보며 말할 수 있다는 것을 알고 있었습니다. 그리고 그 자체로 깊은 충만감을 느꼈습니다.

운이 좋게도 퍼스로 이사한 것은 결국 잘된 일이었습니다. 아들은 심리학자인 대린 캐언스(Darin Cairns)의 보살핌 속에서 새로운 프로그램에 참여하게 되었고 뛰어나게 잘하였습니다. 언어 기술, 사회적 기술, 이해력 관련 기술이 우리를 깜짝 놀라게 할 만큼 향상되었습니다. 우리는 3년 정도 퍼스에 머물 계획이었지만 8개월 후 그 프로그램을 종결하였습니다. 왜일까요? 아들은 더 이상 자폐증의 진단 준거에 부합하지 않을 정도로 아주 많이 향상되었기 때문입니다. 행복한 4세 6개월의 아들이 유치원에서 뛰어다니고, 다른 아이들과 이야기를 하고, 웃고, 게임하는 것을 바라보는 것은 기적 같은 일이었습니다. 이 작은 아이가 두 살 때 걷지 못하고, 말도 거의 못하고, 심지어 자신의 이름도 알지 못했던 아이가 맞는지 믿을 수 없었습니다.

비록 이것이 기적처럼 보였을지 모르지만, 그렇지 않습니다. 이는 많은 노력에 의한 결과로서 가치에 의해 인도된 전념행동의 결과입니다. 그리고 여전히 우리 앞에는 힘든 길이 펼쳐져 있습니다. 아무리 생각해도 더 이상 자폐증은 아니지만 그럼에도 불구하고 아들에게는 학습 문제, 높은 수준의 불안, 사회성 문제와 같은 이슈가 여전히 이어지고 있기 때문입니다. 그러나 모든 것이 너무 힘들다고 느낄 때마다 나는 닻을 내리고 나의 가치로 돌아갑니다. 그리고 아버지로서 내가 지지하는 사랑, 인내, 끈기, 용기, 연민을 기억합니다. 이러한 가치에 따른 행동을 의식적으로 선택할 때, 이 아주 작은 행동은 목적으로 채워지게 됩니다.

덧붙이는 말: 나는 이 책이 자폐증 치료에 대한 토론에 관여되는 것을 원치 않습니다. 그러나 이 글을 쓰면서 독자들 중에 분명히 자폐증 아이의 부모가 있을 거라는 생각을 하지 않을 수 없습니다. 그들은 내 아들의 결과에 대해 부러움이나 억울함 혹은 또 다른 고통스러운 정서를 겪을지도 모르겠습니다. 만약 여러분이 그런 경우라면, 그러한 정서적 반응은 매우 자연스러운 것이라는 점을 부디 기억해 주시길 바랍니다. 스스로를 온화하게 대해 주

세요. 고통을 위한 공간을 마련하고 자신을 친절하게 안아 주세요. 그러한 정서는 그저 여러분이 자신의 아이를 얼마나 아끼는지 보여 주는 것입니다.

18
뜨거운 석탄 안아 주기

억울함을 느껴 본 적이 있나요? 우리 중 많은 사람이 그렇습니다. 특히 커다란 현실의 균열이 일어난 후에 말입니다. 다른 사람이 우리의 기대를 저버리거나, 우리를 부당하게 대우하거나, 돌봐 주지 않거나, 우리보다 더 많은 성취를 이뤘거나, 형편이 더 낫거나, 그 밖에 여러 이유 때문에 우리는 다른 사람에게 분개할 수도 있습니다. 특히 억울함은 '충분하지 않다'는 생각과 밀착되어 있는데, 여기에는 분노, 공정함과 부당함에 대한 감정이 아주 많이 스며 있습니다.

억울함에 사로잡혀 있을 때 이는 거의 항상 자기패배적인 투쟁 속으로 우리를 밀어 넣습니다. 불교에서 말하기를 "억울함은 다른 사람이 던진 뜨거운 석탄을 움켜잡는 것과 같다."라고 했습니다. '익명의 알코올중독자들 모임(Alcoholics Anonymous: AA)'이라는 단주회에서는 "억울함은 독을 삼키면서 다른 사람이 죽기를 바라는 것과 같다."라고 말합니다. 이러한 격언은 우리가 억울함에 사로잡혀 있을 때, 우리 모두는 이미 우리가 당한 것보다 더 많은 상처를 우리 자신에게 주고 있다는 것을 공통적으로 보여 줍니다.

억울함(resentment)은 '다시 느끼다'라는 뜻의 불어 'ressentir'에서 유래한 말입니다. 매번 억울함은 우리의 상처, 분노, 불공정과 부당함에 대한 감정을 다시 느끼도록 우리를 사로잡습니다. 따라서 억울함이라는 단어의 유래는 타당해 보입니다. 일어났던 사건들은 이제 과거이지만, 현재에서 이를 곱씹게 됨으로써 우리는 모든 고통을 다시 느끼게 됩니다. 또한 분노와 불만족으로 인해 괴로워함으로써 우리의 모든 활력은 사라지게 됩니다.

억울함이 우리 자신에게로 향하게 만드는 자기비난적 생각도 이와 유사합니다. 우리의 마음은 우리가 잘못한 모든 것을 계속 되새기게 합니다. 그리고 우리는 자신에게 분노하며 자신을 판단하거나 처벌하기도 합니다. 우리의 고통, 후회, 고뇌, 실망, 불안과 같은 모든 것을 다시 느낍니다. 물론 이는 어떠한 방식으로도 과거를 바꾸지 못하며, 우리가 실수를 통해 배우고 성장할 수 있도록 해 주지도 못합니다. 또다시 우리는 스스로에게 더 큰 상처를 줄 뿐입니다.

그렇다면 억울함과 자기비난을 위한 해결책은 무엇일까요? 바로 용서입니다. 그러나 우리가 일반적으로 생각하는 용서가 아닙니다. ACT 모델에서 용서는 잊어버리는 것을 의미하지 않습니다. 발생한 일이 괜찮다거나 용납된다거나 하찮다거나 중요하지 않다는 의미도 아닙니다. 또한 다른 누군가에게 말하거나 어떤 행동을 하는 것과 관련된 것이 아닙니다.

ACT에서 말하는 용서에 대한 개념을 이해하기 위해 단어의 어원을 살펴보겠습니다. '용서하다(forgive)'는 분리된 2개의 단어인 '주다(give)'와 '이전에(before)'에서 파생되었습니다. 이에 ACT에서 용서는 '나쁜 일(bad stuff)'이 일어나기 전에 있었던 그 무엇을 자신에게 돌려준다는 의미입니다. 최근일 수도 있고 혹은 아주 오래전일 수도 있는 과거의 어느 시점에서 매우 고통스러운 일이 일어났습니다. 여러분은 지금 자신을 비난하거나 다른 사람이 한 일을 보며 억울함을 느끼고 있습니다. 그리고 그 시간 동안 여러분의 마음은 반복하여 이 사건 속으로 여러분을 밀어 넣습니다. 여러분은 괴로움을 느끼게 되며, 이러한 과정은 계속됩니다.

그렇다면 이 사건이 일어나기 전 여러분의 삶은 어땠나요? 여러분의 삶을 꾸려 나가면서 최대한 즐겼나요? 현재는 어떤가요? 비록 이 사건이 일어나기 전에 여러분의 삶이 그리 좋지 않았다고 하더라도 최소한 여러분은 억울함과 자기비난이라는 숨 막히는 스모그 속에서 길을 잃지는 않았습니다. 그러면 어떻게 이 모든 스모그에서 벗어나 삶의 명확성과 자유를 자신에게 돌려줄 수 있을까요? ACT 모델에서 용서는 다른 누군가와 관련되어 있는 것이 아님을 여러분은 알고 있습니다. 용서는 순전히 여러분 자신을 위해 하는 것입니다. 이전에 있었던 것을 자신에게 돌려주는 것입니다. 억울함과 자기비난의 짐에서 벗어나 자유로운 삶을 자신에게 돌려주는 것입니다.

어떻게 하면 이러한 용서를 기를 수 있을까요? 여러분은 이미 필요한 모든 지식과 기술을 갖고 있습니다. 우리의 마음이 억울함이나 자기비난을 키우는 생각들을 만들어 낼 때, 첫 번째 단계는 이를 알아차리고 이름을 붙여 주는 것입니다. 우리는 '여기 내 마음이 나를 때리고 있어.' '여기에 과거의 괴로운 기억이 있어.' '여기 내 마음이 투쟁 속으로 나를 밀어 넣고 있어.'처럼 자신에게 어떤 말을 할 수 있습니다. 동시에 우리는 자신을 친절하게 안아 줄 수 있습니다. 우리의 잘못이라고 믿든, 다른 사람의 잘못이라고 믿든 부정할 수 없는 사실은 우리가 상처받고 있다는 것입니다. 그러니 친절하고 연민 어린 마음으로 자신을 온화하게 안아 주고, 여러분의 감정을 위한 공간을 마련해 주면서 현재를 살아가세요.

우리는 반복하여 닻을 내려야 할 때가 많을 것입니다. 우리의 마음은 과거의 사건으로 우리를 데려갈 것이고, 우리는 자기 자신을 되찾아야만 하며 지금 여기에서 참여하고 또 참여하면서 현재를 살아가야 합니다. 현재의 시점에서 우리는 우리의 가치에 기반을 둔 행동을 실천할 수 있으며 목적과 함께하는 계속 진행 중인 행동을 이끌어 낼 수 있습니다. 그리고 현실의 균열에 직면하여 어떠한 태도를 취할 수 있습니다.

예를 들어, 진정으로 '잘못했거나' '나쁘거나' '부주의한' 일을 했다면, 그리고 그것이 지나치게 비판받을 만한 일이 아니라면, 우리는 지금 이에 대해 보상하기 위한 태도를 취할 수 있습니다. 알코올 중독에 빠져 있으며, 과거에 베트남 전쟁에 참전했던 마이클(Michael)은 자신의 경우 이것이 불가능하다고 내게 말했습니다. 그는 전쟁에서 여러 사람을 죽였고 이에 대해 그가 보상할 길은 없었습니다. 네, 이런 문제는 이야기를 통해 가려내기가 참으로 어렵습니다. 그래서 나는 내려놓았습니다. 대신에 이렇게 말했습니다. "자신에게 상처 주고, 술을 마시며 무덤으로 들어가려는 것이 과거를 대신해 주지 못합니다. 네, 물론 당신이 죽음을 보상해 줄 수는 없습니다. 죽은 사람들을 위해 어떤 것도 할 수 없습니다. 그러나 의미 있는 삶을 살아가는 데 기여할 수 있도록 현재에서 무언가를 할 수는 있습니다. 당신이 자신의 삶을 허비한다면 과거의 그러한 참상 속에서 좋은 일은 전혀 일어나지 않습니다. 그러나 만약 당신이 다른 사람에게 기여할 수 있고, 세상의 변화를 만들어 낼 수 있도록 당신의 삶을 살아간다면, 그러한 참상 속에서도 좋은 일을 이끌어 낼 수 있습니다."

마이클에게 이는 계시였습니다. 그에게 많은 연습이 필요했지만, 결국 그는 자기비난으로부터 벗어날 수 있게 되었으며, 친절하게 스스로를 대할 수 있게 되었습니다. 또한 9개월 이상 익명의 알코올 중독자들 모임(AA)에 참여하여 금주하였고 노숙자와 난민을 위한 두 곳의 자선 단체에서 자원 봉사를 하기 시작하였습니다. 이는 그에게 쉽지 않은 일이었습니다. 엄청나게 고된 작업이었고 그는 거대한 고통을 위한 공간을 마련해야만 했습니다. 그러나 멋지게 성공했습니다. 비록 그가 과거를 바꿀 수는 없었지만, 현재에서 의미 있는 차이를 만들어 낼 수 있었습니다. 그리고 이를 통해 그의 삶은 보다 충만해졌습니다.

자기비난에 갇혀 있는 사람들 중 대부분은 아마도 마이클처럼 극적인 경험을 하지는 않았을 것입니다. 어쨌든 우리 중 대부분은 누군가를 결코 살해한 적은 없으니 말입니다. 그러나 그렇다고 해서 각자의 이야기가 조금이라도 더 가벼워지는 것은 아닙니다. 핵심은 자신을 친절하게 대하기 위한 연습에 있습니다. 설령 여러분의 마음이 스스로 그런 대접을 받을 만한 자격이 없다고 말할지라도 말입니다. 자신에게 다음과 같이 친절한 말을 해 주는 것이 종종 도움이 됩니다. '나도 실수할 수 있는 그저 사람일 뿐이야. 지구라는 행성에 사는 모든 사람처럼 나도 실수하고, 엉망으로 만들어 버리고, 잘못을 하기도 해. 이건 그저 사람이라면 누구나 겪는 경험의 일부야.' 그다음 연민 어린 마음을 담아 여러분의 몸에 손을 얹고 고통 속에서 호흡하면서 그 상처를 인정해 주세요. 그리고 자기처벌은 아무런 도움이 되지 않는다는 것을 스스로 상기하세요. 활력은 오직 어떠한 태도를 취할 때 일어납니다. 만약 여러분이 보상을 위해 할 수 있는 것이 있다면, 혹은 손상된 것을 회복시키거나 상황을 되돌릴 수 있다면, 이를 위해 나아가고 그것을 위해 무언가를 하는 것은 타당합니다. 만약 그렇게 할 수 없거나 아직 그것을 기꺼이 하지 못하고 있다면, 여러분은 연결하고, 돌보고, 기여하는 관계를 만들어 나가는 것에 자신의 에너지를 투여할 수 있습니다. 이를 실천하는 것이 바로 자기용서의 행동입니다.

그러나 다른 사람이 나쁜 일을 했다면요? 일단 우리는 상황의 특성과 우리가 기대하는 결과에 따라 다양한 방식으로 반응할 수 있습니다. 우리는 그 일이 다시 일어나지 않도록 우리가 할 수 있는 최선의 행동을 결정하고 실천하는 것을 선택할 수 있을 것입니다. 그 사람을 재판에 세우거나 그들에게 이의를 제기하거나 그들과의 관계를 단절할 수도 있습니다. 혹은 앞으로 이러한 사람들과 접촉해야 할 때 좀 더 잘 준비할 수 있도록 새로운 기술의 학습을 선택할 수도 있습니다. 여기에는 자기방어 훈련부터 자기

주장과 의사소통 기술 훈련, '어려운 사람 대하기' 훈련 과정에 참여하는 것이 포함될 수 있습니다. 또한 단순히 이를 '뒤로 하고' 지금 여기에서 우리의 삶을 재건하는 데 초점을 맞출 수도 있습니다.

용서는 세 단계로 이루어져 있습니다. 친절하게 스스로를 안아주고, 닻을 내리고, 어떤 태도를 취하세요. 그리고 용서에 있어서 아름다운 사실은 그것이 결코 늦지 않았다는 것입니다.

19
결코 늦지 않습니다

　나는 100만 년이 지나지 않는 한 결코 이런 일이 가능할 것이라고 믿지 않았습니다. 아버지는 그 세대의 아주 전형적인 사람이었습니다. 그는 전통적인 방식으로 자녀를 양육하였습니다. 아버지는 청구서의 돈을 지불하기 위해 열심히 일했고 여섯이나 되는 자녀의 의식주를 책임졌으며 좋은 교육을 받도록 해 주었습니다. 아버지는 매우 친절한 분이었고, 자신의 방식으로 사랑을 줬습니다. 아버지 세대의 대부분의 남성과 우리 세대의 많은 남성이 그러하듯 그는 친밀감을 두려워했습니다. 그 친밀감이란 성적인 관계를 의미하는 것이 아닙니다. 내가 말하는 친밀감은 정서적이고 심리적인 친밀감입니다.

　다른 사람과 정서적으로, 심리적으로 친밀하기 위해서는 다음의 두 가지 사항이 필요합니다.

- '상대방이 들어올 수 있도록' 그리고 숨기는 대신에 '진심 어린 생각과 감정을 나눌 수 있도록' 마음을 열고 현실에 존재하기
- 상대방 역시 따뜻함을 느끼고, 나와 함께 현실에 존재하면서 충분히 마음을 열고 수용할 수 있도록 그들을 위한 공간을 마련해 주기

아버지는 깊이 있는 개인적 이야기를 나누고자 한 적이 없었습니다. 그는 어떤 사실, 인물, 사상에 대한 의견을 교환하거나 영화와 책, 과학에 대해 토론하는 지적인 대화를 좋아했습니다. 이것도 다 좋았습니다. 우리는 즐거운 대화를 많이 나눴습니다. 그러나 나는 아버지에 대해 정말 잘 알지 못했습니다. 그가 싸우고 있는 감정들도, 그의 희망과 꿈도, 좌절과 실패도, 아버지의 인생에서 가장 중요한 경험도 그리고 그것으로부터 무엇을 배웠는지도 전혀 알지 못했습니다. 아버지를 싸우게 만드는 것이 무엇인지, 분노하거나 불안전하거나 슬프거나 죄책감이 느껴지도록 만드는 것이 무엇인지 전혀 알지 못했습니다. 아버지의 내적인 세상에 대해 아는 것이 거의 아무것도 없었습니다.

일흔여덟 살이 되던 해에 아버지는 폐암에 걸렸지만 내게 그 말을 하지 않았습니다. 그래서 아버지가 병에 걸렸다는 사실을 알지 못한 채 나는 6주 동안 해외여행을 떠났습니다. 여행을 떠나기 전 아버지의 머리는 굵은 백발이 성성했지만, 내가 돌아왔을 때는 머리카락이 모두 빠진 상태였습니다. 아버지는 항암치료 때문에 머리카락이 다 빠졌다는 것도 내게 말하지 않았습니다. 대

신에 멋져 보이기도 하고 자신이 생각하기에 젊어 보일 수도 있을 것 같아 삭발을 한 것이라고 말했습니다. 그리고 나는 아버지의 말을 믿었습니다.

물론 아버지의 병은 점점 더 악화되었습니다. 이로 인해 진짜 이야기가 시작됩니다. 그때까지도 아버지는 자신이 암에 걸렸다는 것도, 치료를 받고 있다는 것도, 두려움에 떨고 있다는 것도 이야기하길 원치 않았습니다. 그리고 매번 나는 아버지가 말을 돌리는 화제에 대해 이야기를 나누거나 조용히 있었습니다.

아버지가 얼마나 살 수 있을지 알 길이 없었기에, 나는 아버지로서 그가 내게 어떤 의미인지 말해 주려 했습니다. 내가 얼마나 아버지를 사랑하는지, 내 인생에서 아버지가 얼마나 많은 역할을 해 주었는지, 얼마나 많은 영감을 주었는지, 정말로 도움이 되는 많은 것을 내게 가르쳐 주었고, 사랑이 담긴 기억들을 얼마나 많이 선물해 주었는지 말입니다. 그러나 아버지는 이러한 대화를 불편해 했습니다. 특히, 나의 눈에 눈물이 그렁그렁할 때면 대화를 시작하자마자 거의 곧바로 멈추려 했습니다.

기적적으로 아버지는 암에서 회복되었습니다. 나는 죽음에서 살아 돌아온 경험이 조금이나마 아버지가 마음을 여는 데 도움이 되었길 바랐습니다. 그러나 나는 낙담했습니다. 이전보다 더한 것은 아니었지만 항상 그랬던 것처럼 아버지는 여전히 마음의 문을 닫고 있었습니다.

3년이 지난 후 여든한 살이 되었을 때, 아버지에게 심장 마비가 찾아왔습니다. 몇몇 관상동맥의 폐색이 일어났고 개심 수술(open-heart surgery)이 필요했습니다. 이는 사망의 위험성이 높은 수술이었습니다. 수술 전에 아버지와 짧은 이야기를 나누면서 나는 아버지로서 그가 내게 어떤 의미인지 다시 한번 전했습니다. 여느 때와 마찬가지로 내 눈에는 사랑과 슬픔이 모두 담긴 눈물이 솟았고, 아버지는 바로 이야기를 차단하였습니다. 그는 외면하면서 근엄한 목소리로 말했습니다. "울지 마! 눈물 닦아."

아버지의 수술은 성공적이었지만 그 수술은 그를 힘들게 했습니다. 아버지는 연달아 합병증을 앓았고 이듬해 대부분을 병원에서 지냈습니다. 그해 말이 다가올 무렵 아버지는 더욱 약해졌고 점점 더 의기소침해졌습니다. 그리고 여전히 아버지는 자신의 사적인 이야기를 나누는 것에 대해 회피적이었습니다. 결국 아버지는 자신이 충분히 살 만큼 살았다며 모든 약물치료를 중단하기로 결정하였습니다. 의사였던 아버지는 이것이 무엇을 의미하는 것인지 명확히 알고 있었습니다. 사실상 아버지는 스스로 죽는 길을 선택한 것입니다. 약물치료를 중단했을 때, 그는 충분히 잘 알고 있었습니다. 자신이 살 날이 단지 며칠밖에 남지 않았다는 것을 말입니다. 심지어 아버지는 내가 그를 얼마나 사랑하는지 그리고 그가 내게 어떤 의미인지에 대해 말하려 하는 것을 여전히 회피했습니다.

임종이 다가올 무렵, 아버지는 환각 증상을 보였습니다. 그러나 환각 상태를 오가면서도 온전하게 의식이 있는 몇 분 동안에는 정신적으로 기민하고 현실 접촉도 가능했습니다. 이러한 몇 분 중 어느 한때, 나는 마지막으로 아버지에게 말했습니다. 그가 내게 어떤 의미이고 내가 얼마나 그를 사랑하는지 말입니다. 나는 눈물과 콧물이 뒤범벅될 정도로 엉엉 울었습니다. 그리고 놀랍게도 아버지는 몸을 돌려 내 눈을 깊이 바라보았습니다. 아버지의 얼굴은 친절과 연민이 가득 담긴 밝은 미소와 함께 환하게 빛났습니다. 아버지는 내 손을 잡으면서 내가 하려 했던 모든 말을 열심히 귀 기울여 들어 주었습니다. 화제를 돌리거나 대화를 중단하지 않고 말입니다. 눈물과 콧물이 뒤범벅된 상태로 수년 동안 내가 아버지에게 하고 싶었던 모든 말을 다 하고 난 후, 아버지는 부드럽고 사랑이 듬뿍 담긴 목소리로 "고마워."라고 말했습니다. 그리고 이어서 말했습니다. "나도 너를 사랑해."

* * *

이 장이 끝나기 전에 필수적으로 다루어야 할 이 이야기의 두 가지 핵심 사항에 대해 말하고자 합니다. 첫째, 작은 변화가 엄청난 영향력을 미칠 수 있다는 것입니다. 아버지의 성격은 변하지 않았습니다. 단 하나의 작은 변화가 전부였습니다. 아버지는 현재에 머물면서 마음을 열고자 노력했습니다. 비록 그 일이 전부 몇 분이라는 짧은 시간 동안에 일어났지만, 그 하나의 작은 변화는 죽는 날까지 잊지 못할 아름답고 사랑이 충만한 경험을 내게 안겨 주었습니다.

우리 사회는 우리가 영구적인 충만감을 얻길 원한다면, 우리의 삶을 극적으로 재정비하거나, 우리의 성격을 근원적으로 변화시키거나 혹은 우리가 생각하는 방식을 근본적으로 바꿔야 한다고 말합니다(심지어는 세 가지 모두 해야 한다고 말합니다). 그러나 문제는 우리가 이러한 관념을 사들이는 것이 보통 우리에게 도움이 되지 않는다는 것입니다. 대부분 우리 자신에게 엄청난 압력을 가할 뿐입니다. 우리는 우리 자신과 다르고 보다 나은 모습이 되고자 스스로를 점점 더 힘들게 밀어붙이며, 자신의 기대에 미치지 못할 때 몹시 자책합니다. 슬프게도 우리를 일으켜 세우기보다 오히려 우리를 쓰러뜨립니다.

여러분의 짐을 가볍게 만들어 보는 것은 어떨까요? 자신에게서 부담을 덜어 주는 것은 어떨까요? 로마가 하루아침에 세워진 것이 아닌 것처럼 무언가를 실천하지 않는다면 풍요롭고 의미 있는 삶을 만들어 나갈 수 없습니다. 조금이라도 긴장을 풀어 보는 것은 어떨까요? 걸음마를 배우듯 천천히 해 보세요. 이솝의 사랑스러운 우화인 「까마귀와 물병」의 교훈을 되새겨 보세요. 조금씩, 조금씩 요령을 터득하게 됩니다.

단기간에 거대한 변화를 만들어 내기 위해 애쓰는 것은 거의 항상 실패로 끝나는 조리법과 같습니다. 때때로 우리는 이를 해낼 수 있을지 모르지만, 일반적으로는 거의 그렇지 않습니다. 그러나 시간이 지남에 따라 작은 변화들은 엄청난 차이를 만들어 낼 수 있습니다. 데스몬드 투투(Desmond Tutu) 대주교는 다음과 같은 말을 남겼습니다. "여러분이 있는 곳에서 작은 선함(good)을 실천하세요. 그 작은 선함이 모여 세상을 바꿀 수 있습니다."

둘째, 이러한 작은 변화를 만들어 내기 위한 시작이 결코 늦지 않았다는 것입니다. 물론 여러분의 마음은 이에 동의하지 않을 수도 있습니다. 인간의 마음은 '이유 대기 머신(reason-giving machine)'과 비슷합니다. 왜 우리가 변화할 수 없는지, 변화하지 말아야 하는지 혹은 변화할 필요가 없는지에 대한 모든 종류의 이유를 대는 것에 뛰어납니다. 그리고 이것의 특출난 재주 중 하나가 바로 '그건 늦었어! 나는 이제 바꿀 수 없어.'입니다. 이는 나의 방식이기도 합니다. 나는 항상 그렇습니다. 그러나 우리는 이같은 생각을 사들이지 말아야 합니다. 우리 자신을 '변화 불가능한' 것처럼 여기는 대신에 다르게 배우고, 성장하고, 행동하고, 생각할 수 있는 무한한 능력을 지니고 있는 사람이라고 인정할 수 있습니다. 변화를 위해 필요한 것은 우리의 마음에 주파수를 맞추고 우리 자신에게 질문하는 것입니다. '내가 만들어 낼 수 있는 작은 변화는 무엇일까? 내가 하는 말, 내가 하는 행동, 내가 생각하는 방식 속에서 내가 원하는 사람이 되는 데 나를 더 가까이 데려가 줄 수 있는 작은 변화는 무엇일까?'

아버지도 임종이 다가올 때까지 기다리지 말고 좀 더 일찍 변화를 만들어 냈다면 얼마나 좋았을까요. 그러나 나는 그의 소중한 작별 선물에 깊이 감사합니다. 아버지는 마음을 열고 현재에 머물렀으며, 아버지와 함께 진정한 감정을 나눌 수 있도록 나를 받아들여 주었습니다. 그리고 그는 이를 기꺼이 하였습니다. 이 일은 가슴이 따뜻해지면서도 아픈 아름다운 기억입니다. 꼭 기억하세요. 우리가 여전히 살아 숨 쉬는 한 변화하는 것은 결코 늦지 않습니다.

| 제5부 |

소중한 것 찾기

20
이것은 특권입니다

언젠가 한 코미디언이 시끄럽게 야유하는 사람에게 이렇게 말하는 것을 들은 적이 있습니다. "1억 개의 정자 중에 당신도 그냥 통과되었어야 할 하나였어!" 이러한 관점에서 생각해 보면, 1억 개의 정자 중 수정란이 되는 것은 오직 하나뿐이며 여러분이 살아남은 것은 아주 큰 행운이라는 것을 알 수 있습니다. 보다 넓게 생각해서 여러분이 여기에 있기 위해 일어났던 일련의 사건들, 그러니까 여러분의 어머니가 어떻게 아버지를 만났고, 그들의 어머니와 아버지는 서로 또 어떻게 만났고 등 계속 거슬러 올라가 생각해 보면, 우리가 존재하는 것은 거의 기적이라 할 수 있습니다. 여러분은 살아 있다는 특권을 누리고 있는 것입니다.

'특권'은 개인이나 집단에게 허락된 이점을 의미합니다. 또한 유리한 지위를 점할 수 있거나 혹은 소중한 기회를 우리에게 제공할 수 있는 조건이나 상황을 말합니다. 특히 여러분은 과학자들이 호모 사피엔스라 부르는 집단의 일원이며, 중요한 사실은 다수의 인간 종(species)이 도태되어 사라졌을 때 여러분은 살아남았다는 것입니다. 이는 사랑하고, 배우고, 성장하기 위한 연결과 돌봄과 기여라는 소중한 기회를 여러분에게 선물하였습니다. 특권으로서 삶을 대하는 것은 삶에 대해 감사하고 삶을 수용하고 향유할 수 있는 기회를 잡는다는 의미입니다.

말이야 쉽지만 그럼 어떻게 실제로 이를 실행할 수 있을까요? 이 책에서 다루고 있는 원리를 적용하고 있다면, 여러분은 이미 잘하고 있는 것입니다. 나무와 불이 결합하여 열기를 만들어 내는 것처럼 목적과 현존은 특권을 만들어 냅니다.

삶은 무대 위의 쇼와 같고, 여러분의 모든 생각과 감정도 무대 위에 있으며, 이 모든 것을 여러분이 볼 수 있고, 들을 수 있고, 만질 수 있고, 맛볼 수 있고, 냄새 맡을 수도 있다는 관점으로 돌아가 보세요. '현실의 균열'은 무대 위의 쇼에서 그저 일부일 뿐입니다. 그러나 모든 무대가 암전 상태라면(현실의 균열이라는 하나의 큰 스포트라이트를 제외시킨다면), 우리가 괴로움을 느끼지는 않겠지만 거기에는 삶도 없을 것입니다(우리가 '충분하지 않다'라는 생각과 융합될 때 발생하는 일입니다).

그럼 만약 우리가 나머지 쇼의 불을 켜면 어떻게 될까요? 모든 면을 밝게 비춘다면 어떨까요? 현실의 균열과 그 주변의 모든 삶을 함께 알아차린다면 어떨까요? (그 균열이 아무리 크다고 해도 우리의 삶이 그보다 더 큽니다.) 확장된 자각의 공간에서 삶이 충족되는 방식을 알아차린다면 어떨까요? 우리의 요구와 바람을 충족시키는 측면을 알아차린다면 어떨까요? 그리고 가장 소중한 무언가를 발견한다면 어떨까요? 우리가 숨겨진 희열을 발견할 수 있다면 어떨까요? 큰 괴로움의 한가운데에서도 우리에게 충만감을 가져다주는 그 무언가를 발견할 수 있다면 어떨까요?

물론, 여러분의 마음은 이렇게 말하지도 모릅니다. '내가 이 문제나 손실을 해결하는 동안 다른 건 중요치 않아.' 혹은 'X, Y, Z 없는 내 인생은 공허하고 의미가 없어.' '나는 아무것도 상관없어.' 그러나 이러한 생각에 사로잡히게 되면, 여러분은 스모그 속에서 길을 잃고, 발을 헛디디게 될 것이며, 간신히 숨을 쉬게 될 것입니다. 만약 스모그에서 벗어나고 싶다면, 이러한 생각에 얽히지 않고 자각의 확장을 증진하면서 '나쁜' 것뿐만 아니라 여러분의 삶 전체를 알아차리기 위해 현재에 머물러야 합니다.

우리에게 당연한 일로 여겨지는 것들을 모두 알아차린다면 삶에서는 어떤 일이 일어날까요? 그것들을 그저 알아차리고, 감사해하고, 향유하며, 소중히 여긴다면 어떤 일이 일어날까요? 스키너가 그의 마지막 물 한 모금을 대단히 귀하게 여긴 이야기를 기억하나요? 만약 여러분이 지금 이 순간에 숨 쉬거나, 보거나, 듣거나, 팔과 다리를 사용하는 것을 소중히 여긴다면 어떤 일이 일어날까요? 친구, 가족 혹은 이웃과의 만남을 소중히 여긴다면 어떨까요? 산책을 하면서 주변의 아름다운 것들을 즐겨 본 적이 있나요? 호흡하면서 공기의 신선함 속에서 행복했던 적이 있나요? 장작불이나 안락한 침대의 따뜻함을 즐겨 본 적이 있나요? 집에서 요리한 음식과 갓 구운 신선한 빵을 먹거나 긴 온수 샤워를 하면서 그 순간들을 즐겨 본 적이 있나요? 포옹, 키스, 혹은 책이나 영화, 노을, 꽃, 자녀, 반려동물을 통해 즐거움을 느꼈던 적이 있나요?

이 지점에서 여러분의 마음은 다음과 같이 말할지도 모릅니다. '그래, 러스! 다 좋아. 하지만 정말로 끔찍한 환경에 빠져 있는 사람들은 어떨까? 확실히 그런 것들은 그 사람들과는 무관하지 않을까?' 나의 대답은 이렇습니다. 제일 중요한 것을 맨 먼저 해야 합니다. 현실이 우리의 뺨을 때렸을 때, 맨 처음 우리는 닻을 내려야 하며 우리 자신을 친절하게 안아 줘야 합니다. 그다음 우리는 어떤 태도를 취해야 합니다. 벗어날 수 없거나 떠나지 않기로 결정했다면, 변화 가능한 것은 변화시키고, 변화 불가능한 것은 수용하면서 우리의 가치에 의한 삶을 살아가야 합니다. 만약 이모든 것을 다 했고 여전히 끔찍한 상황이라면, 감사하고 즐기거나 소중히 여기는 무언가를 발견하기란 매우 어려울 수도 있겠습니다. 그러나 불가능하지는 않습니다.

예를 들어, 넬슨 만델라는 그의 자서전 『Long Walk to Freedom』[1]을 통해 로벤 섬에서의 긴 수감 생활이 어땠는지 이야기하고 있습니다. 그는 이른 아침 채석장으로의 행군을 즐겼는데 행군하는 동안 만나는 신선한 바다의 미풍과 아름다운 야생동물에게 감사했습니다. 유대계 이탈리아 사람인 프리모 레비(Primo Levi)는 제2차 세계대전의 마지막 해를 아우슈비츠 강제수용소에서 보냈습니다. 당시의 경험에 대해 쓴 책인 『If This is a Man』[2]에서 그는 폴란드의 추운 겨울 날씨 속에서 얇은 옷 하나만 입은 채 어떻게 매일 고된 노동을 견뎌냈는지에 대해 말하고 있습니다. 그러나 봄이 찾아온 첫날 그는 진정으로 햇살의 따뜻함을

---

1) 역자 주: 한국어판은 『자유를 향한 머나먼 길』(김대중 역, 두레, 2020)이다.
2) 역자 주: 한국어판은 『이것이 인간인가』(이현경 역, 돌베개, 2007)이다.

즐길 수 있었습니다. 마지막으로, 아우슈비츠에 수용되었던 또다른 유대인 빅터 플랭클(Victor Frankl)을 생각해 봅시다. 그의 책 『Man's Search for Meaning』[3]은 그가 끔찍한 상황의 한가운데에서도 어떻게 여전히 아내와의 행복한 기억을 고이 간직할 수 있었는지 보여 줍니다.

우리 자신으로부터 주의를 전환하거나 현실의 균열이 일어나지 않은 것처럼 보이려는 것이 아니라는 점에 주목하세요. 무대위 쇼의 다른 부분을 살피면서 우리가 좋아하지 않는 부분을 무시하라는 말이 아닙니다. 긍정적으로 생각하고 그것이 최선이라고 스스로에게 말해 주라는 의미도 아닙니다(원한다면 이 같은 접근을 사용할 수도 있습니다. 그러나 보통 장기적으로 볼 때 결국 그리 도움은 되지 않습니다). 내가 말하고자 하는 바는 바로 이것입니다. 무대 위의 쇼 전체에 불을 밝히세요. 현실의 균열과 그 주변을 명확하게 바라보고 쇼를 관람하는 특권을 갖고 있음에 감사하세요. 그리고 우리가 귀하게 여길 수 있는 무언가를 그 쇼에서 찾으세요.

물론 이 책에 담겨 있는 많은 내용이 그러하듯이 말로는 쉬운 이야기입니다. 왜일까요? 우리 마음의 초기 상태(default setting)는 우리가 삶에 감사하기 전에 우리가 갖지 못하는 것, 불충분한 것, 고치거나 해결하거나 변화시켜야 할 것에 초점이 맞추어져 있기 때문입니다. 우리가 어렸을 때 때때로 '장미의 향기'를 맡으면서 '우리의 축복을 세어 보라'는 말을 들었음에도 불구하고 우

---

3) 역자 주: 한국어판은 『죽음의 수용소에서』(이시형 역, 청아출판사, 2005)이다.

리는 부정적이고, 고통스럽고, 문제적인 것에 집중하기를 선호하는 문화 속에서 성장하였습니다(이에 대해 의문이 생긴다면, 신문을 펼쳐 보세요. 대부분이 부정적이고, 고통스럽고, 문제적인 것에 대한 기사라는 것을 알아차릴 수 있을 것입니다).

이는 우리가 가진 것에 대해 감사하라고 누군가가 제안할 때 우리의 마음은 이에 대해 매우 냉소적일 수 있다는 의미입니다. 그러니 만약 여러분의 마음이 지금 이의를 제기한다면 부디 이에 대해 마치 카페의 먼 구석에서 들려오는 시끄러운 목소리처럼 취급하세요. 이러한 마음의 말이 들리더라도 이를 담아두거나 논쟁하지 마세요. 대신에 우리가 가진 것에 대해 어떻게 감사할 수 있을지에 대해 생각하세요.

▌ 감사하기

우리가 가진 것에 대해 감사하는 마음을 키우는 것은 실제로 매우 단순합니다. 주의를 기울이는 것이 이를 위해 필요한 전부입니다. 그러나 우리가 원하는 낡은 방식으로 감사하는 마음을 키우지는 않겠습니다. 우리는 개방성, 호기심과 함께하는 특별한 방식으로 주의를 기울입니다. 지금 해 보세요. 이 글을 읽으면서 여러분의 눈이 이 페이지를 어떻게 스캔하고 있는지 알아차려 보세요. 여러분의 일부에서 일어나는 의식적인 노력 없이 어떻게 단어에서 단어로 눈이 움직일 수 있는지 알아차려 보세요. 어떻게 여러분의 눈이 정보를 받아들이기에 적당한 속도로 움직이고 있는지 알아차려 보세요.

이제 여러분이 시력을 잃었다면 삶이 얼마나 고통스러울지 상상해 보세요. 여러분이 놓쳐 버린 것은 얼마나 될까요? 여러분이 더 이상 책을 읽을 수도 없고, 영화를 볼 수도 없고, 사랑하는 누군가의 얼굴 표정을 알 수도 없고, 거울에 비친 자신을 볼 수도 없고, 석양을 볼 수도 없고, 차를 운전할 수도 없다고 생각해 보세요.

몇 초 동안 읽기를 멈추고 주변을 바라보면서 여러분이 볼 수 있는 다섯 가지를 알아차려 보세요. 실제적인 것을 알아차려 보세요. 마치 이전에 한 번도 이것을 본 적이 없는 아이처럼 호기심을 갖고 알아차린 다섯 가지 각각에 대해 모양은 어떤지, 색이나 재질은 어떤지 알아차려 보기 위해 몇 초 동안 머물러 보세요. 대상의 표면에 어떤 무늬나 표시가 있는지 알아차려 보세요. 그것에 빛이 어떻게 반사되는지, 혹은 그림자가 어떻게 드리우는지 알아차려 보세요. 그것의 윤곽은 어떤지, 그것이 움직이는지 정지해 있는지 알아차려 보세요. 여러분의 마음이 그런 건 지루해질 것이라고 우길지라도 새로운 것을 발견하는 경험에 대해 열린 자세를 취해 보세요.

마무리하면서 여러분의 눈이 여러분의 삶에 얼마나 많은 것을 더해 주고 있는지 생각하는 시간을 가져 보세요. 여러분에게 볼 수 있다는 것이 주는 선물은 무엇인지 생각해 보세요. 볼 수 없다면 삶이 어떨까요? 여러분이 놓쳐 버린 것은 얼마나 될까요?

＊ ＊ ＊

이 짧은 연습은 세 가지 P인 현존(presence), 목적(purpose), 특권(privilege)과 서로 관련되어 있습니다. 개방성, 호기심과 함께 주의를 기울임으로써 우리는 현재에 있게 됩니다. 그다음 우리는 이 관계에 목적을 불어넣게 됩니다. 우리는 우리의 눈과 접촉하고 이 눈에 관심을 가지며, 이들이 우리의 삶에 얼마나 많은 기여를 하고 있는지 깨닫게 되고 감사한 마음을 갖게 됩니다. 우리가 볼 수 있다는 것에 대해 진심으로 감사하고, 볼 수 있다는 것 그 자체의 기적을 귀하게 여김으로써 그 순간에 우리는 특권을 갖게 됩니다.

계속 읽으면서 지금 여러분의 손이 어떻게 노력 없이 이 책을 붙잡고 있을 수 있는지 알아차려 보세요. 책을 들고 위에서 아래로 돌려 보고, 공중에서 살짝 뒤집었다가 잡아 보세요. 다양한 방식으로 책을 갖고 시간을 보내거나 놀아 보세요. 손에서 손으로 책을 톡 던지거나 모든 페이지를 휙 넘겨 보거나 책을 세웠다가 쓰러뜨려 보고 바닥에 떨어지기 전에 잡아 보세요. 또한 이러면서 손의 움직임에 주의를 기울여 보세요. 손의 움직임에 호기심을 가져 보세요. 여러분의 손이 해야 할 무언가를 어떻게 정확하게 알고 있는지 알아차려 보세요. 엄지손가락과 다른 손가락들이 어떻게 서로 순조롭게 움직이는지 알아차려 보세요. 이러한 경험에 열린 자세를 취하세요. 심지어 여러분이 이렇게 하기를 정말로 원하지 않을지라도 이를 통한 배움에 대해 열린 자세를 취해 보세요.

* * *

여러분의 손이 얼마나 놀랍나요? 만약 손이 없다면 삶이 얼마나 괴로울까요? 여러분 스스로에게 기쁨이 되는 무언가를 하기 위해 여러분의 손을 사용해 보세요. 부드럽게 두피를 두들겨 보고, 관자놀이를 마사지해 보고, 눈꺼풀을 문질러 보거나 어깨를 마사지해 보세요. 몇 분 동안, 아주 천천히, 부드럽게, 반복해서 그리고 이 과정으로 어린아이와 같은 호기심과 개방성을 가져와 해 보세요. 여러분의 손이 어떻게 움직이는지, 감각은 어떤지, 여러분의 몸은 어떤 방식으로 반응하는지 알아차려 보세요.

이를 다 했다면, 손이 여러분의 삶에 얼마나 기여하고 있는지, 여러분이 하고자 하는 것을 얼마나 가능하게 해 주는지 생각해 보세요. 이제 호흡에 주의를 기울이는 또 다른 연습을 해 보겠습니다.

* * *

이 글을 계속 읽으면서 천천히 호흡해 보세요. 몇 차례 천천히 깊게 호흡하면서 어깨는 편안하게 내립니다. 호흡을 통해 느껴지는 즐거움에 감사하면서 여러분의 삶에서 여러분의 폐가 하는 역할을 되돌아보세요. 여러분이 폐의 역할에 얼마나 의지하고 있는지 생각해 보세요. 폐가 여러분의 웰빙에 얼마나 기여하고 있는지 생각해 보세요. 전 세계 수백만 명 이상의 사람이 심각한 호흡 문제를 일으키는 심장질환과 폐질환을 갖고 있습니다. 만약 여러분이 천식이나 폐렴을 앓아 본 적이 있다면 그 상황이 얼마나 힘들고 두려운지 알 것입니다. 아마도 여러분은 심각한 심장질환이나 폐질환으로 고통을 겪고 있는 사람의 병문안을 가거나 그 집에서 간호해 본 적이 있을지도 모릅니다. 그들은 폐가 액체로 가득 차 있어서 오직 산소 호흡기를 통해서만 호흡을 할 수 있을 것입니다. 여러분이 그러한 상황이라고 상상해 보세요. 이러한 상황에 처해 있는 여러분의 삶을 돌이켜보고 여러분의 폐가 정상적으로 기능했던 때를 떠올려 보며 지난날 여러분의 삶이 얼마나 수월했는지 상상해 보세요. 우리는 우리의 폐와 호흡에 얼마나 많이 의지하고 있나요? 또한 이러한 것들에 대한 고마움을 모른 채 얼마나 당연시하고 있나요? 그저 잠깐이라도 폐의 움직임을 알아차려 보면서 리듬감 있게 안팎으로 흐르는 호흡을 알아차려 보고, 이러한 경험을 하고 있는 여러분이 얼마나 많은 특권을 갖고 있는지 감사함을 느껴 보면 어떨까요?

* * *

충분한 시간을 갖고 천천히 우리가 가진 것에 감사해한다면, 우리는 곧 보다 큰 만족감을 경험하게 됩니다. 우리는 언제든 어디에서든 이를 실천할 수 있습니다. 단순하게 몇 초 동안 개방성과 호기심을 갖고 우리가 볼 수 있고, 들을 수 있고, 만질 수 있고, 맛볼 수 있고, 냄새 맡을 수 있는 것을 알아차릴 수 있습니다. 그것은 아마도 사랑하는 사람이 띤 미소일 수도 있고, 한 줄기 햇살 속에서 춤추는 먼지일 수도 있고, 우리의 폐 안팎으로 들고 나는 호흡에 대한 감각일 수도 있고, 아이들의 웃음소리일 수도 있고, 커피를 내리는 냄새일 수도 있고, 토스트에 바른 버터의 맛일 수도 있을 것입니다.

이러한 동안 여러분의 모든 문제가 해결될 것이라는 말은 아닙니다. 또한 여러분 삶의 모든 것이 더할 나위 없이 좋은 것처럼 행동하라는 것도 아니며, 요구, 소망, 바람을 갖지 말라는 것도 아닙니다. 이 연습의 목적은 단순히 우리의 충만감을 증가시키는 것입니다. '소중한 것 찾기'는 결핍과 불만족, 현실의 균열을 메우거나 회피하는 것에 고착되어 있는 우리의 초기 마음 상태와 근원적으로 다른 심리적 상태입니다.

그러니 다음에 물을 마실 때 조금 천천히 첫 한 모금을 음미해 보는 것은 어떨까요? 입에 한두 번 머금어서 물이 얼마나 건조함을 즉각적으로 완화시켜 주는지 알아차려 보세요.

그다음 걷고 있을 때 짧은 순간 동안 다리의 움직임을 알아차려 보는 것은 어떨까요? 그 움직임의 리듬, 강도, 협응을 알아차려 보고 주위로 이동하는 데 있어서 다리가 하는 역할에 감사해 보세요.

그다음 맛있는 식사를 할 때 첫술을 음미하고 여러분의 혀가 어떻게 그 음식을 맛볼 수 있는지, 치아가 어떻게 씹을 수 있는지, 식도가 어떻게 삼킬 수 있는지에 대해 경이로움을 느껴 보면 어떨까요?

우리는 모두 삶에 대한 고마움을 느끼지 못하고 당연시하거나 현실의 균열이 일어났을 때 그 주변에 있는 것들은 잊어버리는 경향이 있습니다. 그러나 이러한 방식에 머물지 말아야 합니다.

우리는 물을 마시는 단순한 즐거움에 감사하기 위해 임종할 때까지 기다리지는 말아야 합니다. 우리를 주변으로 데려가 주는 우리의 다리에 대해 감사하기 위해 다리가 움직이지 않을 때까지 기다리지는 말아야 합니다. 볼 수 있는 것과 들을 수 있는 것이 주는 선물에 감사하기 위해 우리의 눈과 귀가 기능하지 못할 때까지 기다리지는 말아야 합니다. 우리는 지금 여기에서 이 소중한 모든 것에 대해 감사할 수 있습니다.

일어서서 마주하기

내가 열두 살이었을 때, 영어 선생님은 수업 시간에 시를 외우는 것을 좋아했습니다. 동시에 나는 지구상에서 수학 다음으로 시가 가장 지루하다고 생각했기 때문에 이를 매우 싫어했습니다. 배운 시 중에서 내가 기억하는 시는 오직 하나입니다. 그 당시에는 대수롭지 않게 생각했지만 어찌된 일인지 머릿속에 박혔고 오랫동안 나는 이에 대해 정말로 감사하고 있습니다. 그 시는 웨일스의 시인이자 작가인 윌리엄 헨리 데이비스(William Henry Davies)의 시인데, 주의 깊게 읽으면서 이 시가 여러분에게 어떻게 다가오는지 알아차려 보길 바랍니다.

여가

이것이 무슨 인생인가요? 근심으로 가득 차

잠시 멈춰 서 바라볼 시간도 없다면,

나뭇가지 아래에 서서 한가로운 양이나 소처럼 바라볼 시간도 없다면,

숲을 지나면서 풀밭에 도토리를 숨기는 다람쥐를 볼 시간도 없다면,

대낮에도 마치 밤하늘처럼 반짝이는 별들을 가득 품은 시냇물을 바라볼 시간도 없다면,

아름다운 여인에게 눈길을 돌려 그녀의 춤추는 발걸음을 바라볼 시간도 없다면,

그녀의 눈가에서 시작된 환한 미소가 입가로 번질 때까지 기다릴 시간도 없다면,

얼마나 가여운 인생인가요.

근심으로 가득 차 잠시 멈춰 서 바라볼 시간도 없다면.

이 시에서 데이비스는 인간 상태의 핵심을 말하고 있습니다. 우리는 수많은 멋진 광경을 지나쳐 버린 채 매우 바쁘고, 스트레스로 가득한 삶을 살아갑니다. 물론 삶에는 끔찍하고 지독한 것들도 많이 있습니다(부디 우리 그렇지 않은 척하지 말아요). 그러나 ACT의 창시자인 스티븐 헤이즈는 종종 다음과 같이 이야기합니다. "고통의 순간 속에는 기쁨의 순간에서 만큼이나 많은 삶이 있습니다." 또한 현존은 우리가 최상의 삶을 살아가는 데 도움이 됩니다. 각각의 순간과 이 모든 순간 속에서, 멋진 것과 지독한 것 모두를 경험하면서 충만감을 찾을 수 있게 해 주기 때문입니다.

아주 좋고, 시원하고 에어컨이 작동되는 호텔 방에 있다고 생각해 보세요. 여러분은 창문으로 가서 아주 깨끗한 백사장과 맑

고 푸른 바다를 보며 감탄합니다. 파도는 햇살에 반짝이고 야자수는 미풍에 부드럽게 흔들립니다. 이는 정말로 장관입니다. 그러나 여러분은 파도가 치는 소리를 듣지 못하고, 얼굴을 어루만지는 미풍을 느끼지 못하며, 신선한 바다의 공기를 들이마실 수도 없고 냄새 맡을 수도 없습니다. 이는 '반쪽짜리 현재'와 같은 것입니다. 여러분의 경험 중 어떤 것은 받아들이고 있지만 그것 이외의 많은 것은 지나쳐 버리고 있습니다.

이제 방에서 나와 발코니로 나가 봅니다. 즉각적으로 여러분은 보다 살아 있다는 느낌을 받게 됩니다. 피부에 입맞춤하는 햇살을 느낄 수 있고, 머리카락을 부드럽게 헝클어뜨리는 바람을 느낄 수 있으며, 신선하고 짭조름한 공기가 폐에 가득 차는 것을 느낄 수 있습니다. 이것이 바로 현존입니다. 이 순간의 삶에 온전히 참여하면서 삶의 풍요로움에 푹 빠져 보는 것이며 이를 마시고 음미하는 것입니다. 이 책의 여러 부분에서 언급한 바와 같이 현존은 고통에 대처하기 위한 것이라는 의미로 중요하게 다루어집니다. 닻을 내리고 고통스러운 정서를 위한 공간을 마련해 주고, 효과적인 행동을 촉진하는 것입니다. 그러나 현존이 우리에게 특권으로서의 삶을 경험할 수 있도록 해 준다는 점 역시 알게 되었길 바랍니다.

▎현존의 순간

현존의 순간은 자연스러운 것입니다. 존경하는 사람이나 매력적인 사람을 처음 만났을 때, 우리는 현재에 머물러 있을 가능성이 큽니다. 우리는 그들에게 모든 주의를 집중하면서 그들의 모든 말에 귀를 기울입니다. 또한 '강력한 존재감(strong presence)'을 가진 사람이라고 말하거나 그들이 매력적인 사람이라고 생각할 때 이는 그들이 우리의 주의를 쉽고 자연스럽게 끌어모은다는 의미입니다. 그러나 우리가 항상 보는 친구, 가족, 동료들에게는 어떤가요? 우리는 얼마나 자주 그들을 당연시하거나, 얼마나 자주 그들이 하는 말의 절반밖에 듣지 않나요? 우리는 심지어 그들이 하고 있는 어떤 것이 지루하다고 느껴지면 그들과 함께 현재에 머무르는 것이 얼마나 어려운 일인지 불평을 늘어놓기도 합니다.

이와 유사하게, 레스토랑에서 맛있는 음식의 첫술을 맛볼 때나 정말 기분 좋은 새로운 향기를 맡았을 때나 화려한 무지개를 바라볼 때 우리는 한두 순간 의식적으로 이에 완전히 주의를 기울일 수 있습니다. 그러나 우리의 주의는 너무 빨리 흩어집니다. 식사의 세 순가락 혹은 네 순가락을 맛본 후에 우리는 맛있는 식사를 당연시하기 시작합니다. 그렇습니다. 우리는 여전히 그 음식을 맛보고 있지만 맛이나 질감을 탐색하지 않으며 더 이상 음미하지 않습니다. 그 대신에 자동적으로 먹게 되고, 입안의 감각보다 저녁 식사를 함께하는 동료와의 대화에 더 많은 흥미를 느낍니다. 또한 좋은 향기는 몇 분 사이에 우리가 더 이상 알아차리지 못할 때까지 배경으로 점점 사라집니다.

지금 바로 현존의 순간을 경험해 보겠습니다. 이어지는 연습은 각각의 지시에 따라 5초에서 10초간 수행한 후 다음 단계로 넘어가세요.

'여러분의 귀를 열고' 여러분이 들을 수 있는 것을 알아차리는 짧은 시간을 가져 보세요.

여러분에게서 일어나는 소리(예: 의자에 앉아 있는 여러분의 신체 움직임, 혹은 호흡)를 알아차려 보세요.

주변의 소리를 알아차리기 위해 귀를 더 기울여 보세요.

가능한 한 여러분이 들을 수 있는 가장 멀리 있는 소리까지 점점 더 확장해 보세요. 날씨에 의한 소리나 멀리서 들리는 차량의 소리를 들을 수 있나요?

이 모든 소리의 한가운데에 앉아 다양한 소리의 진동과 리듬을 알아차려 보세요.

소리의 멈춤과 새로운 소리의 시작을 알아차려 보세요.

전자 기기의 웅웅거리는 소리나 환풍기 소리, 떠도는 음악 소리처럼 어떤 소리가 지속되는지 알아차릴 수 있다면 이에 귀 기울여 보세요. 그 소리의 강도, 음량, 음색을 알아차려 보세요.

이러한 소리와 함께 머물면서 그저 '하나의 소리'가 아니라는 것을 알아차려 보세요. 이는 겹쳐진 소리 사이의 소리이고, 리듬 사이의 리듬이며, 순환되는 소리 사이의 소리임을 알아차려 보세요.

이제 여러분이 들을 수 있는 소리 사이의 차이를 알아차려 보세요. 그리고 이러한 소리에 뒤따르는 여러분 마음속 말이나 장면을 알아차려 보세요.

어땠나요? 여러분은 소리와 함께 온전하게 현재에 머무를 수 있었나요? 아니면 여러분의 마음은 이 연습에서 여러분을 멀어지게 만들었나요? 우리 중 대부분은 후자입니다. 혹시 여러분의 마음이 '이 연습은 지루해.' '나는 이 연습을 못 하겠어.' '왜 이 연습을 건너뛰면 안 될까? 나는 정말 하고 싶지 않아.' '저녁 식사는 무엇으로 하지?'와 같은 생각으로 여러분의 주의를 산만하게 했나요? 혹은 여러분이 들었던 사람, 자동차, 새, 날씨와 같은 소리에 대한 심상을 떠올리게 했나요? 여러분의 마음이 '뭐가 그렇게 시끄러운지 궁금해.'라면서 소리를 분석하게 했나요? 혹은 '그건 트럭 소리야.'라면서 소리에 대해 확인하고 명명했나요? 여러분의 마음은 현실의 균열로 되돌아가게 했을 수도 있습니다. 여러분의 문제에 대해 걱정하게 하고 얼마나 안 좋은지 느끼게 하거나 이 연습이 여러분에게 어떻게 도움이 되는 것인지 궁금해하게 했을 수도 있습니다. 여러분의 마음이 어떠했든 간에 다 괜찮습니다. 그저 그 반응을 알아차리고 놓아주세요.

▌리사와 개구리

"저는 참을 수가 없어요."라며 리사(Lisa)가 말했습니다. "만약 제가 하룻밤 더 그 못된 개구리들의 소리를 들어야 했다면 맹세코 저는 미쳤을 거예요!" 일주일 전 리사는 멋진 새 집으로 이사를 했습니다. 그녀의 옆집 뒷마당에 연못이 있었는데 여기에 아주 시끄러운 개구리들이 살고 있었습니다. 리사가 말한 바와 같이 그 개구리들은 마치 2개의 나무 블록을 함께 부딪쳐 때리는 것과 같이 시끄러웠으며, 매일 밤 긴 시간 동안 그 소음은 이어졌습니다. 그녀는 세 종류의 다른 귀마개를 사용해 보았지만 모두 도움이 되지 않았으며, 매우 죄스러워하면서 개구리를 독살하려는 생각을 하기도 했었다고 고백하였습니다.

나는 소리 마음챙김으로 그녀를 안내하였고, 이 연습이 끝나
갈 무렵 내 상담실의 길 건너편에서 시끄럽게 윙윙거리는 잔디
깎는 기계의 거슬리는 소리에 그녀의 주의를 기울여 보도록 요청
하였습니다. 그리고 멀리 있는 라디오 소리처럼 배경 속에서 재
잘거리는 그녀의 마음을 내려놓고, 소리 자체에 주의를 기울이면
서 호기심과 함께 소리의 다양한 요소인 리듬, 진동, 고음, 저음,
강도와 음량의 변화를 알아차릴 수 있도록 소리와 함께 온전하게
현재에 머물기를 요청하였습니다. 마치 멋진 가수의 목소리를 듣
고 있는 것처럼 말입니다. 이후 그녀는 그 소음이 성가신 것에서
흥미로운 것으로 빠르게 전환되었다고 이야기 하였습니다. 또한
잔디 깎는 기계의 소리가 수도 없이 들렸지만 그녀는 그 소리가
그렇게 많이 일어났다는 것을 전혀 깨닫지 못했다는 점에 대해
신기하다고 표현하였습니다. 이에 나는 이웃집에서 나는 개구리
소리를 마음챙김하면서 들을 수 있도록 이 연습을 밤에 잠자리
에서 해 볼 것을 요청하였습니다. 일주일 후 그녀는 활짝 웃으면
서 매일 밤 이 연습을 했으며 지금은 개구리의 소리를 즐기게 되
었다고 말하였습니다. 그녀는 이 연습이 진정과 이완을 가져오고
실제적으로 잠드는 것에 도움이 된다는 것을 알게 되었습니다.

나는 여러분이 비현실적인 기대를 갖도록 하고 싶지 않습니다.
현존은 항상 극적인 결과로 이어지지는 않으며, 우리가 이를 처
음 접했을 때와 현존의 기술이 상대적으로 미숙할 때 특히 그렇
습니다. 또한 우리의 마음은 우리의 주의를 산만하게 하는 일에
있어서 아주 영리하기 때문에 긴 시간 현재에 머무르는 것은 어
려운 일이라는 것을 잊지 마세요. 우리가 현존을 통한 이득을

원한다면 꾸준한 연습밖에는 다른 길이 없습니다. 이에 여러분이 일상에서 쉽게 할 수 있는 짧고 간단한 연습을 제안하고자 합니다.

🌿 사람과의 현존

매일 한 사람을 선택하여 이전에 자세히 살펴보지 않았던 그들의 얼굴을 알아차려 보세요. 그들의 눈동자 색, 치아와 머리카락, 피부 주름의 패턴, 움직이고 걷고 말하는 방식에 대해 알아차려 보세요. 그들의 얼굴 표정, 신체적 표현과 목소리 톤을 알아차려 보세요. 여러분이 그들의 정서를 읽을 수 있고 그들이 느끼는 것에 주파수를 맞출 수 있다면 이를 알아차려 보세요. 그들이 여러분에게 말할 때 마치 그들이 지금까지 만나 본 가장 멋진 연설가이며, 여러분이 그 연설을 들을 수 있는 특권을 누리기 위해 100만 달러를 지불한 것처럼 여기면서 주의를 기울여 보세요(조언: 전날 밤에 연습할 대상들을 선택한 다음 아침에 누가 먼저인지 스스로에게 상기시킵니다. 이러한 방식을 통해 더욱 잘 기억할 수 있습니다). 이러한 마음챙김 상호작용의 결과를 통해 무엇이 일어나는지 알아차리는 것은 매우 중요합니다.

🌿 즐거움과의 현존

매일 즐거움을 주는 간단한 활동을 선택하세요. 여러분이 쉽게 즐거움을 느낄 수 있거나 자동적으로 즐거움이 일어나는 활동 한 가지를 선택하는 것이 이상적이며, 이를 통해 여러분의 모든 쾌감을 끝까지 끌어낼 수 있다면 이를 알아차려 보세요. 여기에는 사랑하는 사람과 포옹하기, 고양이 쓰다듬기, 강아지와 산책하기, 자녀와 함께 놀기, 시원한 물 한 잔 마시기나 따뜻한 차 한 잔 마시기, 점심 식사나 저녁 식사 하기, 가장 좋아하는 음악 듣기, 따뜻한 물로 목욕을 하거나 샤워하기, 공원 산책하기가 포함될 수 있을 것입니다(독서, 스도쿠, 체스나 크로스워드 퍼즐과 같이 여러분의 생각 속에서 길을 잃을 수도 있는 활동은 제외합니다). 이러한 활동을 하면서 현재에 온전하게 머무르기 위해 여러분의 오감을 활용하세요. 여러분이 보고, 듣고, 만지고, 맛보고, 냄새 맡을 수 있는 것을 알아차리고 이에 대한 모든 부분을 음미해 보세요.

* * *

물론 현존하는 데 있어서 도움이 될 수 있는 연습은 무수하게 많습니다. 여러분이 자신만의 연습을 하는 것도 안 될 이유가 없겠죠? 기본적으로 여러분에게 필요한 것은 대상, 활동 혹은 사건을 선택하고 그것과 연결되는 것입니다. 호기심을 갖고 이를 관찰하세요. 여러분의 오감을 통해 세세한 모든 부분을 받아들이세요. 그다음 특권을 갖고 있음을 조명하기 위해 삶에 이러한 오감이 얼마나 기여하고 있는지 되돌아보세요. 만약 그것이 기여하는 어떤 방법도 생각할 수 없다면, 살아서 존재하고 있으며 오감을 갖고 있음에 감사하세요.

기존의 '충분하지 않다'는 생각이 일어날 때 기민한 상태에서 그 생각에 머물러 보세요. 이 생각은 항상 배경 속에 숨어 있습니다. 이 생각이 우리를 사로잡는다면, 이는 지옥으로 가는 고속 셔틀버스와 같은 것입니다. 한순간, 지금 여기의 삶에 감사해하다가도, 우리는 땅속 깊은 곳에 있게 될 수도 있습니다.

나는 지옥으로 가는 셔틀버스에 매우 자주 올라탔습니다. 그러고 싶지 않았지만 아들이 자폐증 진단을 받은 첫해에는 매일 수 차례 그 셔틀버스를 탔습니다. 예를 들어, 거의 매일 놀이터에 아 들을 데리고 갔지만 종종 아들은 거기에 도착하자마자 돌아가길 원했습니다. 아들은 정글짐, 그네, 시소를 좋아하지 않았으며 미 끄럼틀에서 내려오는 것을 두려워했습니다. 다른 아이들은 모두 뛰어다니고, 올라가고, 점프하고, 웃고 있는데 그 아이는 구석에 숨어 있거나 바닥에 누워 있거나 눈이 퉁퉁 붓도록 울고 있었습 니다.

모든 여정은 불안과 좌절로 가득했습니다. 내 마음은 아들을 다른 아이들과 비교하면서 충분하지 않다고 판단함으로써 수천 번 지옥행 셔틀버스를 타도록 했습니다. 이는 아들이 결함이 있 고 결핍되었거나 정상이 아니라는 것에 주목하게 했습니다. 그리 고 다른 부모들은 모든 즐거움을 경험할 수 있는데 나는 그럴 수 없다는 생각에 주목하게 했습니다(그다음 내 마음은 '자기 아들에 대 해 이런 생각을 하고 있다니 무슨 이런 형편없는 아버지가 다 있어?'라 는 생각을 하게 했고 그러는 동안 나 자신에 대해 충분하지 않다고 판단 하였습니다). ABA 치료자들의 도움을 통해 해가 거듭되면서 서서 히 아들은 놀이터에서 노는 것을 학습하게 되었지만 그렇게 되기 까지 나는 매번 지옥으로 가는 셔틀버스에 올라탔습니다.

한편, 천국으로 가는 셔틀버스도 있습니다. 도움이 되지 않는 생각과 융합되지 않고, 힘든 감정을 위한 공간을 마련해 주며, 현 재에 확고히 닻을 내림으로써 우리는 깊은 수렁에서 올라가기 시 작하여 빛이 있는 곳으로 들어가게 됩니다. 또한 앞을 향해 한 발 내딛고 우리가 가진 것에 대해 의식적으로 감사해할 때, 우리는 탈바꿈된 현실을 발견하게 됩니다. 현실의 균열은 사라지지 않지만 더 이상 우리에게 있어서 관심의 중심이 아닙니다. 부족한 것들에 집중하는 대신에 우리가 가진 것을 인식하고 즐기게 됩니다.

예를 들어, '아들은 할 수 있고 해야만 하는 사람'이라는, 아들에 대한 내 마음속의 모든 생각과 아들이 잃은 것 혹은 옳지 않은 것에 대한 생각을 내려놓았을 때, 나는 그 모습 그대로 아들을 사랑하고, 나의 모든 기대와 판단으로부터 탈융합하게 되었으며, 이러한 순간의 달콤함은 정말로 경이로웠습니다. 나에게 아들은 '문제'에서 '특권'으로 변환되었습니다. 나는 비범한 아들과 함께 내 삶을 나눌 수 있는 행운과 은총을 경험하고 있으며, 아들을 통해 삶과 사랑에 대해 아주 많은 것을 배웠습니다. 진정으로 그 순간 나는 '천국에' 있었습니다.

물론 이는 모든 부모에게 도전이 되는 일입니다. 이처럼 도움이 되지 않는 모든 생각에 사로잡히지 않고 우리의 자녀가 그들이라는 것에 감사해하며 자녀가 우리에게 주는 모든 것에 대해 고마워할 수 있을까요? 또한 이는 우리 자신, 타인, 우리를 둘러싼 세상과의 모든 관계에서 우리에게 도전이 되는 일이기도 합니다. 이것이 큰 도전이라는 점을 인정하세요. 왜일까요? 지옥행 셔틀버스는 항상 대기하고 있기 때문입니다. 그리고 우리 중 누구라도 순식간에 그 여정에 오르게 될 수 있습니다.

그럼에도 불구하고 다행스럽게 거기에는 항상 돌아오는 방법이 있습니다. 우리가 지옥에 있다고 깨닫는 그 순간 우리는 선택할 수 있습니다. 현존(presence), 목적(purpose), 특권(privilege)이

라는 세 가지 P를 적용할 수 있으며 즉시 다른 방법을 통해 되돌
아올 수 있습니다.

22
고통으로 시 쓰기

내담자인 클로에(Chloe)가 유방암 진단을 받았을 때, 그녀는 '지지 집단'에 참여하게 되었습니다. 그녀는 암이 얼마나 고통스럽고, 무섭고, 힘든 것인지 현실적으로 인정하면서 연민 어린 마음과 자기 자각을 추구하는 공동체에 참여하고 싶어 했으며, 지지와 진정한 격려를 원했습니다. 그러나 이 대신 그녀는, 그녀의 말에 따르면 '긍정적인 생각의 광신도들(a bunch of positive-thinking fanatics)'이라 일컬어지는 집단을 찾게 되었습니다. 이 집단의 여성들은 클로에의 고통과 두려움을 인정하지 않았으며, 대신에 그녀에게 암을 '선물'로 여기고 긍정적으로 생각하라고 말했습니다. 그들은 이 같은 질환이 '깨어날 수 있는' 기회를 그녀에게 준 것이므로 이를 행운으로 여겨야 하며, 배우고 성장하고 보다 온전하게 사랑할 수 있는 기회를 얻게 된 자신의 삶에 감사해야 한다고 말했습니다.

개인적으로 나는 배우고 성장하고 보다 온전하게 사랑하는 것에 대해 전적으로 찬성하며, 이 책의 모든 내용도 깨어나기, 삶에 대한 감사하기에 관한 것입니다. 그러나 암을 선물로 여기거나 암에 걸린 자신을 행운아로 여기는 것은 큰 비약입니다. '암'이라는 단어를 '자녀의 죽음' 혹은 '화재로 소실된 여러분의 집' '강간 피해' '강제수용소 수감' '팔다리 상실'과 같은 단어로 대체해 보세요. 얼마나 태연하게 이러한 사건들을 '선물'로 여기거나 이러한 사건이 일어났을 때 자신을 행운아라고 말할 수 있을까요? 이는 돌봄과 연민 어린 반응에 매우 반대되는 것입니다.

우리 모두는 배우고, 성장하고, 깨어 있고, 우리의 삶에 감사할 수 있는 많은 기회를 갖고 있습니다. 이러한 것들을 행하기 위해 우리에게 꼭 끔찍한 사건이 일어날 필요는 없습니다. 만약 어떤 끔찍한 사건이 일어났다면 이를 통해 배우고 성장하세요. 그러나 그 일이 멋진 것처럼 가식적으로 행동하거나 그것을 행운으로 여기지는 마세요. 나는 아들을 통해 많이 배우고 성장했으며, 심적 고통을 느끼는 가운데에도 매우 큰 즐거움과 만족감을 경험하였습니다. 그러나 자폐증을 '선물'로 여기지는 않았습니다.

그런 말을 해 놓고 보니 여러분은 때때로 자신의 병이나 부상 혹은 죽을 뻔했던 경험이 긍정적인 방식으로 자신의 삶을 변화시켰기 때문에 자신에게 '일어났던 것 중 가장 좋은 일'이었다고 말하는 사람을 만나거나 그러한 말을 들을 수 있을 것입니다. 나는 이런 사람들을 여러 명 만나기도 했고, 이런 종류의 책을 꽤 많이 읽기도 했는데 어떤 경우는 정말로 고무적이었습니다. 그러나 이러한 사람들은 극소수이며, 우리 곁에 가까이 있지도 않고, 우리 중 대부분은 결코 동일한 방식으로 어떠한 사건을 바라보지도 않습니다. 그렇다면 우리 스스로에게 정직하지 못할 이유가 있을까요? 나쁜 사건이 일어났을 때, 그 사건이 얼마나 고통스러운지 인정하고 자신에게 친절하게 대해 주세요. 그다음에 그 경험을 통해 어떻게 배우고 성장할지 고민하세요.

여러분이 자신의 고통을 인정하고 연민을 담아 자신을 대하고 그 상황을 개선할 수 있는 무언가를 했다면, 이제 몇 가지 질문에 대해 생각해 보는 시간이 필요할 것입니다. 여러분은 우리의 동의 없이 삶이 가져다준 현실의 균열에 대해 분명하게 질문하지 않았으며, 다음의 질문은 스스로에게 질문하는 데 있어서 유용할 것입니다.

- 그 경험을 통해 어떻게 배우고 성장할 수 있는가?
- 나를 발전시킬 수 있는 개인적인 자질은 무엇인가?
- 내가 배우고 개선할 수 있도록 해 주는 연습 기술은 무엇인가?

현실이 우리를 강타할 때, 이는 우리를 성장으로 초대하기도 합니다. 우리가 원한 초대는 아니지만 이를 거절하면 우리의 삶은 확실히 나빠집니다. 그렇다면 우리는 이를 어떻게 수용하고 최대한 활용할 수 있을까요? 탈융합, 연결, 확장을 발달시켜 이를 다뤄 보세요. 우리의 가치와 연결하고 목적과 함께 행동해 보세요. 자신을 친절하게 안아 주기, 닻 내리기, 태도 취하기, 소중한 것을 찾기라는 네 가지 단계를 위한 리허설로 이를 활용해 보세요.

삶의 특권은 우리가 배우고 성장할 수 있는 기회를 갖고 있다는 것이며, 우리가 마지막 숨을 쉴 때까지 원할 때면 언제든지 이러한 기회를 활용할 수 있다는 것입니다. 호기심을 가져 보세요. 고통에 대한 반응을 통해 어떻게 우리의 삶을 깊이 있게 만들 수 있을까요? 어떻게 인내와 용기를 키울 수 있을까요? 어떻게 연민, 끈기, 용서하는 마음을 키울 수 있을까요?

옛말에 "학생이 준비가 되었을 때, 스승이 나타난다."라는 말이 있는데 들어 본 적이 있나요? 나는 이 말을 들을 때마다 오글거리곤 했습니다. 그 말을 '뉴에이지'의 쓸데없는 말이라고 생각했습니다. 그리고 이 말의 의미가 깨우침의 비결을 들을 준비가 되면, 그 즉시 어떤 구루[1]가 마법처럼 난데없이 나타난다는 것이라고 생각했습니다. 그러나 지금은 이에 대해 매우 다르게 해석합니다. 만약 우리가 배우는 것을 기꺼이 한다면, 그야말로 삶이 담아내는 어떠한 것이든 그것을 통해 배울 수 있다는 의미라고 생각합니다. 아무리 괴롭고 무서운 상황에 처했다 할지라도 우리는 항상 그 상황을 통해 유용한 무언가를 배울 수 있습니다.

개인적으로 지난 3년 동안 나는 아들이 나의 가장 훌륭한 스승이라고 생각해 왔습니다(정말 상투적인 말 같지만, 진심입니다!). 그 가르침은 일상생활에서 잇따라 일어납니다. 물론 아들이 얼마나 많은 것을 잃었는지, 어떤 일을 시도하는 데 얼마나 어려움이 많은지, 여러 부분에서 얼마나 힘든 삶을 살아갈지, 아들에게 일어난 이 모든 고난을 생각하면 커다란 슬픔이 밀려옵니다. 그리고

---

1) 역자 주: 힌두교에서 혼자 힘으로 영적 혜안을 얻은 정신적 스승이나 지도자

아들의 미래에 대한 두려움 역시 큽니다. 이 책을 쓰고 있는 지금, 아들은 유치원에서 아주 잘 지내고 있습니다. 시간제 돌보미의 도움을 받아 친구를 사귀고, 학급 활동에 적극적으로 기여하고 있으며, 대체로 조화롭게 지내고 있습니다. 그러나 괴롭히는 아이들도 있다는 것을 우리 모두는 잘 알고 있습니다. 그 아이들이 '다른' 아이들을 얼마나 무자비하게 대하는지 우리는 알고 있습니다. 나는 괴롭힘의 표적이 될까 봐 아들이 자랄수록 두렵습니다. 네, 그런 일이 일어나지 않을 수도 있습니다. 그리고 일어나지 않기를 바랍니다. 그러나 이런 일이 일어날 가능성이 높습니다. 생각만으로도 등골이 오싹해집니다.

그래서 나는 매우 두렵고 슬픕니다. 그러나 이러한 정서와 함께 매우 큰 사랑, 즐거움, 감사함도 느낍니다. 아들에 대한 무한한 사랑, 아들이 내게 주는 놀라운 즐거움, 내 삶에서 아들을 얻은 것에 대한 감사함은 어떻게 설명하기 어려울 정도입니다. 지금 여러분이 "러스, 나는 이런 도구를 갖고 있어요."라고 내게 말하면서 은으로 만들어진 작은 상자를 꺼냈다고 생각해 보세요. 상자의 위에는 밝은 빨강색 버튼이 있고, 여러분은 "러스, 이 장치는 어마어마해요. 당신이 할 일은 이 빨간 버튼을 누르는 것이고, 그러면 당신의 두려움과 슬픔은 완전하게 사라질 거예요."라고 말합니다. 그러나 이는 그저 단편적인 효과일 뿐입니다. 여러분이 그 버튼을 눌렀을 때 더 이상 여러분의 아들을 그처럼 돌보지는 않을 것입니다. 여러분의 아들은 여러분에게 아무런 의미가 되지 못할 것입니다. 여러분은 아들이 어떻게 느끼는지, 다른 아이들이 그를 어떻게 대하는지, 친구는 있는지, 학교를 졸업한 후에는 무엇을 할지에 대해 보살피지 않을 것입니다. 아들이 살아 있는지 죽었는지도 살피지 않을 것입니다.

여러분은 내가 이 버튼을 누를 것이라고 생각하나요?

우리의 역할이 뒤바뀐다면 여러분은 이 버튼을 누를까요?

이는 삶이 우리에게 부여한 것입니다. 만약 우리가 누군가 혹은 어떤 것을 돌보고 있는 중이라면, 우리는 원하는 것과 우리에게 주어진 것 간의 차이에 의해 발생하는 현실의 균열을 언젠가는 겪게 됩니다. 또한 이러한 균열이 일어났을 때 고통스러운 감정이 뒤따르게 됩니다. 우리에게 정말로 중요한 것들 역시 상처를 입힙니다.

그렇다면 우리는 이 고통스러운 감정을 기꺼이 받아들이고 우리에게 가치 있는 측면으로 바라볼 수 있지 않을까요? 이 고통스러운 감정이 우리에게 들려주는 중요한 것들, 즉 우리가 살아 있고, 심장을 갖고 있으며, 진정으로 돌보고 있다는 것에 감사해할 수 있지 않을까요?

우리는 다른 사람의 마음과 연결되는 다리로서 우리의 고통을 바라볼 수 있지 않을까요? 이러한 고통이 우리의 차이를 감싸 안고 인간의 고통이라는 보편성 속에서 우리를 결합하도록 만들어 줍니다. 오직 우리가 상처받는 것이 어떤 것인지 알고 있을 때, 우리는 상처를 입은 다른 사람과 연결될 수 있습니다. 그다음에 우리는 공감의 진정한 의미를 이해하게 될 것입니다. 그렇다면 우리는 고통이 풍요로운 관계를 확립하는 데 있어서 우리에게 얼마나 도움이 되는지에 대해 감사해할 수 있지 않을까요? 우리의 고통이 다른 사람의 고통과 연결되고, 적극적으로 그들을 돌보면서 그들이 고통을 겪고 있을 때 기꺼이 친절하게 대하는 데 있어서 얼마나 도움이 되는지에 대해 감사해할 수 있지 않을까요?

우리의 정서는 팔과 다리만큼이나 우리에게 중요합니다. 그렇다면 우리는 정서를 회피하거나 이 정서와 싸워야만 할까요? 아니면 그 대신에 정서를 귀하게 여기는 것을 배울 수 있을까요? 우리의 팔과 다리가 절단되거나 부러지거나 감염되었을 때 이는 통증을 유발합니다. 그러나 우리의 것이기 때문에 우리는 팔다리와 싸우지 않습니다. 우리는 팔다리 없이 살아가는 것을 바라지 않습니다. 우리의 삶에 팔다리가 기여하고 있는 것에 대해 우리는 감사해합니다.

이제 우리의 한 부분인 돌봄에 대해 생각해 보세요. 우리가 이를 진정으로 소중히 여기고 삶에서 돌봄이 제공하는 모든 것에 대해 진정으로 감사해할 수 있다면 어떻게 될까요? 그렇습니다. 만약 우리가 돌보지 않는다면 고통을 느끼지 않겠지만, 즐거움, 사랑과 웃음도 역시 경험할 수 없습니다. 마치 좀비처럼 살아가게 됩니다. 모든 것은 가치 없고 무의미해집니다. 실망이나 좌절을 경험하지 않겠지만, 만족감도 경험하지 못합니다. 돌보는 우리의 능력은 우리에게 목적이 있는 삶을 살아가도록 해 줍니다. 풍요로운 관계를 만들어 주고, 스스로 동기를 부여하게 하며, 삶의 소중한 것을 발견하게 해 주고, 돌보는 것을 즐기도록 해 줍니다. 그렇다면 돌보는 것이 우리에게 많은 고통을 가져다준다고 할지라도 이를 감사히 여길 수 있지 않을까요?

정서를 느끼는 우리의 능력에 대해 생각해 보세요. 우리가 느끼는 어떤 것이든 간에 이를 느끼는 것이 가능하도록 온몸에 들어오는 수억 개의 전기화학적인 신호들을 받아들이고 이를 이해하여 해석하는 뇌의 놀라운 능력에 감사해할 수 있지 않을까요?

이 시스템이 작동하지 않는다고 상상해 보세요. 이제 다시는 그 어떤 것도 느끼지 못한다고 상상해 보세요. 우리가 잃게 되는 것이 얼마나 될까요? 삶이 얼마나 공허할까요?

자기연민을 정신적 관점에서 보면 이는 닻을 내리는 것이며 목적이 있는 자세를 취하는 것인데, 그렇다면 우리가 내부에서 일어나는 이러한 고통스러운 감정들에 주목하고 친절과 존중을 담아 이를 다룰 수 있지 않을까요? 고통스러운 감정을 위한 공간과 평화를 제공하고, 사려 깊은 관심을 가져 줄 수 있지 않을까요? 호기심과 열린 마음으로 이 감정과 연결될 수 있지 않을까요? 고통스러운 감정이 어떻게 우리가 돌보는 것들을 상기시킬 수 있는지 되돌아 볼 수 있지 않을까요? 이 감정이 '나쁜' 것이라는 판단을 내려놓고, 대신에 그 존재에 대한 경이로움을 키워 낼 수 있지 않을까요?

이 장은 이 책에서 내가 제안하기 가장 어려운 것들이 담겨 있기 때문에 맨 마지막에 넣었습니다. 고통을 인내하는 것은 어려운 일입니다. 이를 수용하는 것은 더욱 어려운 일입니다. 그러나 이에 대해 감사하는 것은 그중에서도 가장 어려운 도전입니다.

우리가 인간의 정서를 돌보고 다양한 방식으로 경험할 수 있는 특권을 반영할수록 우리는 우리의 모든 정서에 대해 보다 감사할 수 있습니다. 이는 아직 가능합니다. 그러나 이러한 특권이 공짜로 얻어지는 것은 아닙니다. 열정과 함께 고통이 밀려오기도 합니다. 돌봄과 함께 상실이 밀려오기도 합니다. 경이로움과 함께 두려움과 공포가 밀려오기도 합니다. 그러나 긍정적인 측면에 주목해 보세요. 이러한 것들이 없다면 여러분의 삶이 어떻게 될지 생각해 보세요.

그리고 또 생각해 보세요. 우리가 '사랑'이라 부르는 모든 것의 핵심은 무엇일까요? 이는 현존과 목적이 함께하는 삶을 살아가기 위해 돌보고, 연결하고, 기여하는 것입니다. 이러한 것들보다 더 위대한 특권이 있을까요? 그래서 나는 여러분이 현존과 목적이 함께하는 삶을 살아가도록 해 주는 이러한 특권을 최대한 누릴 수 있기를 독려합니다. 또한 현실적으로 이에 대해 종종 잊어버릴 수 있다는 것도 인정하세요. 아름다운 한 가지 사실은 여러분이 언제든 기억할 수 있고 선택할 수 있다는 것입니다. 여러분은 스스로를 친절하게 안아 줄 수 있고, 닻을 내릴 수 있으며, 어떤 태도를 취할 수 있습니다. 그리고 바로 그곳에서, 그 순간에 여러분은 소중한 무언가를 찾을 수 있을 것입니다. 삶이 상처를 주는 순간에도 충만감은 항상 거기에 있습니다.

부록

탈융합 기술과 중립화

탈융합은 우리의 생각으로부터 분리되고, 그 생각의 본질을 바라보며, 있는 그대로 그 생각을 허용하는 것입니다. 탈융합을 위한 세 가지 주요 전략은 다음과 같습니다. 알아차리기, 이름 붙이기, 중립화하기입니다. 알아차리기와 이름 붙이기는 6장에서 자세히 기술하였습니다. 생각을 중립화하는 것은 생각이 말과 심상 그 이상도 그 이하도 아니라는 것을 쉽게 인식할 수 있도록 새로운 맥락으로 표현하는 것이며, 이는 여러분을 압도하는 생각의 영향력을 중립화시킵니다.

중립화 기술은 전형적으로 생각의 시각적 특징(생각을 '바라보는 것')을 강조하거나 청각적 특징(생각을 '듣는 것')에 주목하는 것과 관련되어 있으며, 혹은 두 가지 모두를 함께 하기도 합니다. 나는 이어지는 중립화 기술들을 여러분이 놀이처럼 활용하고 어떤 경험이 일어날지 호기심을 가져 보길 독려합니다. 연습 이전에는

───── **271**

이런 기술들이 여러분에게 잘 맞는지 명확하게 예상할 수 없습니다. 어떤 기술은 탈융합을 전혀 이끌어 내지 못할지도 모르며, 어떤 기술은 그저 약간, 또 어떤 기술은 탈융합을 이끌어 내는 데 크게 기여할 수도 있습니다(심지어 어떤 기술은 더 많이 융합되도록 할 수도 있습니다. 그런 일이 흔치는 않지만 가끔 일어납니다).

탈융합의 목적은 원치 않는 생각을 없애는 것이 아니며, 불쾌한 감정을 감소시키는 것도 아니라는 것을 기억하세요. 탈융합의 목적은 생각 속에서 길을 잃거나 그 생각에 의해 휘둘리지 않고 삶에 온전하게 참여할 수 있도록 하는 것입니다. 우리가 도움이 되지 않는 생각으로부터 탈융합될 때, 우리는 종종 그 생각들이 빠르게 '사라지는' 것을 발견하거나 불쾌한 감정이 빠르게 감소하는 것을 발견하게 됩니다. 그러나 이러한 결과는 '행운의 보너스'이지 주요 목적은 아닙니다. 그러니 이러한 일들이 일어났을 때는 아무쪼록 즐기세요. 그러나 이 일이 일어날 것이라고 먼저 기대하지는 마세요. 만약 여러분이 이 결과를 얻기 위해 탈융합 기술을 사용하기 시작한다면, 곧바로 실망하게 될 것입니다.

나는 여러분이 다음의 기술들을 시도해 보고 어떤 경험이 일어날지에 대해 호기심을 가지도록 여러분을 초대하고자 합니다. 탈융합을 위해 여러분에게 정말로 도움이 되는 기술을 한두 가지 발견했다면, 앞으로 몇 주 이상 그 기술을 놀이처럼 활용해 보고 어떠한 차이가 일어나는지 살펴보세요. 그러나 그중 어떤 기술을 사용했을 때 여러분의 생각이 못마땅하거나 언짢거나 조롱당하는 것처럼 느껴진다면 그 기술은 사용하지 마세요.

우선 종이에 여러분을 가장 많이 사로잡고 괴롭게 하는 몇 가지 생각들을 써 보세요. 각각의 기술에서 이러한 생각 중 하나를 택하여 제시된 연습을 단계적으로 적용하고, 어떤 경험이 일어나든 간에 호기심과 열린 마음을 가져 보세요.

시각적 중립화 기술

⊙ 종이 위의 생각들

큰 종이 위에 괴로운 생각 두세 가지를 써 보세요(지금 당장 종이와 연필을 사용할 수 없다면, 상상하면서 이 연습을 수행할 수도 있습니다).

이제 이 종이를 여러분의 얼굴로 가져와 대고 몇 초 동안 그 괴로운 생각 속에 빠져 보세요.

그다음, 종이를 무릎 위에 놓고 주위를 둘러봅니다. 그리고 여러분이 보고, 듣고, 만지고, 맛보고, 냄새 맡을 수 있는 것을 알아차려 보세요.

여전히 여러분이 그 생각을 하고 있는지 알아차려 보세요. 그 생각들이 조금도 변하지 않았는지, 혹은 여러분이 정확하게 그 생각이 무엇인지 알게 되었는지 알아차려 보세요. 생각들이 적힌 그 종이를 얼굴에 가까이 댈 때보다 무릎 위에 얹어 놓았을 때 그 생각이 미치는 영향이 줄었나요?

이제 종이를 가져와서 그 생각들 아래에 막대 모양의 사람을 그려 보세요(만약 여러분이 예술적인 재능이 있다면 만화의 캐릭터를 그려도 좋습니다). 그리고 마치 여러분이 그린 사람의 머릿속에서 나온 것처럼 그 생각들 곁에 '생각 버블'을 그려 보세요(여러분이 만화에서 본 버블처럼). 이제 여러분이 만든 만화를 보세요. 그 생각들과 관계 맺어 온 여러분의 방식과 차이가 있나요?

다양한 생각과 막대 모양의 사람(혹은 만화 캐릭터)을 사용하여 여러 번 이 연습을 해 보세요. 막대 모양 사람의 얼굴에 웃는 얼굴, 슬픈 얼굴, 큰 치아를 가진 얼굴, 삐죽삐죽한 머리 모양의 얼굴 등 다양한 얼굴을 그려 보세요. 고양이나 강아지, 꽃을 그리고, 그들에 게서 나온 것처럼 똑같이 생각 버블을 그려 보세요. 이전과 비교하여 그 생각들이 미치는 영향력에 어떤 차이가 있나요? 그저 단어로 그 생각들을 바라보는 것이 여러분에게 도움이 되나요?

⊙ 컴퓨터 스크린

이 연습은 상상이나 컴퓨터를 통해 수행할 수 있습니다(대부분 의 경우 컴퓨터를 통해 하는 것이 보다 효과적입니다). 우선 컴퓨터 에 검정색 글자로 여러분의 생각을 입력해 보세요. 그다음에 글자의 모양과 색깔을 통해 놀이처럼 이 연습을 활용해 보세요. 다양한 색 깔, 모양, 크기로 바꿔 보고, 각각의 변화가 어떤 영향을 미치는지 알 아차려 보세요(주: 진한 빨간색 글자는 주로 생각과의 융합의 원인이 되는 반면에 연한 핑크색의 글자는 탈융합을 이끌어 내는 데 보다 도움이 됩니다).

그다음, 그 생각의 내용을 다시 검정색 글자로 바꿔 보고, 형식도 바꿔 보세요. 단어를 띄어쓰기하여 그 사이에 큰 공백을 만들어 단어 를 배치해 보세요.

단어들 간에 공백이 없도록 단어들을 서로 붙여서 하나의 긴 단어 로 만들어 보세요.

세로로 단어들을 내려 보세요.

그다음, 단어들을 하나의 문장처럼 합쳐 보세요.

여러분은 지금 이 생각들과 어떻게 관계 맺고 있나요? 그 생각들 을 그저 단어로 바라보는 것이 보다 쉬워졌나요? (우리는 그 생각들 이 참인지 거짓인지 가려내는 것에 관심을 두지 않는다는 것을 기억 하세요.)

⊙ 노래방 볼(ball)

여러분의 생각이 노래방 기기 화면에 나오는 단어라고 상상해 보 세요. 그 화면에 걸쳐 단어에서 단어로 점프하는 '바운싱 볼(bouncing ball)'이라고 상상해 보세요. 이 연습을 여러 번 반복해 보세요.

만약 여러분이 이 연습을 좋아한다면, 여러분 자신이 그 화면에 있는 단어들을 따라 노래하는 무대 위에 있다고 상상해 볼 수 있습니다.

◉ 시나리오 바꾸기

여러분의 생각이 다양한 장면에서 일어나고 있다고 생각해 보세요. 각각의 시나리오를 상상하기 위해 시나리오당 5~10초 정도의 시간을 가진 다음, 다음 시나리오로 이동하세요. 여러분의 생각을 다음과 같이 써 보세요.

1) 아동 도서의 표지에 있는 장난기 가득한 형형색색의 글씨처럼 써 보세요.
2) 레스토랑의 메뉴판에 있는 세련된 그래픽처럼 써 보세요.
4) 생일 케이크 위에 있는 글씨처럼 써 보세요.
5) 칠판 위의 분필 글씨처럼 써 보세요.
6) 달리기하는 사람들의 티셔츠에 있는 슬로건처럼 써 보세요.

◉ 시냇물 위의 나뭇잎 혹은 하늘의 구름

시냇물에 떠가는 나뭇잎이나 하늘에 떠다니는 구름을 상상해 보세요. 여러분의 생각을 택하고 나뭇잎이나 구름에 생각을 얹은 다음 천천히 흘러가는 생각을 관찰해 보세요.

🌿 청각적 중립화 기술

◉ 우스꽝스러운 목소리

우스꽝스러운 목소리로 조용히 혹은 크게 소리 내어 여러분의 생각을 자신에게 말해 보세요(일반적으로 이 연습은 크게 소리 내어 말할 때 탈융합을 보다 잘 이끌어 내지만, 시간과 장소의 선택이 필요합니다. 업무상 회의에서는 잘 받아들여지지 않습니다!). 예를 들어, 여러분은 만화 캐릭터나 영화 주인공, 스포츠 해설가, 혹은 아주 별난 이질적인 악센트를 가진 누군가의 목소리를 선택할 수도 있습니다. 다양한 목소리로 여러 번 이 연습을 시행해 보고, 어떤 경험이 일어나는지 알아차려 보세요.

⊙ **천천히 그리고 빠르게**

여러분 자신에게 생각을 조용히 말하거나 크게 소리 내어 말할 때 처음에는 매우 천천히 말해 보세요. 그다음에 매우 빠른 속도로(마치 얼룩 다람쥐 소리처럼 들리도록) 말해 보세요.

⊙ **노래하기**

여러분의 생각을 '생일 축하' 노래에 얹어서 조용히, 혹은 소리 내어 불러 보세요. 그다음 다양한 노래에 얹어서 이 연습을 시행해 보세요.

▌자신만의 중립화 기술 창조하기

이제 여러분만의 중립화 기술을 발명해 보세요. 여러분의 생각을 볼 수 있거나 들을 수 있거나 혹은 이 두 가지를 다 할 수 있는 새로운 맥락을 통해 생각을 다루어야 합니다. 예를 들어, 여러분의 생각을 캔버스에 그림을 통해 시각화할 수도 있고, 엽서에 인쇄할 수도 있고, 만화책 속 영웅의 가슴에 새길 수도 있고, 중세 기사의 방패에 새길 수도 있고, 항공기 뒷부분의 배너 위에 넣을 수도 있고, 오토바이 운전자의 등에 문신으로 새길 수도 있고, 얼룩말의 줄무늬 사이 면에 쓸 수도 있을 것입니다. 혹은 여러분의 생각을 색칠할 수도 있고, 그릴 수도 있고, 조각할 수도 있습니다. 생각이 춤을 추거나 점프하거나 축구 하는 것처럼 상상해 볼 수도 있습니다. 영화의 엔딩 크레딧처럼 TV 화면에서 여러분의 생각이 아래로 이동하는 것으로 시각화할 수도 있습니다. 이 대안으로, 셰익스피어 연극의 배우가 여러분의 생각을 암송하거나, 라디오에서 그 생각이 방송되거나, 로봇이 그 생각을 말하거나, 록 스타가 여러분의 생각을 노래에 얹어 불러 주는 것을 선호할지도 모르겠습니다. 여러분은 오직 자신의 창의력에 의해서만 제한될 뿐이니 놀이 삼아 하면서 재미를 느껴 보세요.

부록 2
호흡에 대한 마음챙김

이 연습은 여러분의 마음챙김 기술을 발달시키는 데 있어서 매우 유용합니다(www.thehappinesstrap.com에서 『The Reality Slap』 오디오 파일을 구매할 수 있습니다). 시작하기 전에 이 연습을 위해 얼마나 많은 시간을 할애할지 결정하세요. 10분에서 30분 정도가 이상적이지만 원한다면 더 길게 할 수도 있습니다(일반적으로 타이머를 사용하는 것이 좋습니다).

반려동물이나 아이들, 전화벨 소리처럼 주의를 산만하게 하는 자극들로부터 영향을 받지 않는 조용한 장소를 찾으세요. 그리고 자신에게 편안한 자세를 취하세요. 의자나 방석 위에 앉는 것이 좋습니다(눕는 것도 괜찮습니다만, 이 경우 잠에 빠지기 매우 쉽습니다!). 앉은 다음 등은 곧게 펴고 어깨는 편안하게 내리세요. 그다음 눈을 감거나 어떤 지점(spot)에 시선을 고정하세요.

그리고 나서, 대여섯 번 호흡하는 동안 폐의 공간에 주의를 모으세요. 여러분의 폐에 있는 모든 공기를 밖으로 내보내고 완전하게 비우세요. 잠시 멈춘 다음 폐 자체에 의해 아래에서 위로 공기가 채워지는 것을 허용하세요.

그다음에는 호흡 그 자체의 자연스러운 속도와 리듬을 알아차리도록 허용하세요. 이를 위해 호흡을 통제할 필요는 없습니다.

이 연습의 나머지는 마치 이전에 호흡하는 것과 마주해 본 적이 없는 호기심 어린 아이처럼 지속하여 호흡에 여러분의 주의를 모으는 것입니다. 공기가 안팎으로 들고 나갈 때 여러분의 몸에서 일어나는 다양한 감각을 알아차려 보세요.

콧구멍 속에서 어떤 경험이 일어나는지 알아차려 보세요.

어깨에서 어떤 경험이 일어나는지 알아차려 보세요.

가슴에서 어떤 경험이 일어나는지 알아차려 보세요.

배에서 어떤 경험이 일어나는지 알아차려 보세요.

개방성과 호기심을 갖고 몸에 흐르는 호흡의 움직임을 탐색하세요. 코, 어깨, 가슴과 배에서 일어나는 감각들을 따라가 보세요.

이 연습을 할 때, 여러분의 마음이 주변의 라디오 소리처럼 재잘대도록 그저 내버려 두세요. 여러분의 마음을 조용하게 하기 위해 애쓰지 마세요. 이는 마음을 더욱 시끄럽게 할 뿐입니다. 그저 여러분의 마음이 재잘대도록 내버려 두고 지속하여 호흡에 주의를 모으세요.

때때로, 여러분의 마음은 여러분이 생각에 사로잡히도록 할 것이며 이 연습에 집중하지 못하도록 할 수도 있습니다. 이는 정상적이고 자연스러운 일입니다. 그리고 이런 일은 계속 일어날 것입니다(이 일이 일어나기 전에 10초 동안 지속했다면 여러분은 잘하고 있는 것입니다!).

여러분이 생각에 사로잡혔다는 것을 알았을 때 이를 부드럽게 받아들이세요. 그리고 여러분 자신에게 '사로잡혔구나.'라고 조용히 말해 주거나 부드럽게 머리를 끄덕여 주고 다시 호흡으로 주의를 되돌리세요.

'사로잡힘'은 계속해서 일어날 것입니다. 그때마다 여러분은 자신을 놓아주고 호흡으로 주의를 되돌릴 수 있으며 호흡에 주의를 기울이는 능력을 키워 갑니다. 그러니 만약 여러분의 마음이 여러분을 천 번 사로잡는다면, 그 다음에 천 번 호흡으로 주의를 되돌립니다.

이 연습을 계속하면 감정과 신체 감각들은 변할 것입니다. 여러분은 이완, 차분함, 평안함처럼 즐거운 것들을 알아차릴 수도 있을 것이며, 요통, 좌절감 혹은 불안처럼 편안하지 않은 것들을 알아차릴 수도 있을 것입니다. 이 연습의 목적은 고통스러운 것인지 즐거운 것인지에 상관없이 그 자체로서의 감정을 허용하는 것입니다. 기억하세요. 이 연습은 이완 기술이 아닙니다. 여러분은 이완을 위해 이 연습을 하는 것이 아닙니다. 이 연습을 하는 동안 스트레스를 받거나 불안하거나 지루하거나 조바심을 느껴도 괜찮습니다. 여러분의 목적은 감정과 싸우지 않고 그저 그 자체로서 여러분의 감정을 허용하는 것입니다. 그러니 만약 현재 힘든 감정이 일어난다면, 조용히 그 감정에 이름을 붙여 주세요. 여러분 자신에게 말해 주세요. '여기에 지루함이 있어.' '여기에 좌절감이 있어.' '여기에 불안이 있어.' 이러한 감정들을 놓아주고 지속하여 호흡에 주의를 모으세요.

　이 연습을 마무리할 시간에 가까워질 때까지 호흡을 관찰하고, 불편한 감정을 받아들이고, 생각에 사로잡히지 않도록 이 같은 방식을 지속하세요. 그다음에 스트레칭을 하고 주변의 세상과 연결되며, 시간을 내어 이 가치 있는 삶의 기술을 연습한 여러분 자신에게 축하해 주세요.

부록 3
가치 명료화하기

이 자료는 나의 책『The Confidence Gap: From Fear to Freedom』에서 차용한 것입니다.

▎나의 가치를 빠르게 살펴보기

가치는 여러분의 가슴 가장 깊은 곳에서 인간 존재로서 어떻게 행동하기를 원하는지에 관한 것입니다. 이는 우리가 얻거나 성취하고자 하는 것에 관한 것이 아니라 진행 중인 상황에서 여러분이 어떻게 행동하거나 어떤 행동을 취하길 원하는지에 관한 것입니다.

그야말로 수백 가지의 다양한 가치가 존재하지만 다음의 목록에 가장 일반적인 가치들이 제시되어 있습니다. 아마도 이 내용

전부가 여러분과 관련이 있지는 않을 것입니다. 기억하세요. '옳은 가치' 혹은 '그른 가치'란 없습니다. 이는 피자에 대한 우리의 입맛과 비슷합니다. 만약 여러분은 햄과 파인애플을 선호하고 나는 살라미와 올리브를 선호한다고 할 때, 피자에 대한 내 입맛은 옳고 여러분의 입맛은 그르다는 의미가 아닙니다. 그저 우리가 다른 입맛을 갖고 있다는 의미입니다. 이와 유사하게 우리가 갖고 있는 가치는 다를 수 있습니다. 이에 다음의 목록을 읽어 보고 각각의 가치에 표시해 보세요.

V는 '매우 중요함(very important)' Q는 '약간 중요함(quite important)' N은 '그리 중요하지 않음(not so important)'을 의미하며, '매우 중요함'에 해당하는 가치의 경우 최소한 10점 정도 부여하는 것이 타당합니다.

1. 수용: 나, 타인, 삶 등에 대해 열린 자세를 취하고 수용하기
2. 모험: 모험심을 갖고 새롭고 자극이 되는 경험을 적극적으로 찾고, 만들고, 탐험하기
3. 주장: 자신의 권리를 정중하게 옹호하고 원하는 것을 요청하기
4. 진정성: 진정성 있고, 진심 어리고, 자신에게 진실해지기
5. 미(아름다움): 자기 내면의 아름다움에 대해 감사하고, 이를 창조하고 기르기
6. 돌봄: 나, 타인, 환경을 보살피기
7. 도전: 나 자신의 성장, 학습, 향상을 위해 도전을 계속하기
8. 연민: 고통스러워하고 있는 사람들에게 친절함을 담아 행동하기

9. 연결: 무엇을 하고 있든 간에 온전하게 참여하고 타인과 함께 현재에 온전하게 존재하기
10. 기여: 나와 타인을 위한 긍정적인 변화에 기여하거나, 이를 돕거나 만들어 내기
11. 순응: 규칙과 의무를 존중하고 따르기
12. 협동: 다른 사람과 협동하고 협력하기
13. 창의성: 창의적이거나 혁신을 추구하기
14. 용기: 용기를 갖거나 용감해지기, 두려움이나 위협이나 난관을 지속적으로 직면하기
15. 호기심: 호기심 어리고 열린 마음과 흥미 갖기, 탐험하고 발견하기
16. 격려: 내가 소중하게 여기는 나 자신과 타인을 격려해 주고, 행동으로 보답하기
17. 평등: 나와 평등한 존재로서 타인을 대하기, 타인과 평등한 존재로서 나 자신을 대하기
18. 신남: 신나고 자극이 되거나 황홀한 활동을 추구하고 만들어 내고, 참여하기
19. 공정성: 나와 타인에게 공정하기
20. 건강: 나의 건강을 유지하거나 증진하기, 나의 신체적·정신적 건강과 웰빙 돌보기
21. 유연성: 변화하는 상황에 순조롭게 적응하기
22. 자유: 자유롭게 살아가기, 내가 어떻게 살아가고 행동할지 선택하기, 혹은 타인이 그렇게 할 수 있도록 돕기
23. 우정: 다른 사람에게 상냥하고, 다정하고, 호의적이기

24. 용서: 나 자신과 타인을 용서하기

25. 재미: 재미 추구하기, 재미로 가득한 활동을 추구하고 만들어 내고 참여하기

26. 관용: 나 자신과 타인에게 너그럽게 대하고, 공정하고 나누어 주기

27. 감사: 나, 타인, 삶의 긍정적인 측면에 대해 감사하기

28. 정직: 나 자신과 타인에게 정직하고 진실하며 진심을 다하기

29. 유머: 삶의 유머 있는 측면을 발견하고 감사하기

30. 겸손: 겸손하거나 단정한 모습 갖기, 나의 성취가 그 자체로 보이도록 놓아두기

31. 근면성: 근면하고, 열심히 일하고, 헌신하기

32. 독립성: 자기지지적이고 어떤 일을 행함에 있어서 자신의 방식을 선택하기

33. 친밀감: 친밀한 사적 관계에서 정서적 혹은 신체적으로 자신을 개방하고 드러내고 공유하기

34. 정의: 정의와 공정성을 옹호하기

35. 친절: 나 자신과 타인에게 친절하기, 연민 어린 마음 갖기, 배려하기, 육성하고 돌보기

36. 사랑: 나 자신과 타인에게 사랑을 담아 자애롭게 행동하기

37. 마음챙김: 지금 여기에서의 내 경험에 대해 알아차리고, 마음을 열고, 호기심 갖기

38. 질서: 질서 있게 조직화하기

39. 개방성: 타인의 관점에서 바라보면서 생각하기, 공정하게 근거를 따져 보고 생각하기

40. 인내: 내가 원하는 무엇을 차분하게 기다리기

41. 끈기: 문제와 난관에 봉착하였음에도 불구하고 결연하게 계속해 나가기

42. 즐거움: 나 자신과 타인에게 즐거움을 선사하기

43. 힘: 타인에게 강력한 영향을 미치거나 권위를 행사하기(예: 책임을 맡기, 이끌기, 조직하기)

44. 호혜(상호성): 주고받는 것의 공정한 균형이 유지되는 가운데 관계를 형성하기

45. 존중: 나 자신과 타인을 존중하기, 예의 바르고 배려 있게 대하기, 긍정적 존중 표명하기

46. 책임: 나의 행동에 책임지기

47. 낭만: 낭만 추구하기, 사랑이나 강한 애정을 드러내거나 표현하기

48. 안전: 나 자신과 타인을 안전하게 보호하거나 안전을 보장하기

49. 자기자각: 나 자신의 생각, 감정, 행동을 알아차리기

50. 자기돌봄: 나의 건강과 웰빙을 돌보기, 나의 요구를 살피기

51. 자기개발: 지식, 기술, 인격이나 삶의 경험에 있어서 성장, 발전, 향상을 지속하기

52. 자기통제: 나 자신의 이상(ideal)에 부합하게 행동하기

53. 관능성(sensuality): 오감을 자극하는 즐거운 경험을 만들어 내고 탐험하기

54. 성(sexuality): 나의 성을 탐험하고 표현하기

55. 영성: 나 자신보다 큰 존재와 연결되기

56. 숙달: 나의 기술들을 지속적으로 연습하고 향상시키기, 그 기

술을 사용할 때 충분하게 적용하기

57. 지지: 나 자신과 타인을 지지하고, 도움을 주고, 용기를 북돋아 주기

58. 신뢰: 믿을 만하고, 충성스럽고, 충직하고, 진실하기

59. 목록에 없는 여러분의 가치를 여기에 추가하세요.

60. 목록에 없는 여러분의 가치를 여기에 추가하세요.

V, Q, N(매우 중요함, 약간 중요함, 혹은 그리 중요하지 않음)으로 각각의 가치에 표시했을 때, V에 해당하는 것 중 가장 중요한 여섯 가지를 선택하세요. 여러분의 상위 여섯 가지(top six)로 명시하기 위해 여기에 6이라 표시하세요. 마지막으로 이것이 인간 존재로서 여러분이 지지하고자 하는 것임을 스스로 되새기도록 아래에 그 여섯 가지 가치를 써 보세요.

_____

_____

_____

_____

_____

_____

_____

_____

_____

부록 4
목표 설정하기

효과적인 목표 설정은 상당한 기술이며, 이를 위해 약간의 연습이 필요합니다.

다음에 소개된 방법은 2010년 앤 베일리(Ann Bailey), 조 시애로치(Joe Ciarrochi), 러스 해리스(Russ Harris)에 의해 만들어진 'The Weight Eacape' 워크숍과 e-코스에서 허락을 받아 차용한 것입니다(또한 이들의 책인 『The Weight Escape』는 2012년 6월 Penguin Books를 통해 호주에서 출판되었습니다). 웹사이트 www.thehappinesstrap.com에서 이 연습 기록지를 무료로 다운로드받을 수 있습니다.

▍목표 설정과 전념행동을 위한 5단계 계획

1단계. 나의 가치 확인하기

가치 혹은 여러분의 행동 방향을 지지해 줄 만한 가치를 확인해 보세요.

_____

_____

_____

_____

_____

2단계. 스마트한 목표 설정하기

갑자기 생각난 오래된 목표를 설정하는 것은 효과적이지 않습니다. 스마트(SMART)한 목표를 설정하는 것이 이상적입니다. 이는 머리글자의 조합으로 다음을 의미합니다.

S(specific): 특정한(모호하고, 애매하거나 혹은 '나는 더 많이 사랑할 것이다.'처럼 빈약하게 정의된 목표를 설정하지 마세요. 대신에 특정한 목표를 설정하세요. '나는 직장에서 귀가할 때 배우자에게 긴 포옹을 해 줄 것이다.'처럼 여러분이 실천할 행동을 구체적으로 명시하세요.)

M(meaningful): 의미 있는(그 목표가 중요한 가치에 맞추어 설정되

었는지 반드시 확인하세요.)

A(adaptive): 적응적인(그 목표가 어떠한 방식을 통해 여러분의 삶을 향상시킬 수 있나요?)

R(realistic): 현실적인(활용 가능한 자원들을 놓고 볼 때 그 목표가 현실적인지 반드시 확인하세요. 여러분에게 필요한 자원에는 시간, 돈, 신체적 건강, 사회적 지지, 지식과 기술이 포함될 수 있습니다. 이러한 자원은 필수적이지만 여의치 않은 경우라면 보다 현실적인 목표로 바꿀 필요가 있습니다. 새로운 목표는 실제로 잃어버린 자원을 찾는 것일 수도 있습니다. 저축하기, 기술 개발하기, 사회적 관계망 구축하기, 건강 증진하기 등등)

T(time-framed): 기간이 정해진(목표에 대한 특정한 기간을 설정하세요. 제안된 행동을 실천할 정확하고 시행 가능한 날짜와 시간을 구체적으로 명시하세요.)

여러분의 SMART한 목표를 여기에 써 보세요.

_____

_____

_____

_____

_____

_____

_____

_____

3단계. 이득 확인하기

여러분 자신을 위해 명확히 해 보세요. 여러분이 목표 달성을 통해 얻게 되는 가장 긍정적인 결과는 무엇일까요? (그러나 목표 달성 후에 얼마나 멋진 삶이 찾아올지 환상을 갖지는 마세요. 연구에 의하면 미래에 대한 환상은 계획을 마무리할 기회를 감소시킵니다!) 여기에 이득에 대해 작성하세요.

4단계. 장애물 확인하기

여러분이 목표를 달성하는 데 있어서 잠재적인 어려움이나 장애물은 무엇인지, 만약 그것이 실제로 발생하였다면 어떻게 다룰 수 있을지 떠올려 보세요. 다음을 고려해 보세요.

1) 발생 가능한 내적 장애물은 무엇인가요? (낮은 동기, 자기의심, 괴로움, 분노, 무망감, 불안전감, 불안 등의 힘든 생각과 감정)
2) 발생 가능한 외적 장애물은 무엇인가요? (여러분의 목표 지향적 행동을 중단시키는 생각과 감정 이외의 것들. 예를 들어, 재정적 곤란, 시간의 부족, 기술 부족, 다른 사람과 관여된 개인적 갈등)

≡생각과 감정 같은 내적 장애물이 발생했다면, _____

_____

_____

　그다음 나는 이에 사로잡히지 않고, 이를 위한 공간을 마련해 주면서 현재에 머무를 수 있도록 다음과 같은 마음챙김 기술을 사용할 것이다.

_____

_____

_____

_____

_____

　만약 다음과 같은 외적인 장애물이 발생했다면,

1) _____

_____

2) _____

_____

3) _____

_____

이 장애물을 다루기 위해 다음과 같은 방법을 실천할 것이다.

1) _____

_____

2) _____

_____

3) _____

_____

5단계. 전념하기

연구에 의하면 여러분이 목표에 전념하는 것을 공적인 것으로 만들 때(최소한 다른 사람에게 여러분의 목표를 말할 때), 보다 잘 계획을 마무리할 수 있습니다. 만약 공적인 것으로 만들고 싶지 않다면, 적어도 스스로를 위해 전념하세요. 그러나 여러분이 정말로 최상의 결과를 얻고자 한다면 누군가에게 여러분의 전념하기에 대해 명시하세요.

나는 다음과 같은 것에 전념합니다(빈칸에 여러분의 가치에 의한 스마트한 목표를 써 보세요).

_____

_____

_____

_____

_____

이제 여러분이 전념하고자 하는 것을 소리 내어 말해 보세요. 누군가에게 말하는 것이 이상적이기는 하지만 만약 그렇지 않다면 자신에게 말해 보세요.

▌목표 설정을 위한 그 밖의 유용한 정보

- 단계별로 계획 세우기: 여러분의 목표를 구체적이고, 측정 가능한 시간별 하위 목표로 나누세요.
- 목표와 진행 중인 진전에 대해 다른 사람에게 말하기: 전념하기를 증진하기 위해 공적인 선언을 하세요.
- 목표가 진전되었을 경우 자신에게 보상하기: 작은 보상은 주요한 성공을 이끌어 내도록 여러분을 독려하는 데 도움이 됩니다(자신에게 다음과 같이 말해 주는 것도 보상이 될 수 있습니다. '잘했어! 너는 이제 시작한 거야!').
- 진전된 내용을 기록하기: 여러분의 진전을 일기로 쓰거나, 그래프나 그림으로 만들어 보세요.

부록 5
응용 행동 분석, 관계틀 이론과 아동 발달

자폐증과 특수 장애를 가진 아동과 관련한 분야에서 응용 행동 분석은 다른 치료 방법보다 큰 장점을 갖고 있습니다. 응용 행동 분석(Applied Behaviour Analysis: ABA)의 주요 강점은 다음과 같습니다.

1) 명확하게 측정 가능한 결과
2) 개인의 문제에 대한 맞춤 치료
3) 인간이 어떻게 환경을 통해 학습하고 환경과 상호작용하는지에 대한 기초 과학을 토대로 함

17장에서 언급한 바와 같이 ABA 프로그램은 기본적으로 기술이 결핍되어 있는 자폐증을 다루기 위한 치료입니다. 자폐증을 갖고 있는 아동은 전형적으로 사고 기술, 언어/의사소통 기술, 놀이 기술, 사회적 기술, 주의(attention) 기술과 같은 영역 중 거의

대부분의 영역에서 결핍을 보입니다. 치료자는 작고 단순한 단계로 나누어 반복적으로 이러한 기술을 연습하게 하는데 이때 아주 많이 격려하고 보상을 제공함으로써 아동이 기술을 발전시킬 수 있도록 돕습니다. 연구 성과가 가장 뛰어나고 널리 보급되어 있는 ABA 프로그램은 '로바스 프로그램(Lovaas Program)'입니다. 이 프로그램에 참여했던 자폐 아동 중 거의 90%가 유의한 향상을 보였습니다. 이들 중 50%는 여전히 매우 큰 향상을 보이고 있는 가운데 지능 지수가 평균 혹은 평균 '상' 수준으로 지적 능력과 학습 관련 기능이 정상 범위에 도달하였으며, 다른 사람이 볼 때 여느 또래 아이들과 구분이 되지 않을 정도입니다.

　ABA가 근거 기반 치료의 사용에 전념하는 전문가들에 의해 가장 좋은 치료로 고려되고 있다는 점은 그리 놀랄 만한 일이 아닙니다. 또한 2010년에 미국 소아과학 학술원(American Academy of Pediatrics)은 ABA를 자폐증 치료에 있어서 그 효과가 지지된 유일한 치료라고 선언하였습니다. 국가적으로 ABA 프로그램에 공공 재원을 투입할 경우 그 나라에 엄청난 이득이 될 것이라는 점을 대부분의 정부에서 깨닫지 못하고 있어 매우 안타깝습니다. 내가 알기로는 캐나다의 경우만 예외입니다. 캐나다 정부는 평균적으로 볼 때 자폐증을 갖고 있는 7세 이하의 모든 아동에게 ABA 프로그램의 참가 비용을 지원하고 있는데 국가에서 지출하는 비용이 한 아동당 50만 달러이지만, 장기적으로 볼 때 이 아동들의 건강 관련 기회비용 중 거의 400만 달러를 절약하는 셈입니다. 이 수치가 함축하고 있는 바를 알기 위해 여러분이 수학 천재가 될 필요는 없습니다.

그러나 ABA도 반대하거나 비판하는 사람들이 있습니다. 안타깝게도 그들 중 대부분은 ABA가 40년 전에나 사용될법한 치료라고 비판합니다. 저는 개인적으로 이러한 비판은 부적절하다고 생각합니다. 40년 전의 선배 의사들이 했던 처치에 기초하여 오늘날의 의사가 하는 처치를 비판한다고 상상해 보세요. ABA에 반대하는 사람들은 그 프로그램이 지난 수십 년에 걸쳐 엄청나게 변화되어 왔으며, 더 이상 과거의 프로그램과 유사하지 않다는 사실을 모르는 것 같습니다. 특히 오늘날의 ABA 프로그램에서는 더 이상 그 어떤 '혐오적인' 자극(원치 않는 행동을 감소시키기 위한 불쾌한 자극)도 사용하지 않으며 현재 기술 훈련은 수많은 다양한 환경에 걸쳐 자연주의적인 방식 속에서(탁자 위에 아이를 붙들어 놓는 것과는 반대로) 이루어집니다.

그럼에도 불구하고 ABA에 대한 비난 중 어떤 것은 타당합니다. 그 효과에도 불구하고 거부할 수 없는 사실은 ABA가 결점을 갖고 있다는 것입니다. 아주 최근까지 임상가들은 마음 이론, 추론적 사고, 조망 수용, 정서 자각, 연민과 공감을 표적으로 삼아 ABA에 기초한 프로그램을 저술할 수 없었으며, 정상 아동에게서 볼 수 있는 언어 학습에 있어서의 놀라운 속도도 이끌어 낼 수 없었습니다. 지금은 이 모든 것이 관계틀 이론(Relational Frame Theory: RFT)의 개발과 함께 달라졌습니다. RFT는 언어와 인지의 혁명적인 이론으로서 부록에서 빠르고 단순하게 설명하기에는 너무 복잡합니다. 그러나 최근 20년간 RFT에 대한 논문이 최고의 과학 저널에 180편 이상 게재되었으며 어떤 기준에서 보아도 이는 인상적인 과학적 근거입니다.

RFT는 ABA의 과학적 엄격성, 굳건한 근거 기반, 측정 가능한 근거로서의 결과를 유지하면서도 ABA 임상가들이 앞서 언급한 문제들을 표적으로 한 프로그램을 저술할 수 있도록 해 주는 새로운 수준의 분석을 가능하게 하였습니다. 오늘날에는 RFT 분석의 결과를 통해 아동의 발달 장애에 대해 보다 깊이 있게 이해할 수 있게 되었고, 더 빠르고 효과적인 치료적 개입을 설계할 수 있으며, 더욱 좋은 치료적 결과를 이끌어 낼 수 있게 되었습니다. 더 중요한 것은 RFT와 행동 치료의 '제3의 물결'(ACT와 같은)이 유연성을 증진시키는 능력과 기술, 특히 자각하기, 가치의 방향을 향하여 움직이도록 권한을 부여하기와 같은 정상 발달의 필요조건을 명확하게 설명해 왔다는 점입니다.

RFT에 대해 배우고 자폐증에 이를 적용해 보고자 하는 ABA 치료자라면, 입문서인 니클라스 퇴네케(Niklas Töneke)의 『Learning RFT: An Introduction to Relational Frame Theory and Its Clinical application』[1]과 함께 시작하는 것이 좋을 것입니다. RFT의 기초를 이해하게 되면 그 다음에는 루스 앤 레펠트(Ruth Anne Rehfeldt)와 이본 번스 홈즈(Yvonne Barnes-Holmes)의 『Derived Relational Responding Applications for Learners with Autism and Other Developmental Disabilities』를 보길 추천합니다.

심리학자인 대린 캐언스(Darin Cairns)는 자폐증에 RFT를 사용하는 세계적인 전문가입니다. darincairns@gmail.com으로 그와 연락할 수 있습니다.

---

1) 한국어 번역판은 『수용-전념치료자를 위한 언어적 관계틀 배우기: RFT에 대한 개요 및 임상적 활용』(이선영 역, 학지사, 2019)이다.

자료

러스 해리스의 책

『The Happiness Trap: Stop struggling, Start Living』(Exisle Publishing, Wollombi, NSW, 2007)[1]

행복에 대한 많은 통념은 오해의 소지가 있고 부정확하며, 만약 여러분이 이러한 통념을 그대로 믿는다면 실제로 비참해질 것입니다. 이 책은 대중을 위해 쓴 자기 조력서로서 보편적인 '행복의 함정'에 빠지지 않으면서 삶을 보다 풍요롭고, 충만하고, 의미 있게 만드는 방법에 관한 내용을 담았습니다. 이 책은 ACT(Acceptance and Commitment Therapy, 수용전념치료)에 기반을 두고 있으며, 일 스트레스와 중독에서부터 불안이나 우울, 양

---

1) 한국어판은『행복의 함정』(김미옥 역, 시그마북스, 2008)이다.

육에 대한 부담과 불치병에 의한 도전적 상황에 이르기까지 모든 측면에 적용 가능합니다. 이 책은 ACT 치료자와 그들의 내담자에 의해 전 세계적으로 널리 활용되고 있으며, 현재 22개 국어로 번역 출간되어 있습니다. 이 책을 활용하기 위한 자료를 무료로 얻고자 한다면 www.thehappinesstrap.com을 방문하세요.

『ACT with Love: Stop Struggling, Reconcile Differences, and Strengthen your Relationship with Acceptance and Commitment Therapy』(New Harbinger Publications, Oakland, CA, 2009)[2]

이 책은 보편적인 관계 문제에 대해 ACT의 원리를 적용하여 영감을 얻고 스스로 권한을 부여할 수 있도록 저술된 자기 조력서로서 갈등, 다툼, 고립으로부터 벗어나 어떻게 용서, 수용, 친밀감과 진정한 사랑으로 변화할 수 있는지에 관해 이야기합니다.

『The Confidence Gap: From Fear to Freedom』(Penguin Group Australia, Camberwell, Vic, 2010)

여러분이 바로 지금 어디에 있는지와 어디에 있기를 원하는지 사이에 괴리가 있나요? 확신의 부족이 여러분의 등덜미를 붙잡고 있나요? 우리는 모두 '확신의 균열' 속에 갇혀 있었던 경험이 있습니다. 더 좋은 직업을 찾고자 했고, 낭만적인 관계를 추구하고자 했고, 어떤 수업 과정에 등록하고자 했고, 사업을 확장하고자 했고, 원대한 꿈을 추구하고자 했습니다. 그러나 이러한 과정 속에

---

2) 역자 주: 한국어판은 『행동으로 사랑하라』(이영호 역, 학지사, 2018)이다.

서 두려움을 느끼면서 우리는 행동을 실천하지 않았습니다. 저자는 ACT의 원리를 활용하여 수많은 사람이 두려움을 극복하고 진정한 확신을 갖도록 도왔습니다. 이 책은 이를 위한 방법을 제안합니다. 연민 어리고, 실제적이며, 영감을 줄 수 있는 책으로서 여러분의 열정을 확인하고 여러분의 도전을 성공으로 이끌며 진정으로 충만한 삶을 만들어 나가는 데 도움이 될 것입니다.

『ACT Made Simple: An Easy-to-read Primer on Acceptance and Commitment Therapy』(New Harbinger Publications, Oakland, CA, 2009)[3]

이 책은 심리학자, 상담자와 코치에게 실제적이고 흥미로운 교과서로서 ACT에 대한 경험이 풍부한 임상가 및 초심자에게도 유용합니다. 또한 ACT의 핵심 치료 과정에 대한 명확한 설명과 함께 코칭이나 치료 실제에서 빠르고 효과적으로 핵심 치료 과정을 적용하기 위한 정보와 해법을 제공합니다. 이 책은 효과적인 결과를 얻기 위해 여러분의 내담자와 함께 ACT 기술의 사용을 시작하는 훈련에 도움을 줍니다. 이 책을 활용하기 위한 자료는 www.thehappinesstrap.com에서 무료로 얻을 수 있습니다.

---

3) 역자 주: 한국어판은 『수용전념치료 핵심과 적용』(김동구, 송향주 역, 연세대학교 출판문화원, 2014)이다.

러스 해리스의 CD와 MP3 자료

현실의 역경을 넘어서: 연습 자료

www.thehappinesstrap.com에서 MP3 파일을 다운로드받을 수 있습니다. 이 자료에는 책에 서술된 연습과 함께 새로운 녹음 자료가 포함되어 있습니다. 여러분은 마음챙김 기술, 자기연민, 용서, 자애의 증진을 돕기 위한 연습 자료를 얻을 수 있을 것입니다. 첫 번째 트랙(마음챙김 호흡하기)을 제외한 이 연습들은 러스가 제작한 초기 두 장의 자료(마음챙김 기술: Vol. 1과 마음챙김 기술: Vol. 2)와 매우 다른 내용입니다.

마음챙김 기술: Vol. 1과 Vol. 2

개인적으로 활용하여 여러 마음챙김 연습을 할 수 있도록 이 두 자료 역시 CD와 MP3 파일로 제작되어 있습니다. MP3 파일은 www.thehapinesstrap.com에서 주문하여 다운로드받을 수 있습니다. CD는 오직 호주에서만 구매 가능한데 www.actmindfully.com.au를 통해 주문해야 합니다.

온라인 자료

이 책은 웹사이트 www.thehapinesstrap.com과 연결되어 있습니다. 이 사이트의 무료 자료 부분에서 연습과 기록지를 다운로드받을 수 있습니다. 또한 e-코스와 웨비나를 통해 온라인 훈련도 받을 수 있습니다.

뉴스레터

The Happiness Trap 뉴스레터는 정기적으로 간행되는데 ACT 와 관련된 유용한 정보와 도구에 관한 내용이 이메일을 통해 발송됩니다. 앞에 안내된 웹사이트들의 주요 메뉴 중 메일링 리스트에서 여러분의 이메일을 등록할 수 있습니다.

워크숍과 훈련

러스는 세계 곳곳에서 코치와 치료자의 훈련을 위한 워크숍, 일반 대중을 위한 'Happiness Trap' 워크숍, 대중 및 전문가를 위한 'Weight Escape' 워크숍 등 모든 규모의 조직을 대상으로 하여 ACT 훈련과 워크숍을 진행하고 있습니다. 자세한 사항은 다음을 참조하세요.

치료자, 코치, 상담자, 의사, 간호사를 위한 전문적인 워크숍

러스 해리스와 그의 'ACT Mindfully' 팀은 다양한 영역을 아우르는 전문적인 워크숍을 진행합니다. 이 워크숍에는 기초 및 고급 ACT 워크숍, 'ACT 기술 증진' 워크숍, '청소년과 아동을 위한 ACT' 워크숍이 포함됩니다. 자세한 사항은 www.actmindfully. com.au를 방문하여 확인하세요.

일반 대중을 위한 'Happiness Trap' 워크숍: 행복, 확신과 생동감을 위한 2일 워크숍 프로그램

더 행복해지고자 열심히 노력했는데 그게 결코 쉽지 않다는 것을 발견한 경험이 있나요? 만약 그렇다면, 그리 놀라운 일이 아닙니다. 행복에 대한 통념은 오해의 소지가 많고 부정확하며 실제로 여러분을 비참하게 만들 수도 있습니다. 예를 들어, 긍정적인 생각이 종종 기능하지 않을 때가 있습니다. 긍정적인 말들이 많은 사람들로 하여금 더 나쁜 감정을 느끼게 한다는 연구 결과도 있습니다! 그러니 과장되지 않은 행복과 함께하면서 이를 배우세요. 과학적으로 검증된 새로운 접근법이 어떻게 여러분이 '행복의 함정으로부터 탈출하고' 진정한 웰빙과 충만감을 발견할 수 있도록 해 주는지 살펴보세요. 흥미롭고 힘을 북돋울 수 있는 이 워크숍은 러스의 세계적인 베스트셀러『The Happiness Trap』에서 기술된 ACT 모델에 기반을 두고 있으며, 러스 해리스와 그의 팀에 의해 진행됩니다(책을 읽는 것과 워크숍에 참여하는 것의 차이는 여행을 위한 책자를 읽는 것과 휴가를 떠나는 것의 차이와 같습니다!).

'Happiness Trap' 워크숍은 최고경영자, 영업사원에서부터 우주비행사, 가정주부에 이르기까지 모두를 대상으로 합니다. 여러분이 확신이 부족하든, 질병에 걸렸든, 상실을 경험하든, 스트레스가 많은 일을 하고 있든, 수줍음으로 인해 고통을 느끼고 있든, 낮은 자존감과 싸우고 있든, 금연을 위해 노력하고 있든, 삶의 커다란 도전을 준비하고 있든, 보다 행복해지거나 건강해지거나 충만해지기를 원하든 간에 이틀 동안의 이 워크숍을 통해 여러분은 다음에 열거된 것들과 관련하여 과학적으로 검증된 기술들을 배울 수 있을 것입니다.

- 스트레스와 걱정의 감소
- 두려움, 의심, 불안전감의 극복

- 진정한 확신 갖기
- 보다 효과적으로 고통스러운 생각과 감정을 다루기
- 자기패배적인 습관 멈추기
- '탄력적인 마인드 세트' 증진하기
- 자기수용과 자기연민 증진하기
- 보다 깊이 있고 만족스러운 관계 확립하기
- 풍요롭고 충만하고 의미 있는 삶을 만들어 나가기

자세한 사항은 www.happinesstrap.com을 통해 확인하세요.

'The Weight Escape' 워크숍: 대중을 대상으로 하는 웰빙과 체중 감
소를 위한 1일 워크숍

러스 해리스, 앤 베일리, 조 시애로치가 구성하고 진행하는 이
워크숍은 웰빙과 체중 감소를 위해 ACT를 활용하여 참여자들
의 힘을 돋우고 변화를 이끌어 내는 1일 워크숍입니다. 이는 일
반 대중을 위한 워크숍으로 구성되어 있습니다. 그러나 체중과
관련 업종에 종사하는 전문가들의 참여도 환영하며, 이 워크숍
을 통해 보다 실제적인 지식을 얻을 수 있을 것입니다. 이 워크
숍은 대중을 대상으로 하는 'Happiness Trap' 워크숍과는 내용
과 형식에 있어서 많은 차이가 있습니다. 자세한 사항은 www.
thehappinesstrap.com을 방문하여 확인하세요(주: The Weight
Escape는 2012년 6월에 Penguin Books(호주)에서 출간되었습니다).

/

찾아보기

/

인명

저자 소개

러스 해리스(Russ Harris)

러스 해리스 박사는 의사이자 심리치료사이며, 22개 국어로 번역된 베스트셀러 『행복의 함정(The Happiness Trap)』의 저자이다. 그는 전 세계적으로 알려진 ACT 전문가 중 한 명이며, 호주뿐만 아니라 국제적으로 활동하면서 다양한 영역의 전문가에게 ACT를 훈련시키고 있다. 또 다른 저서로는 『The Confidence Gap』 『ACT with Love』 『ACT made Simple』이 있으며, 소설인 『Stand Up Strummer』를 출간하기도 하였다.

역자 소개

박경(Park Kyung)
고려대학교 대학원 심리학과 문학박사
임상심리전문가(한국임상심리학회)
정신건강임상심리사 1급(보건복지부)
상담심리사 1급(한국상담심리학회)
건강심리전문가(한국건강심리학회)
서울여자대학교 특수치료전문대학원 교수 역임
현 서울여자대학교 명예교수
　　심리상담센터 연음 소장

김혜은(Kim Hyeeun)
서울여자대학교 특수치료전문대학원 심리치료학 박사
임상심리전문가(한국임상심리학회)
정신건강임상심리사 1급(보건복지부)
노원을지대학교병원 정신건강의학과 임상심리전문가 역임
현 동국대학교, 차의과학대학교 강사, 나사렛대학교 객원교수
　　심리상담센터 연음 소장

수용전념치료와 함께

역경 마주하기

The Reality Slap: How To Find Fulfilment When Life Hurts

2021년 7월 5일 1판 1쇄 인쇄
2021년 7월 15일 1판 1쇄 발행

지은이 • Russ Harris
옮긴이 • 박경 · 김혜은
펴낸이 • 김진환
펴낸곳 • (주) **학지사**
　　　　04031 서울특별시 마포구 양화로 15길 20 마인드월드빌딩
대표전화 • 02)330-5114　　　팩스 02)324-2345
등록번호 • 제313-2006-000265호

홈페이지 • http://www.hakjisa.co.kr
페이스북 • https://www.facebook.com/hakjisabook

ISBN 978-89-997-2448-0 93180

정가 15,000원

역자와의 협약으로 인지는 생략합니다.
파본은 구입처에서 교환해 드립니다.

출판 · 교육 · 미디어기업 **학지사**

간호보건의학출판 **학지사메디컬** www.hakjisamd.co.kr
심리검사연구소 **인싸이트** www.inpsyt.co.kr
학술논문서비스 **뉴논문** www.newnonmun.com
교육연수원 **카운피아** www.counpia.com